*Ein verhutzelter kleiner Mann, graues Haar, grauer Schnurrbart.*

*Auf dem Bett graue Leinensäckchen, etwa so groß wie Turnbeutel. Alles in allem waren es wohl sieben, genau war das nicht zu sehen, sie lagen auf einem Haufen.*

*Der kleine Mann saß auf dem Bett, das Gesicht aschgrau, die Hände zum Gebet gefaltet. Er hob den Kopf zur Wand.*

*»Wo sind sie jetzt, deine Götter, denen du dich verschrieben hast? Laß sie auferstehen! Können sie dich in Zeiten des Unglücks erlösen?«*

*Er trocknete eine Träne und stand auf. Er schaute zur Tür hinüber und wußte, es war wieder an der Zeit, den Schmerz zu suchen.*

*Er jagte sie ins Schlafzimmer; die beiden Kleinen versuchten durch die Küche zu entkommen, aber da hatte er sie bereits am Kragen gepackt und wieder hineingeschleudert. Er knallte die Tür hinter sich zu und stellte sich mit dem Rücken davor. Er atmete langsam und schaute sie an.*

*Die beiden Kleinen, die er ins Zimmer gestoßen hatte, lagen auf dem Fußboden, eines weinte. Vielleicht hatte es sich an der Kommode den Kopf gestoßen. Das andere stand mitten im Raum und starrte ihn an.*

*Mit seinem Blick nagelte er die Kinder an den Fußboden. Dann rief er nach ihr. Seine Augen rollten nach rechts, das würde genügen, allein seine Willenskraft würde sie zu ihm führen.*

*Es klopfte vorsichtig an der Tür. Er bewegte sich nicht.*

*Wieder dieses zaghafte Klopfen. Die Kinder gaben keinen*

*Mucks von sich. Er öffnete die Tür gerade so weit, daß die kleine sehnige Frau, die älter wirkte, als sie war, sich hereindrücken konnte. Sie blickte zu Boden, die Hände über dem Bauch gefaltet.*

*Dann verschloß er die Tür und sah sie an. Mechanisch griffen die Kinder nach ihren Pullovern, zogen sie sich über den Kopf und ließen sie auf den nackten Zementboden fallen. Die Frau hob den Blick, schaute an die Decke und sah nur den Staub in großen grauen Flocken heruntersinken. Sie schaute nicht hin, wie er seine grauen Sachen auszog. Sie schaute auf die Flocken, die sanken, und begann ihr Kleid aufzuknöpfen.*

*Dann standen sie alle nackt, den Blick auf den Fußboden geheftet. Er legte sich bäuchlings auf den Fußboden und flehte sie an zu beginnen.*

*Einer nach dem anderen gingen sie zum Bett hinüber, und jeder nahm einen Beutel. Der Große zuerst. Er hob den Beutel über seinen Vater und sah nicht, wie seine Mutter die Arme hob, um abzuwehren, was er zu tun hatte. Aber sie überlegte es sich anders, und ihre Arme fielen an den Seiten herunter, und sie wandte sich dem Bett zu und nahm den letzten Beutel.*

*Der erste Beutel fiel rasselnd auf den nackten Körper nieder, und der Vater schrie. In jedem Beutel war ein halbes Kilo Nägel. Jetzt begannen die anderen. Sie mußten achtgeben, daß sich die Beutel nicht gegenseitig trafen.*

*Jedesmal, wenn ihn ein Beutel traf, auf die Schenkel, auf den Hintern, auf den Rücken, schrie er aus einem Punkt tief in seinem Inneren. Er verzieh ihnen sofort, als ihn zwei Beutel der Kleinen am Hinterkopf trafen.*

*Sie fielen Schlag auf Schlag, und jetzt kam sie, und jetzt war sein Körper mit Schlägen bedeckt. Er krümmte sich, versuchte sich umzudrehen, aber schon trat sie ihn, ganz wie er es wollte. Sie schloß die Augen und trat ihm in die Rippen und schlug ihn mit dem Beutel wie die sechs Söhne, deren Schläge unaufhörlich auf ihn niederprasselten.*

*Bald war seine Haut von Rissen und Wunden übersät; er flehte sie an weiterzumachen. Das Blut begann aus den Wunden an der Lende zu sickern, und jetzt hämmerte er mit dem Kopf auf den Zementfußboden und fauchte:*

*»Züchtige uns, o Herr, aber in Maßen, nicht im Zorn, auf daß wir nicht schlimmer werden!«*

*Blut sickerte aus dem Hinterkopf und dem rechten Schenkel. Sie aber ließen ihre Beutel immer weiter regnen, denn sie fürchteten um ihr Leben, wenn sie sich weigerten.*

*Im Beutel des Großen bildete sich ein Loch und jetzt in ihrem, und die Nägel regneten auf seinen übel zugerichteten Körper und auf den Fußboden. Sie und der Große setzten sich aufs Bett, die durchlöcherten Beutel in Händen.*

*Die fünf Kinder machten weiter, und er blutete und verzieh ihnen.*

*Der Kleinste weinte. Er konnte nicht so fest schlagen. Sein Beutel war wie neu. Die anderen schlugen und schlugen und blickten verstohlen zu ihr aufs Bett. Sie stand auf und übernahm den Beutel des Kleinsten. Dann ließ sie den Beutel regnen.*

*»Stehlen, totschlagen, huren, falsch Zeugnis reden, Opferfeuer für Baal entzünden, fremden Göttern huldigen, die ihr nicht kennt ...«*

*Einer nach dem anderen rissen ihre Beutel, und nacheinander setzten sie sich auf das Bett. Auf dem Fußboden lag blutend ihr Vater. Er hob den Kopf, schaute hinüber zum Bett und warf ihr einen glühenden Blick zu. Dann drehte er das Gesicht wieder zum Zement.*

*Sie stand langsam auf und ging zu ihm hinüber. Er verzieh, als sie ihn ins Gesicht trat, und er rief Gott an, als sie ihn in die Rippen trat. Als sie gegen seine Schulter trat, bat er nur noch matt um einen weiteren Tritt. Der traf ihn am Hinterkopf.*

*Dann setzte sie sich zu den Kindern auf das Bett. Er stand auf, sein Rücken eine blutende Wunde. Er brauchte sie nicht zu bitten, sich nun bäuchlings hinzulegen. Er stand einen Moment und schaute, matt, aber er war noch lange nicht fertig. Dann ging er zu der Kommode. Er zog die oberste Schublade auf und holte einen langen Wattebausch und eine Flasche Azeton heraus. Dann machte er sich an die Arbeit.*

*Wie Schneeflocken sank der Staub und immer so weiter und immer so weiter. Sie schaute auf die Staubflocken, grau und groß, die herabsanken und herabsanken, überall, grau vor der grauen Wand, grau vor der alten gebeizten Kommode, grau, beinahe unsichtbar, wenn sie sich auf den Koffer legten, auf ihre grauen Sachen. Der Koffer war offen, halb gepackt. Wie versteinert stand sie da und schaute auf den gähnenden Raum und auf die Flocken, die sich dicht und dick wie eine Decke auf ihre grauen Sachen legten. Sie war versteinert, sie mußte wach werden, dort stand ein Kind neben ihr und schaute sie an. Es sah die Staubflocken nicht, die herabsanken, es schaute nur sie an. Dann fiel sein Blick auf den Koffer, und es griff nach ihrer Hand, und sie zog sie zu sich. Sie erwachte, und es schauderte sie. Wieder griff es nach ihrer Hand, aber innerlich explodierte sie. Sie lief vor ihm weg, sie haßte es, sie schrie, und sie hielt sich die Hände vor den Mund. Sie konnte sie ja doch nicht beschützen. Sie begrub ihr Gesicht in den Händen. Sie konnte doch nicht...*

*Weinend fiel sie zu Boden und verbreitete um sich eine Staubwolke, und für einen Augenblick konnte sie sie nicht sehen, aber dann streckte es sich wieder nach ihrer Hand, und als sie sie angeekelt zu sich zog, standen plötzlich alle sechs da, und sie schauten von ihr zu dem offenen, halb gepackten Koffer. Sie sah ihre Blicke und schloß die Augen. Sie mußte jetzt gehen, das mußte jetzt sein, das mußte jetzt sein, sie mußte ihren Entschluß umsetzten, mußte durch den Schmerz gehen zu etwas dort draußen, das weniger weh tun würde, denn man kann die Welt nicht retten, nur sich selbst. Nein. Sie mußte sich jetzt an den Haß und die Scham erinnern, dann konnte sie gehen. Sie schloß die Augen und erinnerte sich an alles, was sie getan hatte, und an alles, was sie zu tun unterlassen hatte. Sie erinnerte sich an den Haß und den Abscheu und den Ekel. Sie sahen es und wichen vor ihr zurück, zur Seite, auf die graugekalkte Wand zu. Der Kleinste setzte sich mit dem Rücken zur Kommode hin, er war nackt, die Scharniere schnitten in seinen Rücken ein, aber er weinte nicht, er krümmte sich zusammen. Die fünf anderen schauten sie an, ängstlich, als sie den Koffer zuklappte; sie mußten mitgehen, sie mußten hinausgehen, sie gingen ihr nach, sie ging barfuß, sie hatte keinen Mantel an, sie trug ihren Koffer hinaus in den Regen; der Kleine blieb sitzen, zusammengekrümmt, mit dem Rücken zur Kommode; die anderen liefen hinter ihr her, sie trat nach ihnen, sie hängten sich fest, sie trat wieder und schlug dem Großen an den Kopf; sie nahm einen Stein und warf ihn nach dem Großen; er traf ihn an der Wange; er schrie, und sie schritt weiter, die anderen weinten; sie nahm einen größeren Stein und warf ihn, wußte nicht, nach wem, sie hörte einen Schrei, und da war einer, der sie am Rock zog; sie trat nach hinten, aber sie ging immer weiter. Sie sah nicht zurück.*

*Sie zerrten nicht mehr. Jetzt standen sie still und schauten und sahen sie im Schlamm verschwinden.*

*Ein kleiner verhutzelter Mann mit grauem Haar und grauem Schnurrbart, der ihm weit an den Wangen herabhing. Sein Gesicht war verwüstet und seine Hände waren immerzu in Bewegung, auf, zu, auf, zu.*

*Als er zur Feuerleiter kam, blieb er stehen. Er schaute auf seine Hosenbeine hinunter und sah, daß das Blau an den Stellen, wo die Regentropfen hinfielen, dunkler wurde.*

*Er griff nach dem Geländer der schmalen, gewundenen Eisentreppe. Er zog sich einen Schritt weiter und stand einfach* da, auf der untersten Stufe. Er schloß die Augen, atmete ein. Er öffnete die Augen, ließ mit der rechten Hand das Geländer los und untersuchte die Handfläche. Vom Geländer hatte sich eine Spur Rost abgesetzt; er leckte den Rost ab, schloß die Augen und schmeckte ihm nach. Aber er dachte nicht; er sah. Hinter den geschlossenen Augen sah er, was er für alle seine Schufterei bekommen würde. Den Hintern, Zwiebeln, Mohrrüben. Ein kleines Kalb. Er öffnete die Augen und sah auf seinen Finger. Er mußte dem Impuls widerstehen, ihn zu packen und zu brechen. Jetzt nicht, er würde den Finger brauchen. Er würde alle Finger brauchen. Später. Der Schmerz würde später kommen.

Er krabbelte langsam die rostige Eisentreppe hinauf. Mitten auf der Treppe legte er eine Pause ein. Er ließ das Geländer los, lehnte sich dagegen und atmete einige Male tief ein. Er blickte den Rost auf seinen Händen an. Er griff nach dem Geländer und zog sich auf die nächste Stufe. Stufe für Stufe zog er sich die Treppe hinauf, bis er auf dem flachen Dach stand. Das war mit schwarzer Dachpappe gedeckt, die an einigen Stellen losgerissen war.

Er hatte das flache Dach ausgesucht, so wie er auch sie ausgesucht hatte. Und auch sie hatten ihn ausgesucht. Erst sie und dann das flache Dach.

Mitten auf dem flachen Dach lag der Treppeneingang zu dem Mehrfamilienhaus, die Tür müßte abgeschlossen sein. Er zog daran. Sie war offen. Die Bewohner des Hauses hielten drinnen den Tag heilig. Das wußte er, Menschen taten das am Sonntag, wenn es regnete.

Das Gebäude hatte leer gewirkt. Es sah immer leer aus. Kein Mensch war zu sehen, soweit das Auge reichte.

Er trug einen verwaschenen blauen Arbeitsanzug und einen abgewetzten ledernen Handwerkergürtel. Darin steckten eine Stahlbürste, ein Schraubenzieher, eine Heckenschere und ein kleiner Lederbeutel. Er ging hinüber zur anderen

*Seite des Dachs. Die Aussicht auf den Klinkerbungalow war prima.*

*Er schaute sich nach etwas um, worauf er sitzen konnte, aber es gab nichts, nur das flache Dach. Er ging näher zur Kante hin, da konnte er die Hecke sehen, die den Garten des Bungalows umgab. Von hier konnte er alles überschauen. Er achtete auf die toten Winkel, die er benutzen würde. Die Hecke war alt, aber dicht, das wußte er. Sie wurde ordentlich gepflegt, und sie ließen sie zweimal im Jahr schneiden, das hatte ihm der Hausherr selbst gesagt.*

*Er nickte. Ja, sie pflegten sie gut. Er würde ein kleines Loch hineinschneiden, beschloß er, dort, in den toten Winkel, nein, er würde die Hecke beschneiden – nein, mit seiner Heckenschere würde er ein Loch schaffen. Es sei denn, der Engel käme und bäte ihn, es nicht zu tun. Das wäre ein Befehl. Er sah auf. Es hatte aufgehört zu regnen. Die Sonne war kurz davor durchzukommen. Er schaute sich um.*

*Das Mehrfamilienhaus war der höchste Punkt meilenweit. Ringsum lagen Villen und Bungalows fast wie Puppenhäuser zu seinen Füßen. Weit entfernt, er konnte es nur gerade so erkennen, lag die Stadtmitte von Cornwell mit ihren dichtgedrängten Wolkenkratzern aus Glas und Stahl. Hier draußen waren es verputzte Mauern und Ziegelsteinbauten und Gärten mit Kindern. Weiter draußen, viel weiter, als er sehen konnte, lagen die Höfe und die Felder. Er schaute kurz auf den Bungalow unten und prägte sich noch einmal den toten Winkel ein. Ein wenig schwindlig drehte er sich dann um und ging hinüber zum Dachaufgang. Er öffnete die Tür, trat auf den Absatz und setzte sich auf die oberste Stufe. Er knöpfte seinen Blaumann auf, befreite die Arme daraus und schaute hinunter auf seine weißen Unterhosen. Er schob sie nach unten, nahm einen Hoden und zog ihn zur Seite. Einen Moment saß er da und betrachtete ihn. Er öffnete den Lederbeutel am Gürtel und zog eine Nadel heraus. Es war nur eine Steckna-*

del. Er sah sie an und seine Atemzüge wurden heftig und keuchend. Er zog den Hoden zum Bauch und bohrte dann langsam eine Stecknadel in den Damm. Der Schmerz war spitz und schneidend und hinterließ in seinem Mund einen Geschmack von Kupfer. Ein langgezogenes Stöhnen entfuhr seinem schmerzverzerrten Mund. Er sah, daß sich sein Glied aufgerichtet hatte, aber er berührte es nicht. Er nahm die nächste Stecknadel und steckte sie hinter den anderen Hoden. Sein Glied wurde steinhart, und er sah, daß es beinahe gegen den Bauch schlug; ehe der Schmerz ganz abgeklungen war, nahm er noch eine Stecknadel aus dem Beutel und steckte sie unten an der Wurzel in sein Glied. Er schloß die Augen und fing an, sich vor und zurück zu bewegen. Mechanisch nahm er eine weitere Nadel und bohrte sie etwas höher oben in das Glied, langsam, aber ganz hinein. Jetzt begann sich an der Wurzel ein Kitzeln mit dem brennenden Schmerz zu mischen. Er nahm noch eine Nadel, und kaum daß er sie, über sich selbst gebeugt, in die Spitze des Glieds gejagt hatte, kam er. Etwas von dem Sperma fing er mit der Zunge auf, auch wenn der Oberkörper von einer Seite zur anderen wankte.

Er wurde ruhig, atmete langsamer, trocknete sich den Mund mit der Hand ab. Er zog die Nadeln heraus, eine nach der anderen, und legte sie zurück in den Beutel. Er zog die Unterhose wieder an ihren Platz, schob die Arme in die Ärmel und knöpfte dann den blauen Arbeitsanzug zu. Er war jetzt ein bißchen müde. Er müßte hinuntergehen, blieb aber einen Moment sitzen. Dann legte er sich auf dem schmalen Absatz hin, krümmte sich zusammen. Sehr unbequem, aber er spürte es nicht. Er mußte einen Moment ruhen. Dann schlief er.

Als er mehrere Stunden später aufwachte, schien die Sonne, sie stand groß und warm an einem Himmel, so klar wie er. Ja, er war klar. Und hungrig.

# I

Im Grunde arbeite ich mit Müll. Manchmal bin ich dumm genug, an ein Leben nach dem Tod zu glauben. Aber das geschieht aus Trotz.

Immer morgens muß ich mich im Bett aufsetzen und von dem eisigen Mantel abrücken, der mich in genau diesem Moment, wo ich nicht mehr schlafe, aber auch noch nicht richtig wach bin, wie etwas Böses umschließt.

Auch an diesem Morgen war es so. Aber dann kläffte mein **P**ersönlicher **D**igitaler **A**ssistent, um mich endgültig zu wekken. »Guten Morgen, Fanny. Du mußt jetzt aufstehen. Es ist 4.34 Uhr, dein Air France Flug AF 299 geht ab Marseille-Provence um 6.45 Uhr, letzter Check-in 6.30 Uhr. Vorlesung über Kindheitsentwicklung bei Serienmördern um 9.15 Uhr. Keine weiteren Eingaben. 52 Nachrichten, und das Wetter in Cornwell: bewölkt mit etwas Regen, mäßiger bis frischer Wind aus südwestlichen Richtungen und Temperaturen zwischen 12 und 17 Grad. Und hier deine Neuigkeiten nach Wichtigkeit –« Ich klickte ihn tot, aber jetzt klingelte das Hoteltelefon, ich nahm ab, und eine Französin sagte:

»Bonjour, Mademoiselle Fiske. Il fait très beau aujourd'hui, il est 4 heures 35 et la température est de 12 degrés Celcius. Le petit déjeuner continental est servi dans –«

»Ja, danke«, murmelte ich schlaftrunken, knallte den Hörer auf und streifte das Todesgefühl ab. Ich warf einen Blick auf den schlafenden französischen Gerichtspathologen und fühlte im Bauch ein frustriertes Ziehen.

Inspecteur Moulard hatte gestern abend ein kleines Abschiedsessen für mich gegeben, und wir hatten warmen Ziegenkäse gegessen und bis spät in die Nacht getrunken. Nach einer Woche selbstgewählten Zölibats brauchte ich einen Mann, und die Wahl fiel notgedrungen auf den Gerichtspathologen, weil er fast nicht sprach. Ich habe mit den Franzosen das Problem, daß sie Französisch reden, ein Phänomen, das alle meine Hormone in Winterschlaf zu schicken vermag.

Ein einfaches, hingerissenes »Mon dieu! Un corps chaud!« war zum Glück alles, was Remi Roulard gestern nacht verbal von sich gegeben hat, als er gerade meine nackten Hüften berührte.

Dann waren seine Hände weitergeglitten. Schließlich war sein Kopf schwer auf meinem Bauch gelandet, und rasch fiel er dann auch in einen komatösen Schlaf. Zu meiner Erleichterung hatte sich an diesem Zustand noch nicht allzuviel geändert. Nachdem ich mich davon überzeugt hatte, daß er sich nicht bereits in einer Leichenstarre befand, checkte ich noch kurz seine Augenschlitze und Nasenlöcher nach Spuren von Fliegen, fand aber nichts und war beruhigt.

Ich sprang aus dem Bett und machte sechzig Liegestütze. Nachdem ich schnell geduscht hatte, zog ich mich so geräuschlos wie möglich an, mein bourgognefarbenes Chanel-Kostüm aus Leinen. Ich wollte ihn keinesfalls wecken, denn ich kann mich nur schwer auf zwei Sachen auf einmal konzentrieren, und gerade jetzt wollte ich nur möglichst ohne Aufhebens aus der Tür kommen. Den kleinen Koffer hatte ich in der Nacht gepackt, zu den Tönen von Monsieur Roulards Schnarchen.

Meinen Mantel und die Kalbsledertasche über dem Arm, nahm ich den Koffer, warf einen letzten Blick auf den schlafenden Gerichtspathologen, schlich durch die Tür und schloß sie behutsam. Als ich gerade an Zimmer 333 vorbeiging, summte der PDA am Rockbund. Ich beugte mich vor und las die Nummer. Das war er wieder, Telefonzelle 13 in Cornwell. Deshalb überließ ich die Sache meinem Anrufbeantworter, wohl wissend, daß dort meterweise Gefasel über Sex und Sünde für mich lägen, wenn ich ihn eines Tages abhören würde.

Unten im *Salle de Petit Déjeuner* übersprang ich das Continental und legte gleich unfranzösisch mit Eiern und Schinken und Würstchen los.

Ich liebe Essen.

Der Kellner trug eine tadellos gebügelte schwarze Hose und eine bordeauxfarbene Jacke mit Goldknöpfen. Er sprach eine Art Englisch, und ich blinzelte ihm zu, als er die Würstchen vor mir absetzte.

Ich liebe Männer.

Ich checkte meine Armbanduhr, aber der Gedanke war lächerlich. Zuerst müßte ich den Pathologen rauswerfen, und nachher würde ich zu spät zu meinem Flugzeug kommen. Und da ich doch irgendwann einmal wieder mit ihm zusammenarbeiten würde, war es bereits schlimm genug, daß ich einfach abgehauen war, ohne auf Wiedersehen zu sagen oder wenigstens einen Zettel dazulassen. Also nein, nein. Kein Kellner zum Frühstück. Ich lächelte ihm zu und bat um weitere Würstchen. Mein PDA summte einige Male. Aber mit vollem Mund zu sprechen ist unhöflich, also ließ ich ihn summen. Schließlich deaktivierte ich ihn.

Das Rockbündchen spannte, als ich die Rechnung bezahlte und reichlich Trinkgeld gab. Ich zwinkerte dem gut gebügelten Kellner noch einmal zu, dann erhob ich mich und nahm meine Sachen. Ich sauste die Treppe hinauf, durch die Schwingtür aus Glas und Messing hinaus und zu einem morgenmuffligen Taxichauffeur hinüber, der, an sein Auto gelehnt, ›Le Monde‹ las. Ich setzte mich hinein und sagte »L'Aéroport Marseilles-Provence« und fischte dann in der Tasche nach meinen Notizen. Um 9.15 Uhr war mal wieder meine Vorlesung über »Kindheitsentwicklungen bei Serienmördern« fällig, und auch wenn ich die gleichen Notizen seit fünf Jahren benutze, konnte es nicht schaden, sie kurz durchzusehen.

Ich heiße Fiske, Dr. Fanny Fiske, und lassen Sie mich das von vornherein klarstellen – ich rieche besser, als mein Name vermuten läßt. Ich bin Verhaltenspsychologin – mein Spezialgebiet ist die Profilerstellung von Serienverbrechern – und Dozentin an dem relativ neuen Internationalen Institut für Kriminologie, das zur Abteilung Verhaltenspsychologie der Europa Universität gehört und auf einem Acker mitten zwischen Cornwell und Grafton liegt. Dort unterrichte ich Leute von der Polizei und Agenten auf all den Gebieten, die bei der Profilerstellung von Verbrechern eine Rolle spielen. Ich arbeite auch als Sachverständige sowohl für das EFBI, das European Federal Bureau of Intelligence, als auch für die staatliche Polizei in allen Vereinigten Staaten von Europa. Mein Vielfliegerbonus ist deshalb recht hoch, und ich gelte als beste Profilexpertin in den VSE. Meine letzthin überstandene Profilerstellung in Marseille führte zur Ergreifung des Täters genau eine Woche, nachdem ich sie ausgearbeitet hatte. »Arianes Tante« war ein neunundzwanzig Jahre alter pädophiler Zwerg, dem es gelang, acht zehn- bis zwölfjährige Mädchen zu vergewaltigen, ehe sich Inspecteur Moulard dazu durchringen konnte, mich um Hilfe zu bitten. Sie wollen es ja am liebsten immer selber hinbekommen, die Franzosen. Den Beinamen hatte der Pädophile erhalten, weil er sich als französische Hausfrau verkleidete und so die Mädchen problemlos überredete, mit ihm nach Hause zu gehen. Denn welches kleine Mädchen in Frankreich hat nicht eine Freundin, die Ariane heißt?

Was ich mache, ist folgendes: Auf der Basis der Spuren, die die Polizei, die Techniker und die Rechtsmediziner gesammelt haben, zeichne ich ein Bild – ein Profil – des unbekannten Täters, so daß die Polizei die Jagd auf einen bestimmten Typ einengen kann. Oder wie es ein mir bekannter, arroganter Kriminalbeamter mal ausdrückte: »Dann haben wir etwas, an das wir uns anlehnen und in dem wir unsere eigenen Theorien spiegeln können.«

Die Frage ist stets die gleiche: Welche Art von Mensch könnte die jeweilige Tat begangen haben?

Als Profilexpertin gehe ich davon aus, daß Verhalten die Persönlichkeit widerspiegelt. Ich habe gelernt, die Spuren, die ein Mörder hinterläßt, zu deuten, wie ein Arzt Symptome beurteilt, um eine Diagnose zu stellen. Je mehr Spuren ein Täter hinterläßt, desto mehr berichtet er über sich. Und da die meisten Spuren von Mördern und Sittlichkeitsverbrechern hinterlassen werden, wird bei diesen Verbrechen besonders häufig eine Profilerstellung verlangt.

Problematisch bei einer Profilerstellung ist: Sie kann verkehrt sein und damit die Nachforschungen in eine Sackgasse führen. Profilerstellung ist nämlich keine objektive Wissenschaft, obwohl sie auf der Basis aller gesammelten Spuren eines Falls durchgeführt wird. Gleichzeitig ist sie für uns, die Profilexperten, letzten Endes immer auch Gefühlssache. In meinem Fall haben die Gefühle jedoch den Erfahrungshintergrund so vieler Jahre, daß meine Profile objektiven Wahrheiten ziemlich nahekommen. Die Polizei bezeichnet mich als hellseherisch, und das kann mich einigermaßen ärgern, weil es nichts mit der Sache zu tun hat. Die sieht so aus: Ich habe so viele gewalttätige Verbrechen gegen alle Arten von Menschen gesehen und so viele gewalttätige Verbrecher interviewt, daß ich ein Muster in meinem Kopf habe, ein Bild, das mir berichtet, welche Art von Mensch welche Art von Verbrechen begeht. Überdies gibt es mittlerweile dazu so viel statistisches Material, daß das an sich oft schon reicht.

Ich bin nun so lange dabei, daß ich mir erlauben kann, von den Spuren, die faktisch vorliegen, auch mal abzusehen, wenn mir mein Gefühl das rät. Zum Beispiel war ich bei einem Täter zur Profilerstellung herangezogen worden, der einen jungen Mann mit einem Bleistift erstochen hatte. Wir waren für diese Aufgabe zu zweit, der andere war ein sehr junger Psychiater. Der meinte, daß sich die Polizei auf eine Person konzentrieren solle, die im Gefängnis gesessen hatte, weil ein Bleistift im Gefängnis ja als Mordwaffe betrachtet wird. Er meinte, hier handele es sich um einen älteren, erfahrenen Kriminellen. Seine Folgerung war zwar ganz plausibel, nur leider verkehrt. Ich wußte, daß der Verbrecher jung war, extrem unerfahren, daß er im Affekt gehandelt und nach dem ersten besten Gegenstand gegriffen hatte. Die Polizei kaufte das Profil des jüngeren Psychiaters und verlor Monate, weil sie einen Ex-Knasti jagte, den sie nie fand. Als sie den Täter endlich faßten (mit weiterer Hilfe von mir, will ich gleich hinzufügen), zeigte sich, er war ein sechzehnjähriger Ersttäter. Woher ich das wußte? Nun, das kann ich auch nicht sagen. Mein Gehirn aktiviert alle zur Verfügung stehenden Informationen, und dann setze ich mich hin und warte darauf, daß der Computer zwischen meinen Ohren alle Erfahrungen konsultiert und schließlich das Resultat in mein Wachbewußtsein befördert, so daß es anschließend an die wartenden Kriminalbeamten weitergegeben werden kann.

Ein Profil, wenn ich es erstellt habe, trägt dazu bei, den Verbrecher schneller und leichter fangen zu können. Darüber hinaus benutzt die Polizei dieses Profil auch, um sich die beste Verhörmethode für den jeweiligen Verbrechertypus zurechtzulegen. Und dann setzen sie mich als sachverständige Zeugin ein, weil ich den Geschworenen so gut erklären kann, wie gewalttätige Verbrecher denken.

Ich merkte, daß das Auto stand, und schaute auf. Straßenarbeiten. Soweit das Auge blickte, standen die Autos fünfspurig still.

»J'ai un vol à prendre«, sagte ich und stupste den Chauffeur in den Rücken. Sehr typisch französisch zuckte er nur die

Achseln, ob ich nun fliegen müßte oder nicht, worauf ich augenblicklich Lust bekam, meinen neuen elektrisch geladenen Schlagstock auszuprobieren, der genau wie der alte stets in meiner Kalbsledertasche liegt, und paralysierende 160.000 Volt durch seinen gleichgültigen, trägen Körper zu jagen. Statt dessen bat ich ihn um eine Einschätzung, ob wir rechtzeitig bis 6.30 Uhr hinkommen könnten. Wieder zuckte er die Achseln, murmelte aber:

»Et votre jet perso, est-il en panne, quoi?«

Ich verstand nicht, was er sagte, und eigentlich war es auch komplett egal. Ich sank einfach in das weiche Leder zurück, und da ich keinerlei Mittel gegen Franzosen und Chaos habe, entschied ich, die Neuigkeiten abzuhören. Ich reaktivierte meinen PDA und lehnte mich zurück: Ein zehnjähriges Mädchen war spurlos aus Cornwell verschwunden, Terroristen aus Lubelskis Befreiungsfront hatten in Warschau drei Politiker ermordet, die Börse hatte Vernunft angenommen, und Saddam war endlich an seiner geheimen Krankheit gestorben.

Ich schaute auf und bemerkte, daß sich die Schlange wieder bewegte. Ich gab den Code für »Nachrichten« ein und hörte Inspecteur Moulard, der mir erzählte, er würde mir mein bordeauxfarbenes Diorkleid schicken, das ich in seinem Büro vergessen hatte. Meine Nachbarin von gegenüber lud mich für 19 Uhr zu Ravioli mit Seelachs-Hummersauce ein. Mein Vater verkündete, daß ich ihn ebenso gut von einer Klippe stoßen könnte, er sei ja sowieso nur im Wege. »Lieber das, als tot durch Vergessen von seiten meiner Tochter«, intonierte er pathetisch. Danach kamen zwei Nachrichten von dem alten Mann, der in der letzten Woche mit seinem Telefonterror angefangen hatte. Die erste Weisheit klang so: »Hebe deine Augen auf zu den Höhen und siehe, wie du allenthalben Hurerei treibst. Du verunreinigst das Land mit deiner Hurerei und Bosheit, zur Falle wurden deine vielen Liebhaber für dich. Du hast eine Hurenstirn, du willst dich nicht mehr schämen.« Die nächste lautete: »Durch dein leichtfertiges Buhlen entehrtest du das Land und hurtest mit Stein und Baum.«

Klang das blöd. »Buhlen« ist ein häßliches Wort, wenn auch die Aktivität zentral, nur nicht so gern mit einem Stein oder einem Baum. Das hörte sich ziemlich altertümlich an ... biblisch? Keine Ahnung, ich lese keine Belletristik. Und solange das keine Drohungen waren, war das Ganze nur ärgerlich. Die Anrufe waren nachts um 2.30 Uhr und um 3.50 Uhr erfolgt und kamen aus den Telefonzellen 315 und 13 in Cornwell. Ich schaute auf und sah, daß wir uns dem Terminal elf näherten, deaktivierte den PDA und löschte die restlichen siebenundvierzig Nachrichten.

*Dieu merci pour les petits miracles.*

## 2

Es goß in Strömen, als ich das Auto auf die Auffahrt nach Cornwell quetschte. In dieser Gegend regnet es immer: Der Regen strömt oder tröpfelt oder platscht so vom Himmel, daß er die Luft verdrängt und Löcher zurückläßt, wo Erde sein soll. Selbst in meinen Träumen regnet es unaufhörlich, tropft es, trieft es, nieselt es.

Aber der Regen heute paßt ausgezeichnet zu meiner Laune. Wenn ich eine Vorlesung über die Kindheit der Serienmörder halten muß, geht es mir jedes Mal miserabel, und das liegt wohl an dem Gedanken der Erbsünde. Ich spreche hier nicht von der biblischen Erbsünde, von der unvermeidlichen Anfälligkeit der Menschen zu sündigen. Ich spreche davon, daß wir, ob wir es wollen oder nicht, aufwachsen und unweigerlich zum Erbe unserer Eltern werden, zur Summe ihrer Gene und ihres Verhaltens, dem sie uns aussetzen. Daß es uns nicht gelingt, genügend Individualität dagegenzuhalten, das ist die größte Sünde. Und Serienmörder und ihre Kindheit – das ist angewandte Erbsünde, in ihrer häßlichsten Form.

Wenn ich die grausame Kindheit der Serienmörder durchgehe, ist es mitunter schwer, nicht mit diesen Kindern grausamer Eltern zu fühlen, aber genau hier ist es wichtig, das Augenmerk darauf zu richten: Sie sind selbst grausam geworden, ihr Zug ist abgefahren, und nun ist es die Kindheit anderer, die Kindheit ihrer Opfer, die wir behüten müssen. Wir studieren die Kinder der Serienmörder, um eine Bestandaufnahme der ihnen gemeinsamen Merkmale anzufertigen; zum einen um das Böse zu verstehen, das sie erfahren haben und weitergeben – das ist es, worauf sich Kriminalbeamte, Agenten und Sozialarbeiter konzentrieren sollten – zum anderen muß Verbrecherprophylaxe oberstes Ziel unserer gemeinsamen Anstrengungen sein.

Wir müssen folgendes ins Zentrum unserer Überlegungen stellen: Wir kämpfen gegen zwei Sachen, die immer gewinnen, die Erbsünde und den Tod. Alle erben wir die Sünden unserer Eltern, und alle müssen wir sterben. Unsere Aufgabe besteht nun darin, die Sünden der Eltern zu minimieren und den Tod hinauszuschieben. Und wenn ich meine Schüler bitte, sich ganz auf diese Aufgabe zu konzentrieren, so auch deshalb, weil ich selbst gezwungen bin, auf diese nackten Tatsachen zu schauen, die mein Leben steuern. Meine Angst vor dem Tod und meine Ohnmacht gegenüber der Erbsünde. Deshalb fühle ich mich miserabel, wenn ich über die Kindheit der Serienmörder eine Vorlesung halten soll: Ein Phänomen begreifen und vermitteln zu wollen, dem man selbst einigermaßen ratlos gegenübersteht.

Dieses eine Mal hatte ich keine Probleme gehabt, das Auto vom Langzeitparkplatz zu holen, aber daß ich tatsächlich genau um 9.15 Uhr den Hörsaal erreichte, das lag nur an der neuen fünfspurigen Autobahn. Schon während ich nach meinen uralten Notizen wühlte, nahm ich Augenkontakt zu einem der jungen Männer in der ersten Reihe auf. Er war Mitte Zwanzig, und seines Mundes und seiner Locken wegen winkte ich ihn hoch zu mir auf das Katheder, wo ich ihm meine Adresse gab und eine Nachricht, was ich von ihm wollte und wann. Falls ich ihn überraschte, so zeigte er das nicht. Er nickte und steckte den Zettel in die Tasche.

Dann spulte ich das ganze Programm ab: Versagen, Folter, Zurückweisung, psychische und physische Mißhandlung. Ed Kemper, der die Nächte seiner Kindheit eingeschlossen in einem Keller ohne Fenster verbrachte. Arthur Shawcross, dessen Mutter ihm einen Besenstiel bis weit hinauf in seinen Mastdarm schob. Ausnahme von der Regel: Ted Bundy, der (soweit bekannt) eine behütete Kindheit hatte. Und dann die goldene *homicidiale triade*, wie ich sie auf gut Lateinisch nenne, die drei Verhaltensweisen, die häufig in der Kindheit von Gewaltverbrechern zu finden sind: Tierquälerei, Brandstiftung und Bettnässen im Teenageralter. Drei Verhaltensweisen, die nicht zwangsläufig aus einem Kind einen Mörder machen – die aber umgekehrt bei vielen Tätern zu beobachten sind.

Der Vortrag dauerte fünfzig Minuten, exakt so lange wie vor den Sozialarbeitern. Die bekamen allerdings noch ein ausführliches Addendum über die Bedeutung frühzeitiger Intervention verpaßt.

Ich schob die Notizen zusammen und wollte wissen, ob es noch Fragen gäbe. Sie müssen gespürt haben, daß ich keine Lust zum Antworten hatte, denn sie schwiegen. Ich eilte aus dem Hörsaal zu meinem Büro, um Mantel und Koffer zu holen, und lief den Gang hinunter, wobei ich versuchte, Rosa, meiner Sekretärin, aus dem Weg zu gehen, die garantiert einen Stapel gelber Zettel mit Telefonnotizen für mich hatte. Der Regen hatte nachgelassen, konnte ich auf dem Weg zur

Schwingtür feststellen, aber ich hatte sie noch nicht passiert und die rechteckige Glasstruktur verlassen, als es schon wieder zu regnen anfing. Ich hörte Rosas Absätze auf dem Asphalt, exakt als ich die Schlüssel in die Autotür schob, drehte mich um und sah sie kommen, die Hände voller gelber Zettel, die sie mir mit einem rachsüchtigen Blick und einem einfachen, geschickt plazierten *bitte schön* in den Mund schob. Dann drehte sie sich um und ging. Rosa haßt es, Telefonnachrichten entgegenzunehmen. Sie ist auch der Mensch, der sich am meisten über die gelben Zettel ärgert – nicht so sehr über die Zettel an sich, sondern über das, was sie über mich verraten: daß ich ein einziger Anachronismus bin. Aber auch Anachronismen haben ein Recht auf Existenz, und gelbe Zettel, das bin nun mal ich. Ich bin diejenige, die noch den letzten Baum dafür verbraucht – ein Problem für alle anderen, nicht für mich. Schließlich bin ich nicht mit Computerspielen und Internet und e-mail aufgewachsen, sondern mit ins Heft geschriebenen Rechenaufgaben und Schönschrift und dem Montblanc, den ich noch immer benutzte. Ich habe einen alten Archivschrank, wo alle anderen längst ihre elektronischen Archive verwalten. Ich nehme nicht an Videokonferenzen teil, besitze keinen Computer und empfange niemals elektronische Aktenvorgänge. Mein PDA wurde mir in einer schwachen Stunde aufgezwungen, und ich habe mich notdürftig mit ihm arrangiert. Dennoch beharre ich auf einem privaten Telefon mit einer Steckdose in der Wand und einem Anrufbeantworter mit ausgestorbener Mikrokassette.

Ich schloß auf, warf Tasche und Mantel auf den Rücksitz, setzte mich ins Auto und ließ die Zettel durch die Finger gleiten. Bei zwei Dritteln handelte es sich um junge Menschen, die gerne bei mir hospitieren wollen, vollkommen gratis ... Und sie würden auch kein Wort sagen ... Sie würden mich überhaupt nicht stören ... Dann gab es ein paar norwegische Journalisten, die gerne meine Kommentare haben wollten zu einer Gruppe von Witwern, die ein unbekannter Täter zu Tode gefoltert hatte. Und dann gab es ein paar Autoren, die mich zu gern interviewen wollten. »Das dauert maximal eine Stunde, und ich komme *gern* zu Ihnen.« Das stand selbstverständlich nicht auf den Zetteln, aber das sagten sie immer. Dann noch eine Nachricht von meinem Vater, in Rosas Umschreibung: »Jetzt ruf doch verdammt noch mal deinen Vater an!« Und schließlich gab es die üblichen Nachrichten von ein paar Typen, die mich in letzter Zeit in nacktem Zustand gesehen hatten. Ich knüllte die Zettel zusammen, warf sie in den Autoaschenbecher, zündete sie an und drehte den Zündschlüssel um.

Die Regentropfen hatten mittlerweile die Größe von Katzenköpfen.

Als ich in meinen Carport einbog, sah ich Sonia Sutcliffe im Rückspiegel. Sie wohnt direkt gegenüber, in der Kopie einer Alpenhütte, die ein Vermögen gekostet hat und mit ihren Massen von Plastikgeranien, die aus Massen von Balkonkästen quellen, entsprechend lächerlich aussieht. Die Hütte fällt im Viertel auf wie »ein Mitesser an einem schönen Mädchen«, wie es mein Nachbar kürzlich ausdrückte. Hier stehen wir nämlich auf stilsichere Diskretion, und der generelle Mief des guten Geschmacks läßt sich leicht stören.

Sonia und ihr Mann Peter hatten einige Millionen gewonnen, indem sie bei einer Quizshow drei Fragen richtig beantwortet hatten. Ich weiß nicht mehr, wie viele Millionen es waren, aber beide quittierten augenblicklich ihre Jobs, Sonia, um sich der gehobenen Küche zu widmen, Peter, um die Tage zu verschlafen und nachts durch die Straßen zu stromern.

Ich hatte gerade noch registrieren können, daß sie lächelte und einen ganzen Arm voll Briefe für mich trug, als ich nach der Tasche auf dem Rücksitz griff und aus dem Auto sprang. Die Regentropfen hatten inzwischen wieder Normalmaß angenommen, und Sonia duckte kokett den Kopf nach links und rechts, um ihnen auszuweichen. Sie ist kleidsam übergewichtig, bevorzugt Couplets in Hellrot und Braun, und außerdem hat sie ihr Haar so schwarz »gespült«, daß die Farbe bedrohlich nahe an lila heranreicht.

Ich nahm die Briefe, bedankte mich und konnte nicht umhin, in ihren Augen diesen Ausdruck zu sehen, der wohl besagte, daß sie zu gern mit hineinwollte. Sie wollte etwas hören »von all dem Spannenden, was du erlebt hast«, würde sie sagen und leise und entzückt quieken. Ehe es soweit kam, legte ich ihr eine Hand auf die Schulter und erklärte ihr entschuldigend, daß ich kurz davor war, vor Müdigkeit umzufallen und deshalb hineingehen und schlafen müßte. Ich brauche Menschen wie Sonia, ganz abgesehen davon, daß Sonia süß ist, und es nützt nichts, ihr Haar zu kommentieren oder ihre Neugier zurückzuweisen.

Die Müdigkeit aber verstand sie und ging lächelnd zurück in ihr Füllhorn aus Zement und Plastik.

»Übrigens«, sagte sie anklagend und drehte sich um. »Dein Hamster ist bissig.« Ich verdrehte entschuldigend die Augen. Sie hielt einen eitrigen, verpflasterten Finger hoch. »Ich habe versucht, ihn zu streicheln.«

»Ja, von ihm sollte man die Finger lassen. Ich werde ihn einschläfern lassen.« Sie drehte sich um und ging. Ich glaube nicht, daß sie meinen jungen Studenten sah, der sein Auto hinter meinem parkte, denn mir schien, ich hörte ihre Tür gerade zuschlagen, als er den Motor abwürgte.

Ich gab ihm die Schlüssel und bat ihn, aufzuschließen, denn ich stand mit den Briefen, meinem Koffer, der Kalbsledertasche und dem Mantel über dem Arm da.

»Ich bin gerade aus Marseille gekommen, deshalb muß ich zuerst ins Bad«, sagte ich und warf die Briefe auf den Küchentisch. Ich nahm aus dem Augenwinkel das rote Blinken meines Anrufbeantworters wahr, entschied mich aber, ihn zu ignorieren. »Nimm dir aus dem Kühlschrank, was du willst.« (Erst später fiel mir ein, daß der Kühlschrank leer war.) Ich warf die Tasche und den Mantel auf einen Küchenstuhl und beeilte mich, ins Bad zu kommen, wo ich als erstes einen ordentlichen Schluck aus der Flasche Vecchia Romagna nahm, die im Toilettenschrank steht.

Als mich die warmen Strahlen der Dusche trafen, merkte ich, daß ich Sonia nicht einfach nur mit einer Lüge abgespeist hatte. Ich war wirklich müde bis auf die Knochen und bedauerte nun den jungen Mann, der vermutlich auf einem meiner provençalischen Flechtstühle in der offenen Küche saß und Nägel kaute. Ich war nicht imstande, ihn zu unterhalten. Ich drehte die Dusche ab, griff nach einem Handtuch und beschloß, ihn zu bitten, wieder zu gehen. Aber als ich ins Schlafzimmer kam, noch immer nur mit meinem Badetuch bekleidet, lag er schon auf meinem Bett, splitterfasernackt. Er hatte einen herrlich viereckigen Brustkasten und eine unbändige Frechheit, die alle meine verborgenen Attribute weckte, und wenn ich mich auch nicht an seinen Namen erinnern kann, vielleicht weil er nie dazu kam, ihn mir zu sagen, so sorgte er für einen wunderbar tiefen Schlaf. Danach.

## 3

In meinem Kopf läutete es ausdauernd, und ich wachte auf und tastete nach dem Hörer auf dem Nachttisch, und ehe ich auch nur ein Wort gesagt hatte, legte er los: »Was aus dem Menschen herauskommt, das macht den Menschen unrein; denn von innen, aus dem Herzen der Menschen, kommen die bösen Gedanken, Unzucht, Dieberei, Mord, Ehebruch, Habsucht, Bosheit, List, Schwelgerei, Mißgunst, Lästerung, Hoffart, Unvernunft. All diese bösen Dinge kommen von innen heraus und machen den Menschen unrein.«

Ich knallte den Hörer auf die Gabel und checkte das Display, dieses Mal kam der Anruf aus der Telefonzelle 9 in Cornwell. Langsam wurde er lästig, wer auch immer das sein mochte.

Ich wollte gerade mit Schwung aufstehen, als es an der Tür klingelte, weshalb ich statt dessen zusammenzuckte.

So viel Lärm, so früh!

Ich sah auf meinen Wecker: 14.33 Uhr. Nun ja. So viel Lärm am hellen Tag. Ich griff nach meinem blutroten Seidenkimono, den ein verliebter FBI-Agent mir aus Japan geschickt hatte, als Dankeschön für »die Verlockung und den Fang, Fanny Fiske«, ging zum Haustelefon und fragte, wer da sei.

»Sam!« kam es sarkastisch.

Kriminalkommissar David Berkovic hatte sich an den Namen gewöhnt, den ich ihm gegeben hatte, als ich anfing, mit der Polizei in Cornwell zusammenzuarbeiten. Aber er hatte mir nie richtig vergeben.

Sam ist mein privater Berko-Witz. Wie gesagt, in Wirklichkeit heißt er David Berkovic und stammt aus einer weit entfernten Gegend, aus Lublin, Polen, von überaus bäuerlichen Eltern ab, die selbstverständlich nicht ahnten, was in New York von Juli 1976 bis Juli 1977 passiert war. In diesem Jahr wurde die Stadt von einer Serie satanischer Morde terrorisiert, die »Son of Sam«-Morde genannt wurden. Die New Yorker waren in dieser Zeit starr vor Schreck, denn der unbekannte Täter schoß ungehemmt mit seiner .22 Kaliber Pistole und ermordete etliche Paare, die in ihren geparkten Autos saßen und sich küßten oder unterhielten. Der Terror nahm ein Ende, als der vierundzwanzigjährige David Berkowitz festgenommen wurde, und selbiger Berkowitz ist seither einer der berühmtesten Serienmörder in der Geschichte der USA – auch wenn faktisch die Kriterien für einen Serienmörder nicht auf ihn paßten, sondern er mehr mit Lust-Meuchelmördern oder Serienattentätern gemein hatte.

Aber dieser Sam hier, mein Sam, ist unendlich liebenswert. Wenn er nur nicht vom Baum der Häßlichen gefallen wäre und auf dem Weg nach unten alle Äste gestreift hätte, glaube ich, würde ich ihn ganz und gar und mit Haut und Haar geliebt haben. Er ist nicht größer als zwei Sofakissen und genauso weich. Sein halblanges, schwarzes Haar ist für gewöhnlich fettig, und die Schuppen setzen sich immer auf dem Rücken seiner billigen schwarzen Anzüge fest wie Schneeflocken auf einer finsteren Tat. Seine Nase füllt die Hälfte des Gesichtes aus, und er spuckt, wenn er erregt ist – ich meine: zornig, interessiert, eifrig – diese Form der Erregtheit. Er ist höchstens 35 bis 40 Jahre alt, aber sein Gesicht ist gründlich durchgewalkt von gegrilltem Fleisch, zu viel erlebter Grausamkeit und zu wenig Schlaf. Wenn man bei der Polizei angestellt ist, hat man nicht einmal genug Geld, um solche Mängel kosmetisch aus der Welt zu schaffen.

Ich öffnete, und seine gedrungene Gestalt wälzte sich herein, als ob er an der Tür gelehnt hätte. Er trug Einkaufstüten.

»Die standen vor der Tür«, murmelte er und fügte hinzu: »Dein Gärtner ist stinksauer.« Ich steckte den Kopf aus der Tür, und dort stand der kleine, verhutzelte Eisik wie üblich und schielte in seiner beigefarbenen Arbeitskluft feindselig zu mir herüber. Ich grüßte ihn freundlich und fragte, ob ich etwas für ihn tun könne, aber er schüttelte sichtlich verärgert den Kopf, nahm den Spaten und ging.

Drinnen stellte Sam die Einkaufstüten auf den Tisch und begann, sie auszupacken. Er konnte nie stillsitzen, deshalb ließ ich ihn gewähren und machte mich ans Kaffeekochen. Selbst mit dem Rücken zu ihm konnte ich merken, daß er heute total durch den Wind war.

Sams Gemüt ist ausgesprochen wandelbar, und er hat immer ein Gefühl parat: entweder hat er die Nase voll oder er ist sentimental oder verliebt oder auch haßerfüllt und sarkastisch oder auch einfach nur wütend. Er kann so wütend werden, daß sich sein kleiner gedrungener Körper zu einem Atomreaktor mit Kernschmelze verwandelt, und wenn das der Fall ist, dann ist es ratsam, sofort die Siebenmeilenstiefel anzuziehen. Ich werde niemals vergessen, wie er in blinder Wut einmal sein Auto verdrosch und am Ende dessen »Augen« mit seinen bloßen Fäusten einschlug.

Aber das, woran er heute litt, war sicher kein Wutanfall.

Ich drehte mich um und fragte ihn.

Er stellte die Milch und die Mayonnaisesalate in den Kühlschrank, legte das Obst ins Kühlfach, das Fleisch ins Tiefkühlfach und die Pasta in den Küchenschrank neben dem Herd. Und bis er ganz fertig war, sagte er kein Wort. Dann drehte er sich um, und ich konnte deutlich erkennen, daß er zitterte.

»Ich bin seit 17 Jahren Polizist«, fing er an, die Augen auf den Küchentisch gerichtet. Seine Stimme bebte. »Und ich habe noch niemals meine .38 Kaliber benutzt. Ich habe nie jemanden umgebracht, ich habe noch nicht einmal einen Menschen angeschossen.« Er begrub den Kopf in den Händen.

»Bis heute morgen.«

Er blickte auf. »Ich stand am Empfang und nahm die telefonischen Benachrichtigungen entgegen, es war etwa 8 Uhr, und plötzlich erschien diese wahnsinnige Frau, etwa 45 bis 50 Jahre alt, sah aus, als wäre sie ins Moor gefallen, und hielt diese .32 Kaliber auf mich gerichtet. Erst zielte sie in die Luft und knallte eine Birne ab – dann zielte sie auf mich und sagte, wenn ich sie nicht erschießen würde, dann würde sie mich erschießen. Ich kann mich nicht genau erinnern, wie sie das sagte, aber es klang total durchgeknallt. Ich war ganz und gar unvorbereitet, immer noch nicht ganz wach, und ich zog und zielte auf ihre Schulter, traf sie aber mitten ins Herz, und sie fiel um und war auf der Stelle tot.«

Ich zog einen Stuhl heran und ließ ihn sich setzen. Dann goß ich Kaffee ein und stellte eine Tasse vor ihn hin. Ich setzte mich neben ihn und legte seinen Kopf an meine Schulter. Dann weinte er, leise strömten die Tränen, immer weiter. Ich strich ihm übers Haar. Er war dann wie ein Kind, und vielleicht war es das, was ich an ihm liebte. Doch auch wenn er viel zu empfindsam für diesen Job war, war er dennoch der genialste Kriminalkommissar, mit dem ich jemals zusammengearbeitet hatte. Und ich muß das unterstreichen, denn oft höre ich den Kommentar, Sam »wirke inkompetent«. Sam wird unausweichlich inkompetent wirken, wenn *ich* über unsere Arbeit hier in Cornwell berichte, denn er benutzt ausschließlich seine linke Gehirnhälfte, während ich die rechte mit einbeziehe. Und dann verherrliche ich mich selbst natürlich auch gern, da gibt es kein Vertun.

Aber Sam ist mein Freund. Er ist ein guter Mann und ein guter Polizist. Und zwischendurch auch mal – mein Liebhaber.

Ich redete auf ihn ein, wie ich es immer tue, wenn er zusammenbricht. Die Worte flossen in einem unaufhörlichen Strom; ruhig und mit leiser Stimme versicherte ich ihm, daß seine Absicht gut gewesen sei, die Möglichkeiten zu wählen beschränkt und das Zusammentreffen unglücklich. Endlich hörte er auf zu zittern, und langsam versiegten auch seine Tränen. Dann hob er den Kopf, schaute auf die Tür des Kühlschranks und schüttelte den Kopf.

Durch die Polizei assistierter Selbstmord. Das, darüber waren wir schnell einer Meinung, war eine gemeine Art, die Polizei zu mißbrauchen. Eine feige Angelegenheit. Und etwas, das Sam niemals vergessen würde.

»Wir haben keine Ahnung, wer sie war. Sie hatte keine ID bei sich, keine Papiere, gówno, nichts.« Er trank einen Schluck Kaffee. »Niemand ist vermißt gemeldet, wir müssen also ihre Zähne untersuchen und das DNA-Archiv.«

»Ist sie jetzt bei Lisa?« Lisa Selander war die Rechtsmedizinerin, »die muntere Schwedin« nannten wir sie, aus gutem Grund.

Sam nickte. Sein Magen knurrte, und ich wußte, er hatte heute noch nichts zu essen bekommen. Nachdem er geschieden worden war, hatte er aufgehört zu essen, es sei denn, er wurde gefüttert. Er fand da keinen Ausweg. Ich glaube nicht einmal, daß er wußte, was Hunger bedeutete oder daß man Hunger mit Essen stillen kann. Ich stand auf und machte ihm ein paar Hühnchensandwiches, während er sitzenblieb und die Ereignisse des Vormittags wie ein Mantra wieder und wieder durchging.

»Ja, und was hast du seither getan?« Ich stellte die Brote und ein Mineralwasser vor ihn.

»Ich habe mich um alles gekümmert, do diabła, was glaubst du denn?«

»Das hat den ganzen Vormittag gedauert?«

»Fast.« Jetzt kaute er. »Wir haben doch auch noch das verschwundene zehnjährige Mädchen.«

»Wie lange ist sie verschwunden?«

Er schüttelte den Kopf. »Drei Tage.«

»Das ist zu lange«, sagte ich und übersetzte auf diese Weise sein Kopfschütteln.

Er nickte. »Das ist viel zu lange. Die ganze Abteilung arbeitet daran, und alle drei Pfadfindergruppen durchkämmen die Heide und den Wald. Wir tun, was wir können. Und die Eltern ...« Das letzte Wort erstickte in einem Kehllaut, und jetzt fing er wieder an zu weinen. »Sie sind vollkommen zerstört.« Sam saß da, den Mund voller Hühnchensandwich, und er wirkte, als käme aus allen Ritzen Wasser. Er hatte zwei Töchter, eine zehn und eine acht Jahre alt, und er tat, was er konnte, um sich aus Fällen mit Kindern herauszuhalten. Er sah jedes Mal seine eigenen Mädchen an Stelle der Opfer, und jedes Mal, wenn er mit untröstlichen Eltern redete, war es, als ob er mit sich selber spräche. Mag sein, daß es Polizisten gibt, die im Laufe der Zeit dickhäutiger werden. Sam gehört nicht dazu.

»Wo wohnt sie denn?« fragte ich, um den Polizisten in ihm zurückzuholen.

»Forest Hill«, schniefte er und sah ratlos aus. Forest Hill ist ein wohlhabender Bezirk, die Preise der Häuser sind hier höher, unter anderem weil dort so gut wie nie eingebrochen wird. Das Viertel liegt am südlichen Stadtrand, und jedes Grundstück ist groß und durch Alarmanlagen und Hecken gut geschützt.

»Ellen Frosh«, redete er monoton weiter. »Sie spielte im Garten, schaukelte. Die Mutter war in der Küche und backte mit dem kleinen Bruder Plätzchen. Der Vater räumte in der Garage seinen Werkzeugkasten auf.« Sam wandte sich mir zu. »Zum Teufel, Fanny, diese Garage war von der Schaukel zehn Meter entfernt, aber hinter einer Ecke, so daß er sie nicht sehen konnte. Aber wenn man nicht einmal eine Zehnjährige im eigenen Garten schaukeln lassen kann, an einem Sonntag, ja, was dann? Wo kann man sich dann noch sicher fühlen?«

Ich konnte sehen, daß er sich schon wieder identifizierte. Er hatte selbst ein kleines Haus und eine Hecke um einen kleinen Garten, auch dort gab es eine Schaukel und – jedes zweite Wochenende – seine Kinder.

»Um den ganzen Garten ist ringsum eine Hecke, ziemlich hoch. Und unser *unsub* hatte in aller Ruhe ein Loch in die Hecke geschnitten. Ein hübsches kleines Loch. Genau im richtigen Winkel: der Vater konnte sie nicht sehen, die Mutter konnte sie nicht sehen, und sie selbst konnte das Loch in der Hecke nicht sehen, weil es hinter einem Spielhaus versteckt lag. Das muß ein wahnsinnig kaltblütiger *unsub* sein, dieser hier.«

Ich sagte nichts dazu. Mich irritierte sein Jargon. Ein unbekannter Täter hieß »unsub«. Das ist die Abkürzung für »unknown subject«. Das FBI hatte das Wort erfunden, damals in den 1970ern, und jetzt rennen auf der ganzen Welt all die lokalen Bullen rum und sprechen von »unsubs«, denn sie finden das irre schick. Ich nenne sie einfach, über einen Kamm geschoren, Schweine. Das finde ich irre schick.

»Und jetzt muß ich hin und mit den Eltern reden«, sagte er unter Tränen. »Sie sollen sich überlegen, mit welchen Leuten Ellen Kontakt hatte. Vor allem Männer sollen sie nennen. Der hier war kein Fremder. Sie ist mit ihm gegangen. Es gibt keine Zeugen, aber es kann ja sein, daß noch welche auftauchen. Niemand hörte Schreie oder sah ein Mädchen oder einen fremden Mann oder ein verkehrtes Auto oder sonst etwas. Ich glaube, sie ist freiwillig mit ihm gegangen. Sie kennt ihn.«

»Sie kennt ihn flüchtig«, sagte ich. »Es ist eine Person, der sie früher schon begegnet ist, aber es ist nicht sicher, daß die Eltern ihn kennen. Es ist ein Mann, der einige Male mit ihr gesprochen hat, freundlich war, ihr geholfen hat, aber ich glaube nicht, daß es jemand ist, den die Eltern kennen.«

»Wie willst du das denn bitte schön wissen, Fanny! Gnój! Hör auf.«

»Es klingt, als ob er ausgesprochen gut organisiert wäre«, redete ich weiter. »Er hat alles gut geplant, und er wird uns so schnell nicht in die Falle gehen. Dieser Typ hier macht sich mit den Kindern gut Freund, ohne die Eltern einzubeziehen.«

»Wenn du so schlau bist, kurwa mać, warum gehst du dann nicht hin und sprichst mit den Eltern?«

Ich zuckte die Achseln. Er wußte ganz genau, daß das nicht Teil meiner Arbeit war, abgesehen davon, daß die Polizei von Cornwell diesmal meine Dienste gar nicht geordert hatte. Solche wie ich nehmen nicht an der Aufklärungsarbeit teil. Wir mischen uns in die Arbeit der Polizei nicht ein. Wir fertigen Profile und unsere Analysen an, und dann übergeben wir sie der Polizei. Danach ziehen wir uns zurück, es sei denn, die Polizei hat weitere Fragen oder neue Informationen, die sich auf das Profil auswirken könnten. Aber selbstverständlich ist das anders, wenn ich für die Polizei in Cornwell arbeite. Natürlich bin ich hier bei den Nachforschungen dichter dran, schließlich wohne ich hier, ich kenne alle Polizisten und jeden Rechtsmediziner – die öffentlichen Ankläger und die Richter, sie alle habe ich unter Kontrolle.

Auch deshalb hatte Sam mich im letzten Monat gebeten, mit P. J. Harvey, der Chefanklägerin, über die neue Direktive für Cornwell-Grafton zu reden. Aufgrund dieser Direktive müßte die Polizei Motiv und fehlendes Alibi nachweisen und mindestens ein Stück physisches Beweismaterial oder mindestens eine zuverlässige Zeugenaussage vorzuweisen haben, ehe ein Verdächtiger für vierundzwanzig Stunden in Untersuchungshaft genommen oder das Haus eines Verdächtigen durchsucht werden kann. Das machte die Arbeit der Polizei natürlich unmöglich, abgesehen davon, daß mir nie klar wurde, was »zuverlässige Zeugenaussagen« eigentlich sind. Ich hatte mit P. J. gesprochen, aber es war mir lediglich gelungen, ihre Forderung nach dem Nachweis des Motivs von der Liste zu streichen – schließlich gab es ein solches selten in einer Welt, in der Fremde Fremde ermordeten.

Während meines Gesprächs mit P. J. hatte ich ganz klar das Gefühl, daß diese Direktive als eine Art Erziehungsmaßnahme gedacht war, speziell gerichtet gegen Sam und die anderen ebenso hitzköpfigen Kriminalkommissare in Cornwell und Grafton. Sie hatten in der Vergangenheit schlicht und ergreifend zu viele Verdächtige wegen zu wenig verhaftet und sie zu lange dabehalten. Und P. J. hatte bis über beide Ohren zwischen Beschwerden und Klagen unschuldiger Menschen gesessen, die glaubten, ihre Menschenrechte seien durch Sam & Co. verletzt worden. Was zweifelsohne stimmte. Doch es stimmte ebensogut, daß die Direktive weg mußte, wenn die Polizei eine Chance haben sollte. Deshalb hatte in der letzten Woche Kriminalinspektor Julio Estevez gegen die

Direktive in einem Brief an den Europäischen Justizrat protestiert, der die Zusammenarbeit der Polizei in den VSE koordiniert.

»Hat Julio vom Justizrat Antwort erhalten?« fragte ich Sam, der aussah, als wäre er ganz weit weg. Er zuckte ein bißchen zusammen und grinste dann höhnisch.

»Ja, Bearbeitungszeit sechs bis neun Monate.« Er schüttelte den Kopf und schaute weg. »Da können wir die Arbeit gleich niederlegen.«

Ich wollte ihm gerade erzählen, daß er zum Teil auch selbst schuld war an seinen elenden Verhältnissen, als er unterbrach:

»Kennst du übrigens Cormio Vittantonio?«

»Ja, ich kenne ihn sogar ziemlich gut.«

Cormio Vittantonio war früher Kriminalinspektor in Siena gewesen, und ich hatte vor einigen Jahren bei einer Reihe von Mordfällen eng mit ihm zusammengearbeitet. Irgendwann hatte man ihn beschuldigt, auf den Lohnlisten der Mafia zu stehen, und als die (falsche) Nachricht auf der ersten Seite der allgemeinen Zeitungen erschien, geschah das zusammen mit einem Bild von ihm und mir, als wir, Arm in Arm, ein Restaurant verließen, das der Mafia gehörte. Das tat meinem Ruf nicht gerade gut, und es dauerte seine Zeit, bis der wieder stubenrein war.

»Er ist noch zwei Jahre Vorsitzender des Justizrats. Kannst du nicht mal mit ihm reden, damit das Verfahren beschleunigt wird?«

Ich seufzte. Selbstverständlich konnte ich mit ihm reden. Aber wollte ich all die Freundschaftsdienste ausführen, um die ich gebeten werde, weil ich mittlerweile jeden kenne, der in Europa leitende Posten besetzt, käme ich zu nichts sonst. Aber: Sam etwas abschlagen?

»Ja«, sagte ich und seufzte wieder. »Wenn ich Zeit habe. Ich muß morgen ganz früh nach Rom.«

Ich schaute auf meine Uhr. Aus dem Nachmittag wurde schnell Abend, und ich hatte noch etliche andere Sachen durchzusehen.

»Roberto Piqueri hat da eine abscheuliche Sache, mit der er nicht weiterkommt.«

Ich konnte Sam ansehen, daß er schon wieder weit weg war. Da klingelte das Telefon. Sam wachte auf, als der Anrufbeantworter ansprang: *»Fliehet die Unzucht! Alle Sünden, die der Mensch tut, sind außer seinem Leibe; wer aber Unzucht treibt, der sündigt an seinem eigenen Leibe.«*

Sam schnitt eine Grimasse in meine Richtung, die ich nicht sofort begriff.

»Wer um Himmels willen war denn das?«

Ich zuckte die Achseln. »Keine Ahnung.«

»Paulus, 1. Korintherbrief, 6, 18–20«, kam es fast mechanisch von Sam.

»Es kam mir so vor, als würde es biblisch klingen – aber warum weißt du, welche Stelle das war? Bist du, mmh – bibelfest?«

»Ich bin in Krakau aufs Priesterseminar gegangen. Uchowaj boże. In meinem früheren Leben. Vier Wochen lang.«

Da staunte ich aber. Na schön, er war empfindsam, aber als Priester konnte ich ihn mir wirklich nicht vorstellen.

»Warum – warum hast du aufgehört?«

Er zog die Augenbrauen hoch. »Weil das alles etwas unsinnig ist, bzdura. Wenn man ordentlich hinschaut, gibt es da ziemlich viel Stuß.«

»Die Bibel ist ziemlicher Stuß?«

»Ja, zum Beispiel...« Er überlegte. *»Ach Herr, Herr, ich kann doch nicht sprechen, weil ich so jung bin.«*

»Ja?« versuchte ich, denn ich verstand nicht, was er meinte.

»Also, wenn er nicht sprechen kann, weil er zu jung ist, dann ist er doch nicht älter als zwei, drei Jahre, oder? Und dann kann er doch nicht sagen *›Ach Herr, Herr, ich kann doch* *nicht sprechen, weil ich so jung bin.‹* Oder? Man kann einfach nicht sagen, daß man nicht sprechen kann, wenn man damit zeigt, daß man spricht.«

»Da ist was dran. Wenn du aber so schlau bist, willst du dann nicht – ?« Er unterbrach mich:

»Und dann Jeremias 9, 25, einer meiner Favoriten: ›*Siehe, es kommt die Zeit, spricht der Herr, daß ich heimsuchen werde alle, die Beschnittenen wie die Unbeschnittenen.‹* Was sagst du dazu? Die Beschnittenen, die eine Vorhaut haben? Wie nennt man dann Beschnittene, die keine Vorhaut haben? Beschnittene Beschnittene? Opowiesci dziwnej tresci. Ich habe mich immer amüsiert beim Versuch, herauszufinden, an welcher Stelle die Beschnittenen, die eine Vorhaut haben, glauben, daß sie beschnitten sind.«

»Ist ja gut. Aber wenn du also nun so schlau bist, willst du dann nicht auch die anderen Zitate hören?«

Er nickte, und ich reckte mich nach dem Anrufbeantworter, drückte auf *rewind*, und als das Band stoppte, wechselte er automatisch auf *play* und fing mit einer Menge statistischem Kram an. Dann kam sein Raspeln, und dann begann er: *»Hebe deine Augen auf zu den Höhen und siehe, wie du allenthalben Hurerei treibst. Du verunreinigst das Land mit deiner Hurerei und Bosheit, zur Falle wurden deine vielen Liebhaber für dich. Du hast eine Hurenstirn, du willst dich nicht mehr schämen.«* Dann wieder Raspeln und Rasseln durchs Telefon, ehe aufgelegt wurde. Darauf folgte Sonias Stimme, die bloß sagte: »Pot au feu mit Sommergemüse 19.30 Uhr.« Und gewissermaßen apropos ertönte danach die Stimme meines Vaters, der mich darüber informierte, daß er seit Tagen nichts gegessen habe. Direkt danach kam wieder der alte Mann. *»Durch dein leichtsinniges Buhlen …«* Ich blickte zu Sam, der die Augenbrauen hochzog. Plötzlich war das gebrochene Englisch des Rechtspathologen zu hören: »Ah, meine geliebte Fanny, wir hatten es so gut, aber als ich aufwachte, warst du weg und ich habe dich vermißt. Sehen wir uns bald, Liebste?« Ich konnte merken, wie ich rot wurde, und ich ärgerte mich darüber, daß Sams Augenbrauen zu nahe an seinem Haaransatz hängen blieben.

»Ja, ja, ja«, reagierte ich kurz angebunden und stellte den Anrufbeantworter ab. Und im gleichen Augenblick, wie ein bewegliches Denkmal für schlechtes Timing, wankte mein junger Student in die Küche, voll bekleidet zum Glück! Er streichelte mir über die Wange, sagte danke für heute, nickte Sam zu und ging. So viel Stil hatte ich in seinem Alter jedenfalls nicht, dachte ich kurz und vergaß für einen Moment Sams Augenbrauen.

Die Tür fiel ins Schloß, und ich spürte Sams Blick auf mir ruhen. War er verletzt? Oder nur sauer?

»Na, was sagst du dazu? Zu all dem Geschwafel aus der Bibel?«

»Na ja, ich sage nur, du weißt jetzt – da ist einer nicht zufrieden mit deinen ...« Ich konnte sehen, wie er überlegte. »... Ausschweifungen?«

»Und dir kann ich ansehen, daß du das auch nicht bist.«

»Ich habe nichts dazu zu sagen. Du machst, was du willst.«

Verletzt. Er war verletzt. Ich stand auf und umarmte ihn. Sein Geruch war altvertraut und vermittelte Geborgenheit, und er sollte nicht verletzt sein.

»Komm«, sagte ich. »Komm ein bißchen mit hinein.« Er schubste mich weg.

»Warum tust du das, Fanny?« Er schaute mich an aus Augen, in denen nun Abscheu lag, und ich wurde plötzlich verlegen und vergaß, warum.

»Wir fragten damals Ted Bundy«, fing ich nach einer Weile an, »damals, als wir ihn im Gefängnis interviewten, warum er die Frauen umbrachte. Da seufzte er nur verärgert und sagte, daß er nicht verstehe, warum die Leute nicht einfach akzeptierten, daß er mordete, weil er es mochte. Warum wir alle möglichen Erklärungen und Motive zu finden versuchten.«

Er schaute mich sprachlos an.

»Und weil Ted Bundy, ein geisteskranker Habenichts, der auf dem elektrischen Stuhl endete, sich nicht besser erklären kann, sollst du, *Doktor* Fanny Fiske es ebenfalls nicht können?« brach es aus ihm heraus.

»Das ist es ja gar nicht, was ich meine!« rief ich beinahe und griff nach seinem Arm, als er eben aufstand.

»Ich weiß ganz gut, was du meinst, Fanny«, fauchte er und zog den Arm zurück. »Warum kannst du dir zum Teufel nicht einfach einen Dildo kaufen?«

Ich schaute auf den Boden. »Da fehlt etwas«, sagte ich leise. »Geräusche, Gerüche, Haut, Haare, Muskeln, Sehnen, Puls, Bartstoppeln, Lippen, Wörter – soll ich fortfahren?«

Ich schaute ihn an und er lächelte höhnisch, voller Verachtung und sichtlich verletzt.

»Beib hier«, sagte ich mit leiser Stimme und schaute wieder auf den Boden.

»Nicht heute, Fanny. Das ist nicht mein Tag. Ich bin nicht in der Stimmung.«

Er ging zur Tür. Seine Schritte klangen hart.

»Ich muß zu den Eltern.«

Das Geräusch der Tür, die ins Schloß fiel, zerrte an meinen Nerven. Ich warf den Kimono ab, ging ins Bad und versuchte mich auf Pot au feu mit Sommergemüse zu konzentrieren, den ich mir zu Gemüte führen wollte, um mich anschließend mit ein paar wohlgesetzten Entschuldigungen – von wegen Zeitdruck – zurückzuziehen.

## 4

Die Angelegenheit in Rom hatte eine enorme Medienresonanz erfahren, allein weil sie so grauenvoll war. Sechsundzwanzig Kriminalbeamte hatten mehr als tausend mögliche Verdächtige befragt und alle bekannten Sexualverbrecher in Rom und Umgegend gecheckt. Als sie nach einem Monat noch immer nicht weitergekommen und alle Spuren im Nichts verlaufen waren, riefen sie mich an, und am Tag darauf kam ein Kurier mit den Akten, den Fotografien und dem rechtsmedizinischen Bericht.

Während des Flugs ging ich die Akte durch und stellte zu meinem Bedauern fest, daß ich diese Geschichte hier hätte telefonisch klären können. Oder vielleicht doch nicht? Roberto war immer einen Besuch wert.

Anna Pandori war sechsundzwanzig, Grundschullehrerin. Sie wog nicht mehr als 45 Kilo, war winzig und hatte einen Klumpfuß. Ein schüchternes Mädchen, das in der Via Appella in einem älteren Wohnblock noch mit seinen Eltern zusammenlebte. Wie gewöhnlich war sie um 7.30 Uhr morgens zur Arbeit gegangen, um 9.30 Uhr rief die Schule an, weil sie nicht aufgetaucht war. Das sah ihr so wenig ähnlich, daß die Mutter sofort besorgt war und anfing, Freunde und Verwandte anzurufen. Als es an der Tür klingelte, stand draußen der Hausmeister. Ein fünfzehnjähriger Junge aus der zweiten Etage hatte Anna Pandori auf dem Treppenabsatz zum Dachboden gefunden, als er hinaufstieg, um seinen Drachen steigen zu lassen.

Ich suchte nach den Fotografien, hörte aber die Stewardeß mit dem Servierwagen und ließ die Bilder im Kuvert stecken. Als ich so etwas zum ersten Mal sah, mußte ich mich übergeben, und noch heute kann ich nicht in einem Raum mit einer Leiche sein. An die Fotografien jedoch habe ich mich inzwischen gewöhnt.

Der Kaffee kam, und, ja, ich wollte Milch und Zucker *und* einen Vecchia Romagna. Wie sehe ich aus in meinem Kleid aus rotem Crêpe, Modell Franchesa, dachte ich und versuchte, es am Gesicht der Stewardeß abzulesen, doch die Gute hielt sich bedeckt. Ich leerte das Glas in einem Zug und atmete tief durch. Dann zog ich die Fotografien heraus.

Das war wirklich noch ein kleines Mädchen. Die Tote glich einer Sechzehnjährigen. Sie war nackt. Ihre Beine waren gespreizt, die Arme mit einem Gürtel gefesselt – ihrem eigenen, stand im Bericht – und mit ihren Nylonstrümpfen. Ihre Brustwarzen waren abgeschnitten und auf dem Brustkorb plaziert; der Rechtsmedizin zufolge war das nach ihrem Tod geschehen. Ihre Unterhose bedeckte das Gesicht. An Schenkeln und Knien hatte sie Bißspuren. Ihr ganzer Körper war von kleineren, oberflächlichen Schnittwunden bedeckt, vermutlich von einem Taschenmesser. Der Schaft ihres Schirms war in ihre Scheide gesteckt worden, ihr Kamm lag auf dem Schamhaar, die Ohrringe waren symmetrisch zu beiden Seiten des Kopfes drapiert. Auf ihren Schenkel hatte der Mörder geschrieben NON PUOI FERMARMI und auf ihren Bauch VAFFANCULO, was bedeutete DU KANNST MICH NICHT AUFHALTEN und GEH ZUR HÖLLE, konnte ich nachlesen. Schließlich hatte der Mörder in der Nähe der Leiche Stuhlgang gehabt und seine Exkremente mit Annas Sachen bedeckt.

Ich griff nach dem Bericht der Gerichtsmediziner. Das Mädchen war mit einem stumpfen Gegenstand bewußtlos geschlagen worden, danach hatte man sie mit dem Riemen ihrer Tasche erwürgt. Auf dem Bauch und auf dem Fußboden neben ihr waren Spuren von Sperma gefunden worden, der Mörder hatte also onaniert, nachdem er mit der Dekoration der Leiche fertig war. Nichts deutete auf eine Vergewaltigung hin. Der Gerichtsmediziner hatte keinerlei Verletzungen gefunden, die von einem Kampf zeugten, keine abgebrochenen

Nägel, Schrammen oder Wunden an Händen und Armen, der Täter hatte sie vermutlich blitzartig überfallen, ehe sie Widerstand leisten konnte.

Nachdem er den Tatort untersucht hatte, kam der Kriminalbeamte Pucini zu dem Schluß, daß Anna Pandori überfallen worden war, als sie die Treppe hinunterging. Der Mörder hatte sie bewußtlos geschlagen und sie dann die Treppe bis zum Absatz hinaufgetragen.

Ich schloß die Augen, lehnte mich zurück und wurde zu Anna Pandori. Sich in das Opfer und den Henker zu versetzen, ganz in sie hineintauchen – das ist nicht immer leicht, und es ist immer unerfreulich. Aber das ist genau das, was ich tun muß. Ich muß versuchen zu spüren, wie es sich für beide anfühlt.

Anna Pandori.

Ich humpele mit meiner Schultasche unter dem Arm die Treppen hinunter. Ich bin klein, aber ohne Furcht, ich habe nichts zu fürchten, Furcht liegt mir fern, ich habe keine Feinde. Ich begegne einem, den ich kenne, ja, ich kenne ihn, deshalb lächele ich, als ich an ihm vorbeikomme, ich merke etwas, ich komme nicht dazu, zu registrieren, was es ist. Jetzt bin ich weg.

Ich öffnete die Augen. Der Mann war wütend. Ich schloß die Augen wieder und spürte die Heimtücke. Das war seine. Jetzt sollte sie meine werden.

Ich bin er, ein sexueller Sadist; je mehr mein Opfer leidet, desto aufreizender, desto befriedigender. Aber – aber ich habe ja nicht den Mut, es zu tun. Ich lese davon, ich phantasiere davon, jahraus, jahrein –, und jetzt begegne ich der kleinen Anna Pandori, und sie ist so klein ... Ich habe das hier nicht geplant. Aber der Drang ist seit Jahren in mir, und er hat mich die ganze Nacht umgetrieben, und hier, die Treppe hinauf, jage ich etwas nach, das ich nicht in Worte fassen kann. Ich glaube, ich wohne hier oder arbeite hier, und jetzt kommt sie plötzlich angehumpelt, und ohne nachzudenken, versetze ich ihr von hinten einen Schlag. Da war etwas ganz tief in mir. Da war etwas, das ich tun mußte.

Eine Sekunde lang öffnete ich die Augen und schloß sie wieder: Womit schlug er sie nieder? Das war etwas Schweres, aber am Schauplatz war nichts gefunden worden. Und das hier war spontan, er hatte das nicht geplant. Ich hörte Stoff flattern und das Geräusch von Schritten. Ich öffnete die Augen. Die Stewardeß kam wieder. Mehr Kaffee und noch einen Vecchia, den ich in einem Zug hinunterstürzte. Ich schloß die Augen und war wieder er.

Jetzt ist sie auf der Treppe umgefallen, da nehme ich sie auf die Arme und laufe lautlos mit ihr die Treppe hinauf bis zum Absatz, lege sie hin und schlage ihr gegen den Kopf, wieder und wieder und wieder. Ich kann das Geräusch von Knochen hören, die brechen. Das ist der Anfang einer Phantasie, die ich seit vielen, vielen Jahren habe. Ich bin wütend, jetzt bin ich wütend auf sie hier, sehr wütend, und ich habe sie in der Hand, aber sie könnte irgendwer sein. Ich fühle mich mächtig. Ich bin mächtig. Ich habe das hier selbst gemacht, und ich habe gemacht, was ich sollte. Ich fühle eine nicht zu übertreffende Wollust. Jetzt soll sie sterben. Ich greife nach ihrer Tasche und streife ihr den Riemen über den Hals. Ich ziehe zu. Ich halte den Zug, vielleicht länger als nötig, ich weiß nicht, wie lange, die Zeit verschwindet, aber dieser Zug ist wie ein Sog, ein zäher, langer Zug, den niemand zu beenden vermag. Ich allein bestimme. Jetzt werde ich sie vergewaltigen, aber ich wage es nicht, und ich weiß nicht so recht, ich nehme *deshalb* ihren Schirm, grinse ihm verbrüdernd zu und stecke ihn in ihre Scheide. Ich werde sie verzieren, jetzt, ich werde sie verzieren. –

So arbeite ich. Erst schaue ich mir die Fotografien an, den Obduktionsbericht des Rechtsmediziners, seine Schlußfolgerungen und den Bericht des verantwortlichen Kriminalbeamten. Dann setze ich alle Fakten in Bezug, sowohl in meinem Bewußtsein, als auch in den schnelleren Bahnen dahinter, die Aufschlüsse mit der statistischen Bobontüte, die ich in meinem Kopf bewahre, und dann sehe ich die Dinge, so gut ich kann.

Hinter meinen geschlossenen Augen hörte ich, wie die Stewardeß das benutzte Geschirr wegnahm. Dieses Geräusch weckte mich. Das Timing war in Ordnung, denn ich wußte jetzt, wie der Täter war. Ich schrieb für mich selbst ein kurzes Memo und legte es in die Tasche. Dann leuchtete schon das *fasten seatbelt*-Schild auf. Mechanisch gehorchte ich und packte die Akten in meine Kalbsledertasche. Und döste noch mal ein.

Kriminalkommissar Roberto Piqueri holte mich am Leonardo da Vinci ab. Als ich der römischen Polizei zum ersten Mal assistierte, hatte er an der gleichen Stelle wie jetzt gestanden. Gleich vor der Ausgangstür hinter der Absperrung hielt er ein albernes Schild mit meinem Namen. Er bekam vor Staunen den Mund nicht mehr zu, als ich mit ausgestreckter Hand auf ihn zuging und mich vorstellte. Er hatte eine ältere Dame erwartet, hatte er gesagt, und mich ungläubig angestarrt, nicht ein »junges Fotomodell«, wie er sich ausdrückte. Ich mußte ihm deshalb tatsächlich meine ID vor die Nase halten. (Ich zeigte ihm die ID mit dem Bild vom EFBI, auf der nur mein Name und mein Titel als offiziell anerkannte Profilexpertin stehen. Mein Geburtsjahr geht daraus nicht hervor. Ich *bin* eine ältere Dame, aber das muß ja niemand wissen, wo man jetzt über so viele Möglichkeiten verfügt, das zu verstecken.) Auf jeden Fall wurde seine Verblüffung nicht geringer, als ich ihm vorschlug, wir sollten zu ihm nach Hause fahren und ein bißchen entspannen. Roberto ist nun einmal ein römischer Gott, physisch begehrenswert auf den ersten, zweiten und dritten Blick, und das Leben ist nun einmal zu kurz, um Befriedigung aufzuschieben. So haben wir das eine Tradition werden lassen – er holt mich ab, genau dort, vor der Tür, hinter der Absperrung, inzwischen ohne Schild, und dann fahren wir nach Hause in seine gepflegte Wohnung im nördlichen Rom und vergreifen uns aneinander, unbeirrt von den Bildern der Kinder und seiner Frau, die auf dem Nachttisch stehen. Und dann, anschließend, können wir uns auf das konzentrieren, weshalb ich gekommen bin.

Wir folgten der Tradition, dann schlüpfte er aus dem Bett und setzte Kaffee auf. Ich zog mich an und trippelte ins Badezimmer, wo ich zufrieden mein Gesicht im Spiegel betrachtete und einen Schluck Wasser trank. Dann tauchte ich in der Kalbsledertasche nach der Akte, ging in die Küche und setzte mich an den Küchentisch, auf dem noch die Krümel und Orangensaftpfützen des Familienfrühstücks zu finden waren. Er tauschte die morgendlichen Reste schleunigst gegen frischen Kaffee und handgemalte Keramik aus Deruta aus. Dann setzte er sich. *Nackt und vollkommen*, wie es in einer unvergeßlichen Werbung in meiner Jugend hieß. Er griff nach einigen Papieren und legte sie neben seine Kaffeetasse. Dann schaute er mich aufmerksam an.

»Allora?« Er lächelte abwartend. Jetzt sollte ich die Ware liefern.

»Ihr solltet euch auf einen Fünfundzwanzig- bis Fünfunddreißigjährigen konzentrieren, einen Städter, der nicht zu gut aussieht,« fing ich an. »Jedenfalls macht er nichts aus seinem Aussehen, er ist arbeitslos, ein Nachttier, er wohnt im Umkreis von einem Kilometer um Annas Wohnblock, möglicherweise im gleichen Haus. Er ist ein einsamer Bursche, er hat keine Freundin, und ich nehme an, er lebt mit einem älteren Familienmitglied zusammen. Er hat keine Ausbildung und ist wahrscheinlich zu einem frühen Zeitpunkt aus dem Ausbildungssystem herausgefallen, weil er krank im Kopf ist. Sein Selbstwertgefühl ist sehr, sehr gering. Krankhaft gering.

Er hat kein Auto, er hat nicht einmal einen Führerschein. Ich möchte wetten, daß er entweder in einer Nervenklinik untergebracht ist oder war, und daß er wahrscheinlich Medikamente nimmt, eventuell Antidepressiva oder Antipsychotika. Wenn ihr seinen Wohnsitz untersucht, werdet ihr jede Menge S-M-Pornos finden. Wie bitte? Ihr hattet in den letzten Jahren keinen vergleichbaren Mord?«

Roberto schüttelte den Kopf.

»Hast du die paneuropäische Datenbank gecheckt?«

»Secondo te?« zischte er. Die Italiener können wirklich beleidigt sein. Aber die Frage war ja, genau betrachtet, auch beleidigend.

Ich schaute in meine Notizen. »Ich bin übrigens auch ziemlich sicher, daß dies hier sein erster Mord ist, vielleicht obendrein sogar sein erstes Verbrechen. Aber nicht sein letztes. Er wird Gefallen daran gefunden haben. Das war zu gut für ihn, das hier, das kann ich dir sagen.« Ich schaute Roberto vielsagend an. »Wenn du eine Art und Weise gefunden hast, es zu tun, die dich richtig befriedigt, dann würdest du doch auch versuchen, den Erfolg zu wiederholen, oder?«

Roberto hob eine Augenbraue, so daß sich eine Antwort erübrigte.

»Vorläufig tut er es noch nicht. Er ist jetzt noch eine ganze Weile vollständig befriedigt. Aber, wie gesagt, jetzt, da er den Schritt von der Phantasie zur Tat vollzogen hat – jetzt ist es nur noch eine Frage der Zeit.«

»Du schließt den fünfzehnjährigen Jungen also aus?« fragte er.

»Das hier kann kein Fünfzehnjähriger tun.« Niemals würde ein so junger Mann eine Leiche auf diese Weise behandeln. Eine so avancierte sexuelle Phantasie wie diese zu entwickeln braucht Jahre.

»Der Kriminalkommissar bleibt dabei, er setzt auf den Fünfzehnjährigen, obwohl die DNA nicht paßt. Er ist davon überzeugt, daß diese Tat von einem sexuell unreifen Jungen begangen wurde, der noch nicht in der Lage ist, eine Vergewaltigung zu begehen.«

»Wenn ein Fünfzehnjähriger sexuell unreif ist, dann ist das natürlich. Sexuelle Unreife in dem Alter führt jedoch nicht zu einem so unappetitlichen Mord. Wenn dagegen ein erwachsener Mann, der Zeit hatte, Phantasien zu entwickeln, immer noch sexuell unreif ist und obendrein zum Beispiel an einer Psychose leidet, dann kannst du so etwas wie das hier sehen. Über einer dermaßen zugerichteten Leiche zu onanieren, entspringt der Phantasie eines Erwachsenen, nicht der eines Fünfzehnjährigen.«

Er zuckte die Achseln. »Wir werden sehen. Was mir aber ein bißchen unheimlich ist – wir haben einen, auf den deine Personenbeschreibung vollständig paßt, auf unserer Liste der Verdächtigen ... das heißt, er ist nicht richtig auf der Liste, wir haben ihn nicht überprüft, denn er ist in einer Nervenklinik, und das war er auch, als der Mord begangen wurde. Sein Vater wohnt im vierten Stock, direkt neben Anna Pandori.«

»Und jetzt ist er draußen?«

»Er ist seit Jahren drin, daher haben wir ihn nicht weiter überprüft.«

»Das könnte ein Fehler gewesen sein. Du mußt herausfinden, ob er tatsächlich auch an dem Morgen in der Klinik war.« Ich stand auf und fing an, meine Sachen zusammenzusammeln. »Wenn ich jetzt abhaue, kann ich noch den Flieger um 14.00 Uhr schaffen.«

Ich rief ein Taxi und studierte Roberto, der auf seine Unterlagen blickte. Als ich den Hörer wieder auflegte, streckte er eine Hand nach mir aus, den Blick noch immer auf seine Aufzeichnungen geheftet.

»Warte einen Moment. Es gibt ein paar Sachen, die ich nicht verstehe ... Wie kommst du eigentlich darauf, daß er

Medikamente nimmt? Ich stimme dir zu, daß der Mann krank im Kopf ist und deshalb möglicherweise unter Medikamenten steht, aber wieso bist du dir da so sicher?«

Ich glättete mein Kleid und griff nach dem Mantel.

»Also. Erstens weist der Grad der Ritualisierung, gepaart mit einem offensichtlich nicht geplanten Durcheinander, das er veranstaltete, auf eine Psychose hin. Und dann sind da noch die Exkremente ...«

Er unterbrach mich:

»Ja, aber das war doch nur ein weiteres Element zur Demütigung der Leiche.«

Ich wühlte in meiner Tasche, zog das Bild heraus, auf dem das zugedeckte Exkrement zu sehen war, und tippte mit dem Zeigefinger darauf.

»Schau hier – er hat es zugedeckt. Wenn er es als Teil der Demütigung benutzen wollte, hätte er es ja nicht zugedeckt. Das Exkrement deutet eher darauf hin, daß er lange dort war oder seine Nerven und Muskeln nicht ausreichend unter Kontrolle hatte. Das Wahrscheinlichste ist, daß die mangelnde Kontrolle auf a) die Medikation, b) die Erregung zurückzuführen ist.«

Ich stopfte das Bild wieder in den Umschlag, der in meiner Tasche lag. Dann reaktivierte ich meinen PDA, der mir mitteilte, die Anzahl der Nachrichten sei sechsundvierzig.

»Das ist ziemlich weit hergeholt«, zischte Roberto und schaute mich herausfordernd an. Ich beugte mich vor und küßte ihn auf die Stirn.

»Das ist es de facto nicht«, flüsterte ich und genoß kurz den Geruch seines Körpers. Das Taxi hupte, und ich lief zur Tür, öffnete sie und drehte mich zu Roberto um.

»Ruf gleich an, wenn ihr ihn habt. Ich möchte unbedingt wissen, womit er ihr auf den Kopf schlug. Haben die Techniker die Wände und das Treppengeländer untersucht?«

Ich schloß die Tür hinter mir und hörte kaum sein *ciao* zum

Abschied, weil mein PDA summte. Ich checkte das Display, ehe ich mich ins Taxi setzte, und sah, daß der Anruf von Telefonzelle 214 in Cornwell kam. Noch ein Fall für meinen Anrufbeantworter.

## 5

Der Automat fraß den Parkschein, als ich vor dem Schlagbaum anhielt, der jetzt aufgehen und mich aus dem Kurzzeitparkplatz entlassen müßte. Was er nicht tat. Also stellte ich das Auto ab, ging den ganzen Weg zum Terminal zurück, um dann von einem uniformierten Papiertiger ordentlich belehrt zu werden. Dank meines Flugtickets konnte ich ihm vermitteln, daß ich keine Kleinkriminelle war, die umsonst parken wollte. Ich bin zu gut erzogen, um zu schimpfen, und so fluchte ich auf dem ganzen Weg zu den Kurzzeitparkplätzen nur leise vor mich hin. Diesmal hatte ich mehr Glück mit dem Automaten. Ich war noch nicht ganz draußen, da fing es an zu regnen. Ich war wieder in Cornwell.

Unter diesem Aspekt konnte ich ja gut verstehen, daß mein Gärtner schon wieder sauer war. Seine alten, schlaffen Mundwinkel hingen unfaßbar tief heute, wie ich aus dem Augenwinkel registrierte, als ich das Auto im Carport abstellte. Gärtner Eisik war tropfnaß, wollte aber offensichtlich mit seiner Heckenschere tief in meinem Mahagonibusch vergraben stehen bleiben. Von mir aus brauchte er das nicht.

»Sie werden sich noch erkälten bei diesem Regen«, rief ich ihm zu, als ich mit der Tasche auf dem Kopf zur Gartentür rannte und nach den Schlüsseln tastete. »Kommen Sie doch herein, trinken Sie eine Tasse Kaffee und werden Sie etwas trocken!«

Aber er schielte nur mißmutig zu mir herüber und schüttelte kurz den Kopf. Dann schnitt er weiter. Hatte ich ihn je etwas sagen gehört außer diesen Grunzlauten? Ich glaube nicht. Er schüttelte den Kopf, nickte und grunzte, und das ärgerte mich mächtig. Aber er war ein guter Gärtner, und bei meinem uralten Riesengarten war ich absolut abhängig von ihm.

Der PDA summte, als ich die Tür hinter mir zuwarf. Ich setzte die Tasche ab und holte das kleine schwarze Ding am Gürtel hervor. Ich konnte sehen, daß es Sam war, und nahm das Gespräch an.

»Hallo«, sagte ich, den PDA zwischen Kopf und Schulter geklemmt, so konnte ich mich aus dem Mantel pellen.

»Sei so gut und komm sofort her.«

»Wohin denn, bitte?« Ich öffnete den Kühlschrank und nahm eine Flasche Orangensaft heraus.

»Hoch zum Revier«, antwortete er mit tränenerstickter Stimme.

»Ich bin gerade zur Tür rein, was ist denn los?«

»Sie haben ihren Kopf gefunden.«

»Wessen Kopf?«

»Ellen Froshs Kopf, idiotko. Das zehnjährige Mädchen …«

»Oh, verdammt.«

»Ich möchte gern, daß du mit mir dahin gehst.«

»Hör mal, ich will auf keinen Fall in eure Nachforschungen verwickelt werden.«

»Es ist ein reiner Freundschaftsdienst, bitte, Fanny, komm mit. Ich kann da nicht alleine hin, und ich will keinen von den anderen Kollegen dabeihaben, wenn ich dastehe und flenne.«

»Du wirst aber einen von denen mitnehmen müssen; ich schaue mir keine Leiche an.«

»Es ist keine Leiche. Kannst du nicht einfach kommen?«

»Wo ist es?«

»Draußen bei der großen Müllsortierung hinter der Heide.

Da steht ein Mann und wartet auf uns. Ich hole dich ab.« Er legte auf.

Ich klickte den PDA aus und schaute aus dem Fenster. Ich hatte keine Lust, Sachen anzuziehen, die zum Regen paßten. Deshalb trottete ich nur widerwillig ins Schlafzimmer, zog die roten Crêpe-Sachen aus und schlüpfte in ein Paar Jeans. Draußen in der Waschküche fand ich meinen gelben Ocean-Technology-Regenanzug und passende, wasserdichte Schuhe. Ich sah mich in dem großen Spiegel auf dem Flur und mußte mal wieder feststellen, daß es wirklich keine Rolle spielte, was ich trug, ich sah immer noch verdammt gut aus.

Draußen hupte Sam, also checkte ich meine Schlüssel und meinen PDA und öffnete die Tür in den strömenden Regen. Die um sich greifende Feuchtigkeit war bis hier spürbar. Eisik hatte mir den Rücken zugewandt und beschnitt unverdrossen den Mahagonibusch. Ich bildete mir ein, seinen Widerwillen gegen alles und jeden, besonders aber gegen mich, zu spüren, als ich an ihm vorbeilief, hinüber zu Sams ramponiertem Mercedes. Als ich mich auf das Leder des Beifahrersitzes sinken ließ, geschah das in Begleitung von etlichen Litern Wasser, die langsam von mir abliefen, auf den Sitz, auf den Fußboden.

Sam sah verbissen aus und schwieg, während er das Auto wendete. Ich hatte auch keine Lust zu reden, also schloß ich die Augen, lehnte mich zurück und plante für die halbe Stunde, die wir brauchen würden, ein Nickerchen. Natürlich fing Sam genau in dem Moment, als ich mir noch einmal ein paar anregende Details meiner morgendlichen Begegnung mit Roberto vergegenwärtigen wollte, zu sprechen an. Seine Stimme klang belegt und angestrengt, und er saß verkrampft über das Lenkrad gebeugt. Über Ellens Eltern sprach er. Den aufgelösten Zustand der Mutter. Die Verbissenheit des Vaters. Die Unruhe des kleinen Bruders, der noch nichts verstand. Die Mutter hatte geweint und geschrien und sich an den Sohn geklammert, als ob sie fürchtete, ihn auch noch zu verlieren. Sie hatte Sam angefleht, ihr kleines Mädchen zu finden, sie hatte sich vor seine Füße gelegt, ihn an den Hosenbeinen gezogen und unablässig geweint. Der Vater aber hatte nur steif dagesessen und versucht, durch das unaufhörliche Weinen hindurch Sams Fragen zu beantworten. Sie waren alle Bekannten im Leben der kleinen Ellen Frosh durchgegangen, engere und entferntere. Sie hatten Ellen Froshs gesamtes, viel zu kurzes Leben aufgerollt, jede Minute von Ellens Alltag hatten sie durchsucht. Und den Morgen, den Sonntagmorgen, ehe sie aus dem Garten verschwand, hatten sie wieder und wieder durchgesprochen. Die Familie hatte gegen halb zehn gemeinsam gefrühstückt. Es hatte an dem Morgen immerzu geregnet. Aber dann hatte strahlender Sonnenschein den Regen abgelöst, und es war ein schöner Tag geworden, den sie am Frühstückstisch verplanten. Ein paar Sachen reparieren, ein bißchen Kuchenbacken, spielen, später vielleicht einen Ausflug in den Wald machen. Ein Tag ohne große Vorhaben, es sollte ein entspannter, friedlicher Sonntag werden. Nichts, aber auch gar nichts, deutete auf irgend etwas Ungewöhnliches hin. Nach dem Frühstück hatte Maria Frosh angefangen, alles fürs Backen von Brot und Gebäck vorzubereiten, wobei Erik Frosh, gerade mal vier Jahre alt, gerne helfen wollte. Michael Frosh hatte die Zeitung fertig gelesen, dann war er zur Garage geschlendert, um an seinen Fenstersprossen zu arbeiten und den Werkzeugkasten aufzuräumen, den Klein-Erik verwüstet hatte. Ellen hatte ein bißchen mit ihren neuen Sachen gespielt, bis sie fand, das Wetter sei gut genug, um zu schaukeln. Und so war jeder mit sich beschäftigt, in aller Ruhe, wie in jeder Familie, wenn der Tag vor einem liegt, der obendrein ein Sonntag ist.

Sam identifizierte sich schon wieder total. Er hatte seine Scheidung nie akzeptiert und war in seiner Vorstellung noch immer Teil einer Familie unter einem Dach. Ich ließ ihn reden, das war im Moment das beste für ihn. Er hatte solche

Angst vor Verlust, und ob ich wollte oder nicht, seine Ausführungen zogen mich total runter.

Ich selbst habe keine Kinder und danke Gott dafür. Ich ließ mich vor vielen, vielen Jahren sterilisieren, denn mir wurde früh klar, wie schwer es ist, die Elternrolle wirklich gut zu spielen. Und wie vielen gelingt das nicht. Die Konsequenzen sind oft entsetzlich. Ich wußte viel zu früh viel zuviel von den Fehlern, die Eltern machen, und wagte einfach nicht, es selbst zu versuchen. Mein Job ist es, Profile von unbekannten, verkorksten Tätern zu erstellen, deren Kindheit sie einholt, um sie und ihre Opfer am Ende zu zerstören.

Und abgesehen davon: Wie könnte ich meine Arbeit überhaupt mit einem Kind vereinbaren? Die Hälfte meiner Zeit verbringe ich in Flugzeugen oder fremden Hotels, um mich mit nicht eben kindertauglichen Dingen zu befassen. Ach so, ein Vater? Ausgeschlossen, länger als zwei Tage mit einem Mann zusammenzuleben.

Sams Redestrom brach ab. Jetzt sah er ganz müde aus. Er sagte:

»Immerhin haben Michael Frosh und ich eine Liste erstellt, eine Liste, die mehr als vierhundert Personen umfaßt, mit denen wir reden müssen. Fünfundzwanzig Mann sind schon auf den Fall angesetzt, aber das ist bei weitem nicht ausreichend.« Sam schüttelte den Kopf und sprach weiter. »Merkwürdiger Bursche, dieser Frosh. Weißt du, was er macht, wenn ich mit ihm spreche? Er sitzt an seinem Computer und schreibt. Vollständig verbissen schreibt er alles auf, was ich sage, jedes Wort. Ich stand hinter ihm und hab es gesehen. Selbst seine eigenen Fragen schreibt er auf. Und er will alles wissen: alles, was wir tun, wie wir es tun, mit wem und warum.«

Er legte eine Pause ein und schnappte sich ein Kaugummi. Er hatte vor Jahren mit dem Rauchen aufgehört und war seither dem Kaugummi verfallen.

»Begabter Mann, übrigens«, sprach er weiter, den Blick immer noch auf die Straße gerichtet. »Auch Maria Frosh. Beide Informatiker. Sie designed Betriebssysteme für Airbusse, er ist Chef für Datensicherheit der Föderalbank.«

Jeder, der mein Verhältnis zu Computern kennt, wird verstehen, warum meine Gedanken zu wandern begannen. Ich versuchte mir vorzustellen, wie Ellen aussah, und so rutschte mir die Frage heraus:

»Woher wußte der Müllmann eigentlich, daß es der Kopf von Ellen Frosh war?«

Sam bremste abrupt, nur um mich zutiefst mißbilligend anschauen zu können. »Ja also!« Er spuckte schon wieder, dann schaltete er hoch und fuhr mit normaler Geschwindigkeit weiter. »Liest du keine Zeitungen?«

»Nö«, antwortete ich, und das entsprach der vollen Wahrheit. »Durch meinen Briefschlitz fällt jeden Morgen eine, aber in der letzten Woche habe ich nur die Nachrichten gehört, die mir der PDA vorsortiert hat.«

»Ihr Bild ist in jedem Staat in sämtlichen Zeitungen gewesen und auf der ersten Seite sämtlicher Tages- und Abendzeitungen Cornwells.«

»Hast du ein Bild von ihr dabei?«

»Liegt in der Akte.« Er deutete mit dem Kopf auf eine mittlerweile leicht feuchte Akte auf dem Fußboden zu meinen Füßen. Ich beugte mich vor und öffnete sie. Zuoberst lag eine Tageszeitung mit dem Foto von Ellen auf der ersten Seite und einem Text, der mir Gänsehaut verursachte:

»Irgendwo hier in Cornwell liegt die kleine Ellen Frosh – oder ihre Leiche. Ein Heer von Polizisten, Pfadfindern und Freiwilligen durchkämmt die Stadt, um das kleine Mädchen aufzuspüren, das spurlos verschwand ...« Ich hielt inne und blickte auf das Bild. Ein niedliches kleines Mädchen. Ihr Haar war dunkelbraun mit einem Hauch Mahagoni, sie hatte Sommersprossen auf der kleinen Nase, einen fröhlichen Mund, der ein offenes Lächeln zeigte, und hinter den Lippen die etwas zu großen Zähne. Ihre Augen schauten hellwach. Sie trug Zöpfchen mit roten Schleifen. Ich legte das Bild zurück. Jetzt konnte ich sie wieder spüren, diese Wut. Bei Kindern war es immer etwas schlimmer. Aus ihnen sprach eine so offensichtliche Unschuld. Die hatten der Welt bisher nichts Schlimmeres zugefügt, als vielleicht einen Spielkamerad zu ärgern oder sich geweigert, ihr Zimmer aufzuräumen. Ich spürte, wie diese Wut wieder in mir hochstieg. Das war die Wut, die mich immer weitermachen ließ, die mich am Arbeiten hielt.

Mir ist vollkommen klar, daß mein Job nichts anderes ist als Aufräumarbeit. Prävention aber, die muß noch hinzukommen und ist eigentlich noch viel wichtiger. Deshalb hat für mich die Arbeit mit den Sozialpädagogen auch solche Priorität. Ich halte vielleicht um die dreißig Vorträge jedes Jahr und gebe dazu verschiedene Kurse für Sozialarbeiter in ganz Europa. Die ersten Anzeichen, gegen die angekämpft werden muß, sind allen nur zu gut bekannt, aber meine Geschichten scheinen sie dennoch immer wieder aufzurütteln. Wenn ich anhand von Bildern berichte, wozu sich Kinder entwickeln können, zu was sie fähig sind, wird schnell klar, daß Handlungsbedarf besteht: Auffällige Familien müssen stärker unter Aufsicht gestellt werden und sollten bereits beim geringsten Verdacht untersucht werden. Beim allerersten Hinweis auf Mißbrauch und Verwahrlosungssymptome muß eingegriffen werden. Das ist es, was ich den Zuhörern erkläre. Tief in meinem Inneren aber weiß ich, daß es wohl eher die Jagd auf die Schweine und ihre Gefangennahme ist, die mich wirklich antreibt. Wenn ich im Gericht sitze und ihnen geradewegs in die Augen starre, während ich kurz und bündig und unter Aufbietung all meines Hasses ihre trübe und gemeine Persönlichkeit auseinandernehme – ja, dann kann es mir kaum besser gehen. Allein der Gedanke an einen Mörder sticht mit dem Dolch in meine Todesangst, die Brennstoff für meine Existenz liefert. Jeder Fall, an dessen Klärung ich mitwirke, ist auch Rache für meine eigene Sterblichkeit. In den Phasen dazwischen muß ich mich damit begnügen, mich selbst und den Kalender bis zum Bersten zu füllen. Ich weiß, ich weiß, das klingt alles verdammt nach Selbstjustiz – aber keine Angst: ich weiß, was ich dieser schicken europäischen Rechtsordnung schuldig bin. Und manchmal weiß ich mich sogar zu beherrschen.

»Hier wären wir«, hörte ich Sam sagen. Er drehte den Schlüssel um und zog ihn heraus. Dann sah er mich an und atmete tief ein. Ich klopfte ein paar Schuppen von seinem Revers ab, dann standen wir draußen.

Der Regen hatte bis auf ein paar einzelne Tropfen nachgelassen, und die Müllsortieranlage lag augenscheinlich verödet da. An sich heißt das hier »Wiederverwertungs- und Abnahmeplatz«. Hierher werden die Abfallcontainer gefahren, um sortiert zu werden, hier geben die Familien ihren Sperrmüll ab. Wir hatten neben einem riesigen Haufen Matratzen, alten Kacheltischen und halb zertrümmerten Kommoden und Anrichten geparkt. Daneben stand ein offener Lastwagen voller Eisen und Metall. Und daneben wiederum befand sich eine Reihe von Containern, die mit allem Möglichen gefüllt waren, soweit ich das aus dieser Entfernung sehen konnte. Ganz am Ende des Platzes, jedenfalls so weit meine kurzsichtigen Augen reichten, konnte ich eine Gestalt in Orange erkennen, die uns entgegenkam. Sam winkte und ging auf den Mann zu. Der blieb plötzlich stehen. Ich folgte Sam, hörte aber ein Auto hinter uns halten und drehte mich um. Das waren die Kriminaltechniker, Kenneth und Angelo. Ich winkte kurz, drehte mich wieder um und lief Sam hinterher. Der Mann in Orange stand da und wartete, und er wirkte alles andere als froh. Jetzt konnte ich zwei Menschen in Goretex-Overalls erkennen. Sie durchsuchten einen der Container. Einer von ihnen fotografierte. Wir gaben dem Mann in Orange die Hand, ich kann mich nicht erinnern, wie er hieß. Aber jetzt konnte ich sehen, daß die zwei Menschen in Goretex die Rechtsmedizinerin Lisa Selander und Store Koontz der Große, der Fotograf, waren. Lisa drehte sich um, als sie uns hörte, und kam sofort herüber. Sie nahm mich in den Arm und redete davon, wie lange es her war, und wie sie sich freute, mich zu sehen, und ob wir nicht bald mal zum Essen gehen sollten – »und zum Männer ausgucken?«

Sie ermüdete mich innerhalb von Sekunden, eine Kunst, die sie beherrscht, solange ich sie kenne.

Lisa gleicht einem Pferd, einem schönen Pferd, einem charmanten Pferd – aber einem Pferd. Sie hat eine wunderbare dicke, schwarze Mähne, die sie fröhlich zurückwirft, und ein Maul, das groß und weich ist – und ganz außerordentlich rot.

Sam redete mit dem Mann in Orange. Koontz der Große sagte, er wäre fertig. Dann kamen die Techniker, und plötzlich redeten alle durcheinander. Ich wollte nur weg. Das hat nichts mit viel Mitgefühl oder zu viel Distanz zu tun. Ich kann nur keine Leichen sehen. Und ich hatte nie den Wunsch gehabt, jetzt hier zu sein. Tatsächlich war ich reichlich sauer auf Sam: Lisa und der Fotograf und die zwei Techniker und ein zweifelsohne sympathischer Mann in orangefarbenen Sachen – reichte das nicht? Was sollte ich denn hier? Ich hörte gerade den Mann in Orange erzählen, der Container käme aus der Stadtmitte, als ich ihn unterbrach, indem ich Sam sagte, ich würde mit Lisa und Koontz dem Großen zurückfahren. Da packte er mich an der Schulter und schob mich zur Seite, weg von den anderen.

»Fanny, du mußt dir doch nichts ansehen, aber kannst du nicht einfach nur hier sein«, flüsterte er, inständig bittend.

»Was soll ich denn hier, es ist ja geradezu überbevölkert mit deinen guten alten Kollegen, also?«

»Willst du nicht einfach nur hier sein, du kannst dich ja umdrehen, willst du nicht einfach hier bleiben und mich nach

Hause fahren? Błagam?« Ich schüttelte den Kopf und blieb stehen, wo ich stand.

Lisa drückte mich von hinten und fragte auf ihre übliche exaltierte Art, ob ich wieder mal spinnen würde. Im selben Moment wurde sie vom Fotografen fortgezogen. »Schau dieser Tage mal im Leichenschauhaus vorbei, ich vermisse dich«, rief sie gerade noch herüber. Der Fotograf hatte den Mund an seinem PDA und rief bestimmt gerade ein Taxi.

Als ich mich umdrehte, sah ich, wie sich Sam auf die Zehenspitzen reckte und in den Container spähte. Der Mann in Orange stand neben ihm und sprach gedämpft. Ich konnte kein Wort verstehen. Auf der anderen Seite des Containers standen die Techniker und fischten mit langen Pinzetten darin herum. Ich drehte mich um. Mir war schwindlig. Denn jetzt kamen die Bilder in meinem Kopf anmarschiert, etwas, das ich nie zu kontrollieren gelernt habe. Ein Messer durchtrennte die oberen Hautschichten – und so weiter. Dann kam die Übelkeit. Ich fing an, die amerikanischen Staaten aufzuzählen. Oregon. Montana. Maine. California. Florida. Texas. Hawaii. North Carolina. South Carolina. New York. Virginia. North Dakota. Dann blieb ich stecken. Dann kam das Bild von einem abgeschnittenen Hals. South Dakota. Idaho. Wyoming. Das erste Mal, als ich so etwas gesehen hatte, war ich nicht besonders alt gewesen und nicht besonders abgehärtet. Und auch wenn es nur ein Bild war, sauste ich sofort zur Toilette. Pennsylvania. Washington. Der Hals, von oben gesehen. Kansas. Massachusetts. Louisiana. New Mexico. Mir fielen keine weiteren Staaten mehr ein. Und ich konnte dieses Bild nicht wegbekommen. Also beugte ich mich vor und übergab mich.

Ich stand und spuckte, als ich Sams Hand auf meinem Rücken spürte.

»Danke, daß du gewartet hast«, sagte er. »Wir können jetzt gehen.«

Ich spuckte noch einmal und richtete mich auf. Sam reichte mir einen Flachmann. Ich schnupperte daran. Malt-Whisky. Von dem rauchigen Geruch wurde mir schlecht. »Nein danke«, sagte ich und gab ihm die Flasche zurück. Er ging los. Nach zwei Atemzügen kam ich nach und holte auf.

»Was sagst du?«

»Was soll ich sagen – es war ihr Kopf. Abgeschnitten. Er hatte sie offensichtlich zuerst erwürgt und danach den Kopf abgeschnitten. Aber das muß Lisa entscheiden. Direkt über der Schnittkante verläuft ein dünner blauer Strich.«

Er schloß die Augen, und seine Lippen wurden zu schmalen Strichen.

»O kurwa«, brach es schließlich aus ihm heraus, »sie war total geschwollen und blutunterlaufen, und ihre Lippen spannten sich über die Zähne, und ihre Augenlider waren so dick, daß man nur noch häßliche kleine Schlitze sehen konnte. Ein Alptraum ...«

Seine Atemzüge wurden immer schneller. Er wandte sich ab und ging davon: schnell und zornig, den Blick stur geradeaus. »Dieser *unsub* ist einer von deinen Jungs, Fanny, da bin ich vollkommen sicher. Und was zum Teufel können wir mit einem Kopf anfangen?« Ich lief hinter ihm her.

»Was kann Lisa anhand eines Kopfes schon herausfinden?« Er fing an, ein bißchen zu hyperventilieren. »Und was soll ich den Eltern sagen? Was zum Teufel soll ich ihnen sagen?«

Ja, gab es überhaupt Worte für dieses Entsetzen? Wie sollte er ihnen sagen, auf welche Weise ihr kleines Mädchen umgekommen war, welche Leiden sie hatte ertragen müssen, ehe sie diese Welt verließ. Nein, er konnte ihnen nicht versichern, daß ihre Tochter schnell und schmerzlos gestorben war. Wenn der unbekannte Täter sie nur stranguliert hatte, hatte sie noch Glück gehabt. Das Strangulieren bewirkt eine Unterbrechung der Blutversorgung im Gehirn. Innerhalb von fünfzehn Sekunden verliert das Opfer das Bewußtsein, und auch wenn der Tod aufgrund der dürftigen, aber anhaltenden Blutversorgung durch die Arteria Vertebralis erst später eintritt, ist der Schmerz minimal. Das hofft man zumindest.

Dessen ungeachtet erwartete Sam noch ein weiteres unangenehmes Erlebnis, das wußte er. Ich schaute ihn an. Jetzt japste er nach Luft, und deshalb klebte ich ihm eine, aber es half nichts. Ich verpaßte ihm noch eine, aber er blieb einfach nur dort stehen, japste nach Luft, und sein Kopf wurde dunkelrot.

Ich rannte zu seinem Auto und suchte nach einer Tüte, rannte damit zurück und gab sie ihm. Er nahm sie, und ich wandte mich ab und stützte die Hände auf die Schenkel. Am Knistern der Tüte konnte ich hören, wie er ein- und ausatmete.

Hinter uns, das wußte ich, hatte zu diesem Zeitpunkt einer der Techniker den Kopf in seine behandschuhten Hände genommen und ihn vorsichtig in eine Polystyroltüte gelegt, die er mit zwei Klettverschlüssen verschlossen hatte. Dann hatte er sie in eine kleine Kiste aus weichem Kunststoff gepackt und so gesichert, daß kein Beweismaterial verlorenging und kein fremdes Material über das hinaus zugefügt wurde, das ohnehin schon dazugekommen war, nachdem der Kopf wer weiß wie lange mitten in einem Container gelegen hatte und auf schlechten Straßen quer durch die Stadt transportiert worden war.

Ich spürte Sams Hand auf meiner Schulter und sah die Tüte in seiner Hand. »Das ist einer von deinen Jungs, Fanny. Es gibt keinen Grund, noch länger zu warten. Ich schreibe noch heute ein Ersuchen um Amtshilfe. Mußt du morgen unterrichten?«

»Ja«, sagte ich, immer noch vornüber gebeugt, die Hände auf den Schenkeln. »Ich bin um 14 Uhr fertig. Dann bleiben mir drei Stunden, ehe ich nach London muß, um tausend Mitarbeitern der Gesundheitsbehörde einen Vortrag zu halten. Übermorgen ist es ähnlich. Du kannst die Zeit haben, die mir dazwischen bleibt. Hauptsache, ich darf zwischendurch schlafen.«

»Bist du dazu gekommen, mit Cormio Vittantonio zu reden?«

»Nein, bin ich nicht«, antwortete ich müde.

Mein PDA summte. Ich ließ ihn. Er hörte nicht auf. Ich richtete mich auf und nahm ab. Es war Roberto. »Ich stehe gerade ...«, begann ich, überlegte es mir dann aber anders. »Ich sitze gerade in einer Besprechung. Ich rufe zurück.« Ich würgte ihn ab. Der PDA summte wieder. Ich nahm ab. Keine Ahnung, warum. Es war der alte Mann.

*»Die Ehe soll in Ehren gehalten werden bei allen«*, intonierte er, *»und das Ehebett unbefleckt; denn die Unzüchtigen und die Ehebrecher wird Gott richten.«* Ich blickte auf den PDA, konnte merken, wie mein Kopf ganz von allein zu zittern anfing, und drückte auf den off-Knopf. »Ich bin nun wirklich nicht verheiratet.« Sagte ich zu mir selbst.

Als ich nach Hause kam, hatte ich in der Tasche eine Akte mit Ellen Froshs Namen und Aktennummer auf der Vorderseite. Eisik war weg, und es begann dunkel zu werden. Ich überlegte, ob ich zu Sonia hinübergehen sollte, um etwas zu essen zu bekommen, aber heute verkraftete ich sie nicht. Zu ihrem Mann, der nie zu Hause war, hatte ich so meine Theorien. Obwohl meine Zeit es gar nicht erlaubte, mir zu diesen Menschen Theorien auszudenken, drehte und wendete ich jedes ihrer Worte, um etwas zu finden, das diese Theorien unterstützte. Jetzt machte ich statt dessen sechzig Liegestütze, machte mir ein paar Truthahnsandwiches mit Remouladesoße und trank Mineralwasser mit Kohlensäure. Anschließend kippte ich einige Metaxas, dann rief ich Roberto an. Ich wußte, er würde mir erzählen, daß sie den Mörder gefangen hatten, und daß meine Personenbeschreibung so präzise gewesen war, daß ich »ihnen genauso gut gleich seine Telefonnummer hätte geben können«.

»Fanny hier«, sagte ich sanft, als er sich am anderen Ende meldete. Er war zu Hause, konnte ich hören, denn seine Kinder machten Lärm, und auch das Geräusch von klapperndem Geschirr drang klar zu mir durch. Viele Frauen räumen nach dem Essen auf. Supernett von ihnen.

Na bitte, sie hatten ihn: Er war dreißig Jahre alt, arbeitslos, hatte früher immer mal Jobs gehabt als Piccolo, Autowäscher und Kellner in Kneipen; er wohnte zusammen mit seinem Vater in der Wohnung neben den Pandoris. Er war unverheiratet, übergewichtig, hatte eine Hasenscharte und Probleme, Beziehungen zu Frauen einzugehen. Wegen Depressionen hatte er die Schule verlassen. Als die Polizei sein Zimmer durchsuchte, fanden sie stapelweise S-M-Pornographie. Er war vor vier Jahren in eine Klinik eingewiesen worden, wo man ihn noch immer vermutete. Das war der Grund, weshalb die Polizei ihn von der Liste genommen hatte. Aufgrund meines Profils aber haben sie sich die Klinik noch mal genauer angesehen und rasch herausgefunden, wie mangelhaft die Sicherheitsvorkehrungen dort waren. Danach hatte es sie nicht mehr viel Zeit gekostet, um festzustellen, daß der Mann an dem Morgen ganz einfach »einen Ausflug« gemacht hatte. Die Techniker hatten rekonstruiert, daß das stumpfe Instrument der blutige Ziegelstein gewesen war, der unten in seinem Kleiderschrank gefunden wurde.

»Du bist wunderbar«, faßte Roberto entzückt zusammen. Und auch wenn ich wußte, was er damit meinte, war ich mir sicher, daß das Kompliment weiter gefaßt war. Manchmal bin ich vollkommen zufrieden mit mir. Aus diesem Grund bin ich aus Kopenhagen weggezogen.

# 6

Mein Vater, Roman Fiske, ist professioneller Schachspieler. Er ist Großmeister und hat ein ganzes Zimmer angefüllt mit Pokalen, obwohl er nicht mehr als ein paar Züge vorausdenken kann. Behauptet er. Er spiele intuitiv Schach, betont er, mit »unbewußter Kombinatorik«, wie er es nennt. Vielleicht ist er es, von dem ich meine beruflichen Fähigkeiten geerbt habe.

Meine Mutter starb aufgrund eines ärztlichen Kunstfehlers, als ich drei Jahre alt war. Danach hatte mein Vater so viel damit zu tun, den Verlust meiner Mutter zu betrauern, daß er jeden Abend mit einer neuen Frau in die Stadt ging. Jeden Abend saß ich bei einem Babysitter und trauerte um den Verlust beider Elternteile. Jetzt ist es umgekehrt. Jetzt ist er alt und braucht mich. Aber jetzt habe ich leider keine Zeit für ihn.

Wir wohnten in Andropov, das liegt circa drei Stunden Fahrtzeit von Moskau entfernt, zogen aber nach Kopenhagen, als ich fünf Jahre alt war. Einerseits weil wir dort Verwandte hatten, andererseits weil mein Vater durch Schachunterricht in Dänemark wesentlich mehr verdienen konnte. Auch wenn ich in Dänemark zur Schule und auf die Universität gegangen war, fühlte ich mich dort nie zu Hause. Es waren stets *sie*, die Dänen, niemals *wir*. Ich beobachtete sie, aber was ich hörte und sah gefiel mir nicht. Wie ängstlich sie waren, wie neurotisch, wie mittelmäßig. Und vor allem hatten sie – haben sie – dieses schreckliche Gleichmacherprinzip: »niemand darf den anderen überragen«, auf das sie so unglaublich stolz sind, fast so, als sei das ein komplexes regionales Recht, das seit Generationen weitervererbt wird.

Die Dänen sagen nie ein gutes Wort über sich selbst, sie sind außerstande, Komplimente anzunehmen und wagen es nicht, anders als mittelmäßig zu sein. Und das nur, weil sie sonst Gefahr laufen könnten, aus dem Stamm ausgestoßen zu werden. Ihre Universitäten sind passabel und haben schon immer einen internationalen Ruf genossen. Gleichzeitig aber ist ihre Forschung so mittelmäßig wie sie selbst. Sie fürchten ehrgeizige Menschen geradezu, isolieren diese sozial und diffamieren sie, wann immer sich eine Gelegenheit dazu bietet. Denn sie gehen davon aus, daß ein Mensch, wenn er fleißig und ehrgeizig ist, eine Schattenseite haben muß, die in unmittelbarem Verhältnis zu seiner Kompetenz steht.

Dänemark. Eine flache Gegend, ohne Aussicht, ein Land, in dem alles erlaubt und nichts akzeptiert ist, wo Platz ist für alle, und jeder den Kopf einziehen muß. Wo die Vereinigungen der Pädophilen und Nazis willkommen sind und gedeihen wie ein Handballclub oder das Bildungswerk. Wo Meinungsbildung der Boulevardpresse überlassen und jedes Individuum zu dem gestempelt wird, wie man's gerade braucht. So werden auch die Menschen mit den Jahren flach und perspektivlos.

Wir hatten keine gute Meinung voneinander, Dänemark und ich. Ich sah zu gut aus und war viel zu klug, und ich machte aus beidem kein Hehl. Also mieden die Dänen mich. Manchmal war ich dort so einsam, daß ich glaubte, ich sei der einzige Mensch auf der Welt. Aber nachgeben oder mich anpassen? So einsam wurde ich nie. Also nahm ich die Einsamkeit mit mir, als ich das flache Land für immer verließ, und ich spüre sie bis heute, wenn ich nach Erfüllung der meisten meiner Bedürfnisse meine eigene Gesellschaft vorziehe.

Und weil ich ein solcher Außensteher- und Beobachtertyp bin, entschied ich mich wohl für die Verhaltenspsychologie – das heißt, zuerst wollte ich Anthropologin werden, aber dann wurde mir klar, daß ich durch die Welt ging und Verhaltensweisen zusammentrug. Ich entwickelte eine Syntax für Körpersprache, Aussagen und Intonationen und entspann eine Theorie darüber, daß eine Grammatik für menschliches Verhalten gefunden werden müsse, die ich aufbauen wollte. Als Metapher benutzte ich die Gewalt. Das war am Anfang, noch ehe mir klar wurde, daß alle meine Handlungen, alle meine Betätigungsfelder inklusive meines unersättlichen Verlangens nach Sex – nichts anderem als meiner Todesfurcht entsprangen. Eros und Thanatos. Ja, ihr Götter, man muß kein Psychiater sein, um das zu durchschauen. Aber man sollte sich mit Wissen ausstaffieren, um sich selbst direkt in die Augen sehen zu können. Ich mache das gelegentlich. Daher weiß ich, was ich bin, was ich will und was mich befriedigt. Und ich nehme mir, was ich brauche. So erreiche ich oft Momente des Glücks und Momente des Vergessens. Vergessen und Glück. Das ist fast das gleiche.

Ende der 1970er Jahre, ehe ich mit meiner Doktorarbeit zur Typologie von Serienmördern anfing, erhielt ich die Erlaubnis, an den berühmten Gefängnisinterviews des mittlerweile verstorbenen John Douglas teilzunehmen. Zu jenem Zeitpunkt war er bereits ein Star in der Abteilung für Verhaltenspsychologie des FBI. Profilerstellung war noch immer eher ein Pioniersport, und sie hatten so viel zu tun mit Unterrichten und Assistieren bei anhängigen Verfahren, daß ihr Bedarf an einem akademischen *back up*, und an jemandem, der in der Lage war, die Resultate zu korrelieren, enorm war.

Gemeinsam mit John Douglas und Bob Ressler führte ich Interviews mit über 20 Serienmördern in Gefängnissen und Institutionen überall in den USA und erstellte ein breitangelegtes Psychogramm: charakterliche Merkmale, Kindheit, modi operandi, Signatur ihrer Verbrechen. Die Resultate analysierte ich in meiner Dissertation ›Serienmörder: Muster & Motive‹. (John und Robert gaben eine revidierte Ausgabe heraus, ohne mich einzubeziehen, was zu einem Streit führte, dessen Widerhall in allen Staaten zu hören war.)

Oft wurde mir die Frage gestellt, was in aller Welt unsere

Interviews mit Verhaltenspsychologie zu tun hatten. »Alles natürlich«, habe ich stets geantwortet. Unsere Interviews setzten an bei der Frage nach dem *warum*, während zuvor immer nur nach dem *wie* gefahndet worden war. Unsere Ergebnisse führten zu einer immensen Ausweitung des Katalogs psychologischer Verhaltensmuster von Serientätern, und sie vervollständigten das Bild gewalttätiger Krimineller in einer Weise, die die Aufklärungsrate exponentiell nach oben schießen ließ. Indem wir ihre Furcht kennenlernten und ihre unkontrollierbare Lust, hatten wir zusätzliche Hebel entdeckt, mit denen sich – an den richtigen Stellen angesetzt – oft die überraschendsten Erfolge erzielen ließen.

Nach der Doktorarbeit wurde mir ein Job bei Douglas in der Nationalen Akademie des FBI in Quantico, Virginia, angeboten, Seite an Seite mit den Besten des FBI. Das waren Leute mit Erfahrungen von der Straße aus den gefährlichsten Städten der USA, Leute, die mit schweren Schußwaffen so selbstverständlich hantierten wie mit Eßbesteck, und deren Reaktionsgeschwindigkeit auch in heikelsten Situationen ihren abgefeuerten Kugeln entsprach.

Ich war Akademikerin, und das wußte John, als er mich anstellte. Er wußte aber auch, daß ich über etwas verfügte, was die anderen nicht hatten: einen ausgeprägten siebten Sinn und eine Todesangst, deren Dynamik nur noch mit einem unbändigen Haß zu vergleichen war. Ich muß zugeben: Angst und Haß sind eine starke Triebfeder und mein alleiniger Motor.

Vierzehn Jahre lang arbeitete ich im »Keller«, wie wir den fensterlosen Raum nannten, in dem wir stundenlang saßen, kettenrauchend, mehrere Etagen unter der Erdoberfläche, tiefer unten als die Toten. Ich war daran beteiligt, als man die Kindermorde in Atlanta aufklärte, den bestialischen Mord an Suzanne Collins, Senior Constable im amerikanischen Marinekorps, und die Tötung der siebzehnjährigen Shari Faye

Smith. Unentbehrlich machte ich mich in den letzten Phasen der Jagd auf »The Hillside Strangler« und John Wayne Gacy – um nur einige zu nennen.

Douglas hat mich in meinen Bemühungen um Verbrechensprophylaxe durch Täter-Früherkennung immer sehr unterstützt; »pro-aktiv« nennt er meinen Ansatz. Das meint: dem Täter zuvorkommend. Ja, das ist mein Ziel.

Ein gutes Profil basiert auf einer Bestandsaufname des Repertoires eines unbekannten Täters, so daß man – im Gegensatz zu ihm – Handlungsmuster erkennen und wahrscheinliche Folgetaten vorhersagen kann. Nicht selten wurde ein Täter auf diese Weise daran gehindert, ein neues Verbrechen nach altem Muster zu begehen.

Wenn zum Beispiel der Tatort zeigt, daß der Täter Schuldgefühle hat gegenüber seinem Opfer, kann eine pro-aktive Strategie mit diesem Schuldgefühl spielen: Man kann zum Beispiel Zeitungen überreden, emotionale, detailreiche Porträts des Opfers zu veröffentlichen, so daß das Opfer komplett als Mensch hervortritt, als eine Person mit einem Schicksal. Auf diese Weise wird das Schuldgefühl des Täters verstärkt, und manchmal genügt das bereits, und er stellt sich. Ein andermal müssen wir weitergehen und das Begräbnis groß herausstellen, es öffentlich machen, und dann können wir ziemlich sicher sein, daß er dort erscheint. Eine pro-aktive Strategie läuft darauf hinaus, den unbekannten Täter in eine Falle zu locken, die mit seiner von uns angenommenen psychischen Struktur korrespondiert. Wenn man ihn locken kann, locken wir ihn mit den Mitteln seines eigenen Schemas. Wenn er unter Druck steht, verstärken wir den Druck.

Eine gute pro-aktive Strategie ist unschätzbar. Deshalb liegt die größte Herausforderung fortwährend bei den Mitarbeitern der Gesundheitsbehörden, den Sozialarbeitern, den Lehrern, den Pädagogen in den Freizeiteinrichtungen. Sie sollen die Spürhunde sein, die Anzeichen von Störungen bei

Kindern so früh wie möglich auffangen und dafür sorgen, daß nicht einfach nur immer noch weitere von meinen Jungs heranreifen und irgendwann älter werden.

Auch in Quantico waren sich alle darin einig, daß die Hauptaufgabe in der präventiven Arbeit liegt. Eltern müssen lernen, ihre Kinder respektvoll zu behandeln. Das ist das mindeste, was man von ihnen verlangen kann.

Um also präventiv arbeiten zu können, verabschiedete ich mich schließlich mit Dank von den Kollegen in Quantico und ließ mich als sachverständige Beraterin in London nieder, wo mir mein Ruf bald so viel Arbeit bescherte, die schnell weit über Kurse und Vorträge für Sozialarbeiter hinausging. Das war ja nicht Sinn der Sache, aber so ist es immer: Was wollte ich denn? Mitwirken bei der Gefangennahme eines grausamen Massenmörders, der nur auf seine nächste Chance wartet? Oder mich an einem groß angelegten Projekt zur Verbrechensprävention beteiligen, das überfällig ist, um zu verhindern, daß diese Menschen überhaupt so werden? De facto habe ich inzwischen von allem mehr als genug am Hals: Entspannung und Hobbys sind Fremdwörter für mich, beides muß ich wohl anderen Menschen überlassen.

Als dann die Vereinigten Staaten von Europa endlich Realität geworden waren, wurde ich zusammen mit einer Handvoll anderer Europäer, die ebenfalls in Quantico ausgebildet worden waren, offiziell dem EFBI als Sachverständige assoziiert, so daß wir jederzeit in den Fällen zur Verfügung stehen, in denen die regionale Polizei der Meinung ist, unser Sachverstand sei erforderlich.

# 7

Am folgenden Tag um 14.30 Uhr war nach fünfstündiger Vorlesung vor der Abschlußgruppe die Reihe an mir zu hyperventilieren. Mit dem Rücken an eine der rostfreien Stahltüren gelehnt, stand ich vor dem Leichenschauhaus und hörte, wie sich Lisas und Sams Stimmen mit den Geräuschen von Metall, das gegen Metall stößt, mischten. Ich bemühte mich, die Geräusche zu identifizieren: ein metallisches Rumoren – vermutlich wurde eine Leiche auf einer Metallbahre über Metallschienen in eine Kühlbox geschoben. Und jetzt: einem der assistierenden Rechtsmediziner fiel ein Instrument auf den gefliesten Fußboden, eine Pinzette vielleicht, möglicherweise ein Skalpell. Die Todesursache meiner Mutter: eine gutartige Zyste hatte man ihr aus der Brust entfernt. Als dem operierenden Chirurgen das Skalpell aus der Hand und auf den Boden fiel, hob er es auf und machte weiter. Eine Woche später starb meine Mutter an Staphylokokkenvergiftung. Da waren wieder Lisas und Sams Stimmen.

Soweit ich hören konnte, sprachen sie über die Frau, bei deren Selbstmord Sam gegen seinen Willen »assistiert« hatte. Offenbar zeigte Lisa Sam gerade die Brand- und Schnittwunden, die die Frau überall am Körper aufwies. Lisa hatte überdies ein chronisches subdurales Hämatom gefunden, das heißt, einen Bluterguß unter der harten Hirnrinde, der entsteht, wenn Venen reißen. Für Lisa Hinweise genug, anzunehmen, daß die Frau über längere Zeit in nicht unerheblichem Maße das Opfer von Gewalt gewesen war. Sam berichtete, daß ihr Mann sie erst gestern, obwohl sie bereits eine Woche lang fortgewesen war, vermißt gemeldet und sie darauf weinend identifiziert hatte. Er wollte mit ihm reden. Er mußte eine Erklärung für die Schnitt- und die Brandwunden haben. Und er wollte eine Erklärung einfordern, warum er sie nicht früher als vermißt gemeldet hatte. Ich konnte Sams

Stimme anhören, daß er bei dem Fall nicht mit dem Herzen dabei war. Dies war etwas, das er hinter sich bringen mußte.

Jetzt konnte ich sie gehen hören. Sie gingen weiter weg, ihre Stimmen wurden immer leiser. Ich sollte mich jetzt zusammenreißen. Ich warf einen raschen Blick in die Leichenhalle und zog den Kopf sofort wieder zurück. Die Tote, um die es gerade ging, wurde von Lisas Assistentin Unn – noch einer Schwedin – mit einem Laken bedeckt. Ich zählte bis zehn und warf nur einen raschen Blick hinein. Lisa und Sam standen ein Stück weiter weg und verdeckten die Aussicht auf etwas, das ich weder sehen konnte noch sehen wollte. Lisa wühlte in ihrer Tasche und zog ein in Cellophan verpacktes Sandwich hervor. Sie setzte sich auf einen kleinen Obduktionstisch, packte das Sandwich aus und begann zu essen. Sie saß so, daß sie mir noch immer den Blick versperrte. Lisa war hart im Nehmen – keine Leiche der Welt konnte ihr den Appetit oder die gute Laune verderben.

Ich nahm mich zusammen und trat ein, den Kopf gebeugt und die Augen nur so weit geöffnet, daß ich auf dem Weg zu ihnen nicht gegen die Reihen von Bahren und Obduktionstischen stoßen würde. Als ich dem, was Lisa mit ihrem Rükken verdeckte, nahe war, drehte ich mich um und ging rückwärts auf sie zu, dann setzte ich mich abgewandt auf den Metalltisch hinter ihr.

Sie redete mit vollem Mund, unterbrach sich aber, als sie mich hörte, und wendete sich mir zu.

»Nein, aber hallo Süße!« zwitscherte sie und zauste mein Haar, was mich mächtig irritierte. Ich hatte einige Zeit auf meine Frisur verwandt, und Lisa sollte gefälligst ihre Finger da wegnehmen, mit denen sie wer weiß was angefaßt hatte. Aber schon legte sie los:

»Es gibt ja nicht so viel, was sich anhand eines Kopfes sagen ließe!« Sie grinste. »Ihr müßt schon den Rest finden, wenn ihr die ganze Geschichte hören wollt. Laßt mich mit dem beginnen, was ihr euch schon selbst zusammengereimt habt. Sie ist vermutlich seit drei Tagen tot, das ist unmöglich genauer zu bestimmen. Sie ist mit etwas Dünnem erdrosselt worden, wahrscheinlich einem Kabel oder einer Schnur. Das ist sehr *clean*, es sieht nicht aus, als ob sie viel Widerstand geleistet hat oder leisten konnte.« Sie kaute ein bißchen. »Er hat was von einem Korinthenkacker, er hier. Nicht nur, daß ihre Zöpfchen perfekt sitzen, – check' sie noch mal – nicht ein Haar in Unordnung. Die Schleifen sitzen tadellos. Und schau, dort im Nasenflügel die Blutreste … sie bekommen immer Nasenbluten, wenn im System ein Stau entsteht, aber sogar das Blut hat er weggewischt.«

Sam trat näher. »Ich kann keinen Schmutz erkennen. Gówno widac.« Lisa reichte ihm ein Vergrößerungsglas. »Na ja«, konnte ich ihn sagen hören.

»Sag ich doch«, fuhr sie weiter. »Er hat sie richtig ordentlich abgewischt. Sie sollte hübsch aussehen.« Sie kaute etwas schneller.

»Und versuch dir den Schnitt anzuschauen. Absolut gleichmäßig, vollkommen perfekt. Guter Handwerker. Direkt unter den abgebundenen Gefäßen. Seine Präzision muß man bewundern. Oder?« Sie machte eine Pause, vermutlich, um mit der Zunge die Zähne zu reinigen.

»Zufälligerweise bin ich todsicher, daß ich die Säge, die er benutzt hat, identifizieren kann, bis hin zur Marke.«

»O kurwa«, murmelte Sam.

»Ich war tatsächlich auf eine Leiche gespannt.« Sie grinste entschuldigend. Denn nach Ulf Andersons und Lars Bergströms Klassifizierung der Sägen in der Monatsschrift für Rechtsmedizin hat Stefan …« – sie deutete hinter sich auf den assistierenden Rechtsmediziner – »… mit jeder einzelnen Säge, die in den letzten zwanzig Jahren im Handel war, Leichen in Stücke gesägt, sie fotografiert und die Fotografien in den Computer eingescannt. Vor Ende des Tages werden wir eine von diesen Sägen haben.«

Ich wandte meinen Blick von Stefan ab und den Metallschränken an der Wand am anderen Ende zu. Dieser glänzende Stahl. Obendrüber hatte Lisa ein Schild gehängt, das sie mit ihrem eigenen Blut gemalt hatte, nachdem sie sich einmal an einem Skalpell geschnitten hatte. »Die Toten sprechen« war auf Schwedisch mit schwedischem Blut auf ein ungeschickt ausgeschnittenes Stück weißer Pappe mit ebenso ungeschickten Buchstaben aufgemalt. Daß sie das Wort »sprechen = taler« gewählt hatte und nicht »pratar = reden« bewies doch ein wenig Respekt vor den Toten. Aber dessen ungeachtet – Lisa war und ist der provozierendste Mensch, dem ich jemals begegnet bin. Hinter mir machte sie unverdrossen weiter:

»Die weiteren DNA-Analysen brauchen ein bißchen, die sind momentan ziemlich unter Druck, aber in ein paar Tagen sollten sie fertig sein. Fasern und Fingerabdrücke und das alles, da sollten wir morgen eine Antwort haben.« Sie kaute ein bißchen weiter.

»Selander!«

Wir schauten alle drei zur Stimme an der Eingangstür, die wie immer weit offen stand. Mitten in der Türöffnung hatte sich John Smith dramatisch positioniert. Er war stellvertretender Kriminalinspektor, wie stets im maßgeschneiderten Tweed, und hielt eine riesige Plastiktüte in seiner ausgestreckten rechten Hand.

»Hast du was für mich?« fragte Lisa, ohne sich zu erheben. Er kam auf uns zu, hielt die Tüte weit von sich, als enthielte sie eine tickende Zeitbombe. Er reichte sie Lisa, die sie ihm, immer noch sitzend, abnahm. Sie schaute hinein und schnitt dann eine Grimasse.

»Woher hast du die?«

»Zwei Jungen fanden sie in einer Mülltonne auf dem Westfriedhof, in der Nähe der Kapelle.«

Der Westfriedhof ist riesengroß und voller hübscher Rasenflächen, so daß er von der Öffentlichkeit zur Erholung benutzt wird.

»Der Vater der beiden hat sie abgeliefert.« Er blickte auf seine Uhr. »Vor genau sieben Minuten. Er meinte, das sähe aus wie menschliche Knochen.«

»Das *sind* menschliche Knochen.« Lisa legte die Plastiktüte auf den Obduktionstisch, aß das letzte Stück Sandwich und zog Handschuhe an. Dann nahm sie etwas, das in meinen Augen aussah wie ein Stück von einem Schenkelknochen, und betrachtete es eindringlich. Der Knochen war etwas unterhalb des Gelenkkopfes abgesägt und nicht länger als 15 bis 20 cm. Sie studierte ihn genau. (Es macht mir nichts aus, Knochen anzusehen. Ich würde sie nicht anfassen können, aber ansehen, das geht. Vielleicht liegt das daran, daß Knochen so sauber sind. Jedenfalls entwickeln sie kein Methangas.)

»Verdammt«, sagte sie und grinste ungläubig. Dann hielt sie ihn mit beiden Händen vor sich. »Der hat die richtige Dimension, aber wißt ihr, warum ich glaube, daß er von ihr ist?« Wir gaben keinen Ton von uns.

»Ich hab doch gesagt, er sei ein Korinthenkacker, oder?« Sie legte eine Kunstpause ein, den Knochen noch immer in beiden Händen haltend. »Die paar Male, wenn ich Knochen für eine Suppe ausgekocht habe, wurden sie zwar sauber, aber nie *so* sauber. Hier, seht mal!« Wir reckten die Köpfe. Lisa nahm ein Vergrößerungsglas. »Der ist vollkommen *clean*. Nicht ein einziger kleiner Muskel- oder Sehnenrest irgendwo am Knochen. Nothing! Nada!«

Niemand sagte etwas. John Smith machte eine unfreiwillig komische Bewegung zur Tür hin, das war offenbar sein Abschied und Dank. Dann ging er. Lisa legte den Knochen auf den Tisch und begann, die anderen danebenzulegen. Am Ende war der Tisch von Knochenstücken bedeckt, alle ungefähr

15 bis 20 cm lang, und selbst für meine nicht trainierten Augen glichen sie dem zerteilten Skelett eines Kindes. Lisa ging sie minutiös durch und sagte dann, daß alles da wäre, abgesehen von ein paar *Kleinigkeiten.* Dann nahm sie das Vergrößerungsglas und ging sie wieder durch, einen Knochen nach dem anderen. Das dauerte seine Zeit, und keiner sagte ein Wort, abgesehen von Lisa, die ein paarmal *verteufelt clean* murmelte.

Nach geraumer Zeit ließ sie das Vergrößerungsglas sinken und richtete sich auf. »Wir müssen sie zusammen mit dem Kopf zur Analyse einschicken. Ich kann so noch nicht den definitiven Schluß ziehen, daß das ihre sind, auch wenn ich ohne zu zögern feststellen kann, daß sie von einem acht- bis zwölfjährigen Mädchen stammen.« Sie deutete auf das Bekken. Dann blickte sie Sam an, blinzelte und machte eine Armbewegung zu der Sammlung von Knochen. »Erwachsene Frauen sind an den Hüften etwas kräftiger.«

Sams Gesicht blieb ausdruckslos. Lisa zuckte mit den Achseln und sprach weiter:

»Und noch etwas kann ich feststellen. Diese Knochen hier wurden gekocht. Frage ist nur: warum?« Sie zündete sich einen Zigarillo an und sah aus wie jemand, der nachdachte. »Vielleicht war die Leiche so mißhandelt, und vielleicht wies sie so viele Signaturen auf, daß es am klügsten war, die Signaturen auszuwischen – nein, wißt ihr was?«

Den Begriff Signatur hatte John Douglas in den 1970ern entwickelt. Er meinte, wenn der modus operandi die Art und Weise ist, wie ein Verbrecher sein Verbrechen ausführt, sei die Signatur das persönliche Detail, das berichtet, was ihn gefühlsmäßig befriedigt. Wenn Ted Bundy zum Beispiel Frauen in seine Falle lockte, indem er mit eingegipstem Arm herumlief, war das sein modus operandi. Aber daß er sie vergewaltigte, traumatisierte und ermordete und sich in einigen Fällen an der Leiche verging, das war (ein Teil) seiner Signatur. Lisa meinte deshalb, daß dieser unbekannte Täter vielleicht die Knochen des Mädchens gekocht hatte, um die Hinweise zum Verhalten zu beseitigen, die man eine Signatur nannte, damit wir sie nicht zur Profilerstellung verwenden konnten. Das war eine Möglichkeit. Eine andere war, daß das, was wir gerade sahen, seine Signatur war.

Lisa fing an zu grinsen. Zu ihrer Verteidigung muß ich einräumen, das Grinsen war ziemlich hysterisch. »Ich glaube sogar, er hat davon Suppe gekocht.«

Sie begann die Knochen wieder in die Plastiktüte zu legen, einen nach dem anderen, vorsichtig. Und Sam und ich zogen uns langsam und still zurück, beinahe synchron stahlen wir uns aus der Halle, an Stefan vorbei, der jetzt zu Lisa unterwegs war.

Nebeneinander gingen wir durch die doppelte Stahltür und die Treppe hinauf, dann traten wir auf die Straße. Beim Eingang zur Polizeiwache blieben wir stehen. Sam schaute auf seine Füße. Mein PDA summte. Ich ignorierte ihn.

»Soll ich ihnen das wirklich erzählen? Soll ich wirklich den Eltern erzählen, daß jemand Suppe von ihrer Tochter gekocht hat?« Ich legte ihm einen Arm um die Schulter.

»Natürlich tust du das nicht. Jetzt wartest du auf jeden Fall erst mal, bis wir Sicherheit haben. Und dann, finde ich, überlegen wir ganz genau, was du ihnen erzählst. Es muß nicht immer alles gesagt werden.«

Sam hob den Blick und war dabei, die niedrigen Stufen zum Revier hinaufzugehen, zögerte aber.

»Kann ich mit zu dir nach Hause kommen?« Seine Augen brannten sich in meinen fest, als er eindringlich murmelte »Weź mnie teraz, już, natychmiast, kochanie.« Ich verstand das nicht, aber vom Klang der Wörter allein bekam ich Lust, an seinen Brustkorb und in seine großen, wohlbekannten Oberarme zu sinken.

Ich schaute auf meine Uhr. »Wir haben nicht viel Zeit«,

sagte ich, wohl wissend, daß über tausend Mitarbeiter der Gesundheitsbehörde um 20 Uhr auf mich warteten. Ich nahm ihn am Arm, und wir gingen zu meinem Jeep.

## 8

Als ich am Tag darauf aufwachte, war ich wegen des Schlafmangels einigermaßen groggy. Ich war erst um ein Uhr in der Nacht nach Hause gekommen, und dann konnte ich nicht schlafen. Statt dessen hatte ich angefangen herumzulaufen, mich dem Gedankenchaos zu überlassen und Brandy zu trinken. Das Ergebnis war, daß ich nicht vor vier Uhr früh einschlief. Mein PDA weckte mich unverdrossen um sieben mit dem, was er, trotz meiner genauen Programmierung, als Topnachricht an diesem Morgen wählte: Der Preis für die karibischen Vergnügungsfahrten war im Keller. Aber aufstehen mußte ich, denn um 9.15 Uhr sollte ich vor einer neuen Gruppe Agenten sprechen, und am Nachmittag hielt ich vor der Vereinigung von Frauen gegen Gewalt in Glasgow einen Vortrag. Die sollten unter anderem eine Lektion darüber bekommen, gegen welchen Typ Vergewaltiger man sich vorteilhaft zur Wehr setzen kann, und bei welchen das Gegenteil die beste Strategie ist – eine reine good-will-Veranstaltung meinerseits.

Ich schaute verärgert auf das hysterisch blinkende rote Lämpchen des Anrufbeantworters und drückte auf *play*. Sonia kam als erste mit ihrer gestrigen Einladung zu Hähnchen mit Ingwer mariniert und Chilisalsa und tarte tatin. Dann kamen zwei Bibelzitate von dem alten Mann, darauf aus Amsterdam eine Bitte um ein Telefonprofil, es eile, sagte Kees van Schaik, ein notorisch impotenter Mann, dessen ständige Versuche, das Gegenteil zu beweisen, nur als ärgerlich bezeichnet werden können. Dann hörte ich Sam sagen, ich müsse ihn heute um 13 Uhr draußen vor dem Haus der Froshs treffen oder ihn anrufen, wenn ich verhindert wäre. Er erinnerte mich auch daran, daß ich Cormio Vittantonio kontaktieren wollte, dann kam noch ein Bibelzitat und dann noch eine Bitte um Erstellung eines telefonischen Profils, dieses Mal aus Helsinki, wo ein Jyrki Katajainen, den ich nicht kannte, beteuerte, daß es eile. Anschließend folgte das übliche Klagelied meines Vaters. Warum besuchte ich ihn nie? Ich könnte wenigstens anrufen! Da saß er, ein alter Mann, allein und vergessen. Schließlich eine Mitteilung von jemandem namens Christian Vendelbo, der mit etwas zweideutiger Stimme sagte, er habe sich in meiner Gesellschaft wohlgefühlt, und fragte, ob wir uns wiedersehen könnten. Dann hinterließ er seine Telefonnummer. Ich machte sechzig Liegestütze und überlegte, wer denn wohl dieser Christian Vendelbo sein konnte? Der Name klang dänisch. Ein Vendelbo ist ein Mensch aus der Landschaft Vendsyssel, einer der viel zu vielen abgelegenen Zipfel dieses viel zu kleinen Landes. Mir war nicht bekannt, ein Schäferstündchen mit einem Dänen gehabt zu haben, seit ich das Land verlassen hatte. Ich beschloß, die Sache zu vergessen.

Ich schlüpfte in graue Flanellhosen, ein engsitzendes T-Shirt aus Lastex und Baumwolle, das mein teuer erkauftes Stück plastischer Chirurgie hervorhob, welches in großzügige B-Körbchen paßte, und einen taillierten, marineblauen Blazer. Gerade als ich den rechten Fuß in einen der marineblauen Pumps steckte, klingelte es an der Tür, und ich humpelte hinaus an den Türspion, um zu sehen, ob es zu verantworten war, die Tür zu öffnen. Ich sah einen UPS-Boten, keinen Tag älter als achtzehn. Gewalttätige Kriminelle im Alter von achtzehn Jahren sind statistisch gesehen immer noch in der Minderheit, also ergriff ich die Gelegenheit und öffnete. Er übergab mir einen dicken Umschlag aus festem Karton, in Helsinki abgestempelt, und bat mich, zu quittieren. Ich warf den Umschlag auf den Küchentisch und humpelte zurück zu dem zweiten marineblauen Schuh, aber noch bevor ich den anziehen konnte, klingelte es schon wieder. Durch den Türspion sah ich noch einen Boten, von einem mir unbekannten Service, dieses Mal ein Mann um die Dreißig, der nicht sehr schön aussah. Ich bat ihn, den Umschlag vor die Tür zu legen und die Quittung durch den Türspalt zu schieben. Ich konnte sehen, daß er die Augenbrauen hob, aber er tat, worum ich ihn bat, und ging, als er die Quittung unterschrieben zurückbekommen hatte. Der Umschlag war in Amsterdam abgestempelt und landete auf der finnischen Sendung.

Im Badezimmer schmierte ich mir in ziemlicher Eile Make-up ins Gesicht, bemalte die Lippen bordeauxfarben, schmierte Kajal unter die Augen und hatte das Glück, die Wimperntusche ausnahmsweise nicht zu verwischen. Rasch gab ich dem Hamster zu essen und zu trinken und erinnerte mich selbst daran, daß ich Sam bitten wollte, ihn zu erschießen. Dann checkte ich das Wetter. Es regnete. Ich schnappte mir den Trenchcoat, meine Kalbsledertasche und die zwei Eilprofile, und als ich zum Jeep hinauslief, dankte ich der Kosmetikindustrie für das wasserfeste Make-up, das endlich, nach Jahrzehnten auf dem Markt, tatsächlich auch wasserfest war. Als ich den Sicherheitsgurt befestigte, entdeckte ich Eisik, der mich geschickt ignorierte, während er, dieses Mal in so etwas wie Regenzeug, die großen Büsche zur Straße hin beschnitt. Dann rief ich Sam an und bat ihn, meinen Hamster zu erschießen. Er klang geistesabwesend und hatte es eilig, mich aus der Leitung zu bekommen.

Das Institut für Kriminologie liegt, wie gesagt, auf halbem Weg zwischen Cornwell und Grafton, und obwohl die Städte innerhalb der nächsten Jahre zusammenwachsen werden, hatte ich doch von Cornwells westlichem Teil, wo ich wohnte, eine Strecke von circa dreißig Kilometern zurückzulegen. Und das mußte ich in einer Viertelstunde hinbekommen.

Der Verkehr floß zäh, so daß ich genügend Zeit hatte, darüber nachzudenken, wie peinlich es wäre, zu spät zu kommen. Selbst wenn ich auf die neue Gruppe junger Agenten neugierig war, wohl wissend, daß etwa sechzig Prozent Männer sein würden, gab es keinen Grund, bei dieser Vorlesung sein Pulver zu verschießen. Sie würden den »Vortrag für ABC-Schützen« bekommen. So heißt das tatsächlich, und wir benutzen den Ausdruck auch, wenn einer von uns etwas erzählt, das einleuchtend oder elementar ist. Wenn man mich mitten in der Nacht wecken würde, könnte ich diesen »Vortrag für ABC-Schützen« mit viel Pathos und gewichtigen Pausen halten.

Ich kam eine ganze Viertelstunde zu spät. Der Saal saß in gespannter Erwartung ganz still und schaute mich andächtig an. Die sechsundfünfzig zukünftigen Lebensretter und Müllmänner saßen sehr aufrecht, gut gekleidet, guterzogen und ganz, ganz still. Ich entschuldigte mich, setzte meine Brille auf und schaute mich gründlich im Saal um. Sie waren eine Augenweide, mit ihnen würde ich meinen Spaß haben. Mindestens mit einem von ihnen, dachte ich, nahm die Brille wieder ab und begann.

Um 11.30 Uhr war ich fertig und hatte einem Francis Zanf aus der ersten Reihe meine Telefonnummer gegeben. Ich sauste nach oben in mein Büro, in der Hoffnung, beide Profile hinter mich bringen zu können, ehe ich gehen mußte. Ich schaffte nur das Holländische, weil Kees kein Ende fand. Sobald ich ihn aus der Leitung hatte, sauste ich, begleitet vom Summen meines PDA, die Treppen hinunter, auf den Parkplatz. Ich checkte das Display. Der Anruf kam aus der Telefonzelle 24 in Cornwell, und langsam fing es an, eine Pest zu werden.

Es war 12.45 Uhr, als ich losfuhr, um Sam Punkt 13 Uhr zu treffen. Ich archivierte mental, was ich gerade durchgegangen war, und fing an, mich auf den Fall Ellen Frosh umzustellen. Bereits mit dem jetzigen Kenntnisstand ließen sich die Eltern als Verdächtige ausschließen.

Es ist furchtbar und vollkommen unerklärlich, aber man ahnt nicht, wie viele Eltern tatsächlich ihre eigenen Kinder ermorden. Sie vergewaltigen und schlagen sie, sie verbrennen sie und lassen sie verhungern, sie erwürgen sie mit bloßen Händen und ersticken sie mit Kissen. Den Todesarten sind auch hier keine Grenzen gesetzt.

Aber das, was man Ellen Frosh angetan haben muß – das schließt die Eltern aus dem Kreis der Verdächtigen aus.

Im übrigen bestehen meine Fälle fast ausschließlich aus solchen, die wir »Tötung auf Distanz« oder »Fremdeinwirkung« nennen. Früher, bis zurück in den 1960ern, ermordeten die Menschen meist Familienangehörige und Freunde, und die Morde waren deshalb viel leichter aufzuklären als heute. Da gab es ein Motiv: Wut, Eifersucht, Rache, Geld, was weiß ich. Aber seither und in ausgeprägtem Maß wird Gewaltkriminalität heutzutage gegen Fremde begangen und anscheinend aus keinem anderen Motiv als dem im Kopf des Mörders. Meist geht es um Macht und um Kontrolle, und wenn es sich um Wut oder Rache handelt, geht der gewalttätige Serienverbrecher von heute meist nicht zurück zu der Person, die die Wut verursachte, um sich zu »bedanken«. Er »bedankt« sich statt dessen bei einer Anzahl mehr oder weniger zufällig ausgewählter Personen, die seinen Weg kreuzen. Ed Kemper, einer der schon lange Einsitzenden, die ich in den 1970ern interviewte, ermordete und sezierte verschiedene junge Frauen, ehe er sich »überwand«, seine Mutter zu ermorden. Aber er war in vielerlei Hinsicht »speziell« gewesen.

Um 12.55 Uhr parkte ich den Jeep hinter Sams Mercedes beim Frosh-Haus, in jenem grünen Viertel, das Forest Hill heißt, obwohl es weder hügelig ist, noch in der Nähe eines Waldes liegt. Von Sam war keine Spur zu sehen, deshalb vermutete ich, daß er noch mit den Eltern redete.

Das Haus lag versteckt hinter einer gut geschnittenen Ligusterhecke, die so dicht und hoch war, daß es um diese Jahreszeit unmöglich war, hindurchzusehen. Ich ging an der Hecke entlang und um die Ecke, dann sah ich das Loch. Ich schaute hindurch und konnte genau auf den fensterlosen Teil eines Spielhauses sehen, das aus rohen, bislang nicht gestrichenen Verschalungsbrettern gebaut war. Ich ging ein Stück zur Seite und versuchte wieder, durch die Hecke zu schauen, aber sie war hier so dicht, daß es unmöglich war, irgend etwas zu sehen. Ich schaute mich um. Dies war ein Villenviertel. Ein großes Grundstück lag neben dem anderen, aber hinter mir lag ein niedriger Etagenbau mit flachem Dach. Die dunkelgraue Giebelwand aus Backsteinen, die dem Haus der Familie Frosh zugewandt war, hatte keine Fenster, während die Fassaden vom Keller bis zur Mansarde aus Fensterglas waren, außerdem gab es Balkone, ebenfalls aus Glas. Ich ging hinüber und zog an der Tür, aber die war natürlich abgeschlossen. Ich klingelte beim Hausmeister, und gleich hörte ich seine Stimme in der Sprechanlage. Ich stellte mich vor und erklärte, daß ich einmal auf das Dach klettern müßte.

»Im Zusammenhang mit dem Frosh-Mädchen?«

»Ja«, antwortete ich kurz. Er legte auf, und Sekunden später zog er die Tür auf gegen seinen fülligen Bauch. Als er mich vorbeiließ, stellte er ein paar neugierige Fragen, die ich einsilbig beantwortete.

Das Dach war mit schwarzer Dachpappe gedeckt. Es lieferte eine vorzügliche Aussicht auf das Frosh-Haus – ein langer und schmaler Bungalow aus gelben Klinkern, auf einem länglichen Grundstück gebaut. Am entferntesten Ende des Grundstücks lag die Garage, von der Sam gesprochen hatte. Von dort aus konnte man das Spielhaus nicht sehen, denn es lag auf dem Stück des Gartens, das dem Etagenbau zugewandt war. Das Ganze wirkte ungeheuer gepflegt, die Fenster geputzt, die Rahmen frisch gestrichen, der Rasen gemäht, die Hecke geschnitten.

Das Loch in der Hecke war strategisch perfekt plaziert: genau dort, wo es niemand von innen entdecken würde, und da die Giebelwand des Wohnhauses keine Fenster hatte, und da nebenan nur ein baufertig erschlossenes Grundstück lag, gab es für den Täter keine unmittelbare Gefahr, entdeckt zu werden. Oder doch? Gingen die Leute hier nicht spazieren? Führten sie hier nicht ihre Hunde aus?

Gut geplant, wenn auch riskant, faßte ich zusammen, und dann summte mein PDA. »Cornwell Bugle« war auf meinem Display zu lesen, und ich überlegte, ob mein Anrufbeantworter nicht Hanif Kureishi übernehmen sollte, den Quälgeist von der Zeitung. Aber ich erbarmte mich.

»Heeej, Fanny«, sang er.

»Heeej, Hanif«, sang ich zurück. »Was gibt's?«

»Wann lernst du endlich mal ein bißchen Small talk?« beklagte er sich.

»Niemals«, beteuerte ich.

»Ich habe gehört, ihr hättet einen Kopf gefunden?«

»Wer ist ihr – ich habe keinen Kopf gefunden. Ich habe genug an meinem eigenen.«

»C'mon! Es geht das Gerücht, der Kopf des Mädchens sei in einem Container gefunden worden?«

»Ich habe keine Ahnung, wovon du sprichst.«

»Ja, aber du arbeitest doch an dem Fall, oder?«

»Ich arbeite an vielen Fällen, von welchem redest du?«

»Ich hasse es, wenn du dich dumm stellst. Hat die Polizei nicht Ellen Froshs Kopf in einem Container gefunden?«

»Keine Ahnung, da mußt du die Polizei fragen.«

»Arbeitest du denn nicht an dem Fall mit?«

»Und wenn, so weißt du ganz genau, daß ich nichts kommentiere.«

Er seufzte und versuchte dann die andere Masche.

»Wollen wir uns nicht mal wieder sehen, es ist so lange her.«

»Ich bin derzeit sehr beschäftigt, sorry – das muß noch eine Weile warten.«

»Womit bist du denn beschäftigt?«

»Jetzt hör auf!« Ich sollte einfach auflegen, aber dann fiel mir etwas ein. Ich seufzte tief in den Hörer und sagte, nach einer bedeutungsvollen Pause: »Wenn du es unbedingt wissen willst: mit meinen eigenen Nachforschungen.« Ich konnte beinahe hören, wie er seine Ohren spitzte.

»Na?« platzte er hungrig heraus.

»Da ist so ein Psychopath, der mich dauernd anruft und mir unverständliche Bibelzitate ins Ohr oder auf meinen Anrufbeantworter schwallt.«

»Bedroht er dich?«

»Das finde ich schon, aber wie gesagt – ich kann nicht richtig verstehen, was er sagt – du weißt ja, wie die Bibelsprache so ist, oder? Ein bißchen verquast halt.«

»Hast du das bei der Polizei angezeigt?«

»Nein, ich will das selber in Ordnung bringen. Er ruft aus verschiedenen Telefonzellen hier in der Stadt an, zwei-, dreimal am Tag, und ich beschatte gerade die Telefonzelle, von der aus er am häufigsten angerufen hat ... weißt du was, ich muß rennen, da kommt einer, der es sein könnte. Und versprich mir, daß du niemandem was davon erzählst, ja?«

Ich klickte ihn aus und freute mich über meinen genialen Einfall. Hanif hatte zwar nicht bekommen, was er wollte, aber auch dieses Geheimnis war bei ihm in besten Händen. Würde mich wundern, wenn nichts geschähe ...

Ich ging zur Hecke zurück und studierte das Loch genauer. Es war, genau wie Sam gesagt hatte, ein peinlich genau geschnittenes Loch, ein hochformatiges Rechteck mit Rundbogen oben, der unweigerlich an ein Kirchengewölbe erinnerte. Es war erst vier Tage her, aber schon waren einige Zweige etwas rascher gewachsen als die anderen und hatten die Perfektion zerstört. Komisch, die Sache mit der Wachstumsgeschwindigkeit. Aus irgendeinem Grund wächst der Nagel an meinem linken kleinen Finger auch schneller als die anderen, und das verblüfft mich jedesmal, wenn es mir auffällt.

Penibel. Er war penibel. Ein »Korinthenkacker«. Er konnte nicht einfach ein Loch in die Hecke schneiden. Es gab überhaupt keinen ersichtlichen Grund, ein banales Loch so aufwendig zu gestalten. »Korinthenkacker« war das Wort, das Lisa benutzt hatte. Ich dachte an die perfekten Zöpfchen, die Schleifen. Ich empfand das Rituelle an seinem Verhalten, ich dachte an die Knochen auf dem Friedhof, aber ich konnte diesem Aspekt momentan keine weiteren Schlüsse abringen.

Ich trat ein wenig zurück und studierte das Loch aus der Entfernung. Er mußte Handwerker sein, Gärtner vielleicht. Vielleicht auch so ein unfreundlicher wie Eisik?

Er hatte alles geplant. Und er kannte sie. Er hatte sie mit sich gelockt, kaltblütig und vorsätzlich, weg von ihrer Familie, während die zu Hause war. Vom Etagenhaus aus war nicht der gesamte Lageplan zu überblicken. Außerdem mußte der Täter wissen, daß an einem Sonntagvormittag niemand im Wohnzimmer sein würde, dessen Fenster zur Schaukel hinausging. Das konnte man von dem Etagenhaus aus nicht sehen. Er kannte die Familie.

Aber warum hatte er ihr den Kopf abgeschnitten? Und die Knochen in Stücke zersägt?

Dafür konnte es verschiedenste Gründe geben: Er wollte die Leiche besser transportieren können. Er wollte eine »Signatur« hinterlegen. Er wollte mit seiner Grausamkeit öffentliche Aufmerksamkeit erregen und in die Zeitung kommen. Er befriedigte damit seine perversen Gelüste.

Momentan wollte ich nicht weiter an die Knochen denken. Erst mußte ich noch mal mit Lisa reden. Fest stand aber, daß wir es mit einem Mann zu tun hatten, der seit langer Zeit von Kindern besessen war, vielleicht sein ganzes Leben. Dieses hier war nicht sein erstes Verbrechen, und vermutlich handelte es sich um einen nicht mehr ganz jungen Täter. Das Alter eines Täters einzuschätzen, ist schwierig. Ein Mann von Dreißig zum Beispiel kann den gefühlsmäßigen Reifegrad eines Fünfzehnjährigen haben. Die Erfahrung zeigt, daß der vorhersagbare Zeitpunkt für sich zunehmend manifestierendes pathologisches Verhalten im Zusammenhang mit Kindesmißbrauch bei Mitte Zwanzig liegt. Dieser Täter aber hatte einen kriminellen Reifegrad und eine Raffinesse bewiesen, die zeigte, daß er bedeutend älter sein mußte.

Die Tatsache, daß sein Opfer ein Kind war, ließ vermuten, daß er einem Erwachsenen nicht gewachsen war. Oder daß es sich um einen pädophilen Sadisten handelte. Mit einem hilflosen Kind wurde er fertig, einem kleinen Mädchen mit Zöpfchen und offenkundigem Vertrauen zu einem sehr entfernten Bekannten. Das heißt aber nicht automatisch, daß er ein Einzelgänger oder alleinstehend sein mußte. Er konnte durchaus verheiratet sein, dann aber vermutlich mit einer unreifen, möglicherweise hörigen Frau.

Doch da gab es auch einige Widersprüche. Einerseits hatte er ihren Kopf in einem Müllcontainer zurückgelassen. In solchen Fällen will der Täter meist seine Macht über das Opfer zur Schau stellen: sein Opfer ist nichts anderes als Müll, Abfall, und er hat das Recht, mit ihr zu verfahren, wie er will. Andererseits hatte er ihren Tod ästhetisiert. Der Schnitt war eines erfahrenen Metzgers würdig, er hatte dem Mädchen die Nase geputzt wie ein fürsorglicher Vater. Und dann ihre Zöpfchen und Schleifen. Bei diesem Gedanken konnte ich fast nicht weitermachen. Nach einer kurzen Pause hatte ich mich aber wieder gefaßt.

Er hatte ihren Kopf in einen Container gelegt, von dem er wissen mußte, daß er sortiert werden würde. Wollte er, daß man ihn findet?

Da waren noch mehr Widersprüche. Der rituelle Aspekt der Tat würde eigentlich für einen psychotischen Verbrecher sprechen. Aber der hier war nicht psychotisch. Psychotiker stiften Chaos. Ungeachtet dessen, was hinter der Geschichte mit den Knochen steckte: der hier war kein Psychotiker. Ein so gut organisiertes Verbrechen deutet eher auf einen Mann mit charakterpathologischem Verhalten. Psychotiker machen Unordnung. Sie begehen Verbrechen im Affekt und sind leicht zu fangen.

Ich hörte Sam zwar kommen, zuckte aber zusammen, als er plötzlich neben mir stand und auf seine Uhr schaute.

»Du mußt bitte entschuldigen, es hat viel länger gedauert, als ich erwartet hatte.« Er kaute Kaugummi. Ich warf verstohlen einen Blick auf meine eigene Uhr und mußte schokkiert feststellen, daß ich seit zwei Stunden in Forrest Hill war.

»Es ist okay, ich bin hier fertig.« Ich schaute ihn genauer an; er sah aus, als wäre er gerade aufgestanden. Sein Haar war ungekämmt, seine Sachen zerknittert – er sah ziemlich mitgenommen aus.

»Hart?« fragte ich.

»Nie do opisania. Unbeschreiblich«, antwortete er und ging auf sein Auto zu. Wie er aussah! Er muß sich in seiner Verzweiflung die Haare gerauft und seine Sachen mit verschwitzten Händen malträtiert haben.

»Kannst du nicht Techniker bekommen, um das Dach dort zu untersuchen?« Ich zeigte nach oben. Er drehte sich um, nickte zerstreut.

»Lisa hat gerade angerufen. Wir sollen sie jetzt gleich in der Kantine der Gerichtsmediziner treffen.« Er öffnete die Tür seines Mercedes, und die Scharniere knarrten langgezogen.

Er nickte zu meinem Jeep hinüber. Ich gehorchte ohne Widerrede.

Wir rasten jeder in seinem Auto in jenem verrückten Tempo durch die Stadt, wie Sam es hin und wieder braucht – Rot galt nicht für uns, überholen, wo man weder kann noch darf, und unter allen Umständen das Leben aufs Spiel setzen. Ich versuchte hinter ihm verzweifelt mitzuhalten, »als Sport«, redete ich mir ein.

Wir parkten im Keller unter der Polizeiwache, rannten die Treppen hinauf, raus, auf dem Bürgersteig die hundert Meter an der Straße entlang, und dann die Marmortreppe zu den Rechtsmedizinern hinauf. Wir nahmen den Fahrstuhl in den siebten Stock zur Kantine mit Blick über die gesamte Stadt.

Ich entdeckte Lisa sofort, sie saß allein an einem Vierertisch und winkte. Sie hatte den Tisch schon mit Tellern gefüllt, für sich. Auf dem großen direkt vor ihr lag etwas, das wie gebratenes Kalbsbries mit Pilzen in Sahne aussah, daneben auf einem kleineren Teller Spinatsalat und auf der anderen Seite ihr geliebtes Knoblauchbrot. Vor dem Bries stand ein Glas Weißwein, wahrscheinlich Orvieto Classico, ihr Favorit. Und wie immer sang sie zur Begrüßung ihr *Hejsan*, daß die Krümel nur so aus dem Mund flogen.

Wir setzten uns und schauten sie an. Sie kaute und zeigte dann lächelnd ein paar Krümel zwischen den Vorderzähnen.

»Wahnsinnig lecker!« sagte sie und wies in Richtung der Selbstbedienungstische.

Wir schüttelten synchron unsere Köpfe und erzählten, warum wir gerade keine Zeit zum Essen haben. Sie zuckte die Achseln und biß genußvoll in ihr Knoblauchbrot.

»Ich habe ein paar neue Erkenntnisse, von denen ich meinte, ihr müßtet sofort Bescheid wissen«, begann sie. Ihr Kopf bewegte sich bedeutungsvoll von Sam zu mir und wieder zurück. Sam holte sein Notizbuch hervor und schaute sie erwartungsvoll an.

»Erstens wissen wir inzwischen ...« Sie zog ein Blatt Papier hervor und schaute darauf, »... daß ihr Hals mit einer Motorsäge der Marke Fluger 230X durchtrennt wurde.« Triumphierend hob sie ihr Glas. »Dank an Anderson & Bergström.« Sie nickte zweimal in die Luft und nahm dann einen Schluck Weißwein.

Sam schrieb, aber sie schüttelte nachdrücklich den Kopf, schluckte den Wein und setzte das Glas ab. »Kundenlisten und so weiter kannst du dir gut und gern sparen, denn die Marke wird seit zehn Jahren nicht mehr produziert.« Sam warf den Bleistift beiseite und rollte die Augen. »Do diabła, kobito«, schien er zu spucken, und auch wenn weder Lisa noch ich ein Wort verstanden, so klang das doch beleidigend. Lisa sah ihn eindringlich an.

»Nun ja«, sagte sie, »du kannst die Informationen doch wohl trotzdem brauchen, oder?«

Er antwortete nicht, und Lisa fuhr fort.

»Dann steht fest, daß der Täter Kannibale ist.« Sie stoppte, um zu sehen, ob diese Aussage bei uns eine Wirkung zeigte, aber vermutlich starrten wir nur vor uns hin, deshalb fuhr sie fort:

»Sie fanden Spuren von Suppenwürfeln, Gemüsebouillon. Und Mohrrüben und Zwiebeln und Porree. Du brauchst also nur den Mageninhalt deiner Verdächtigen checken zu lassen, Berkovic.« Sie hielt die Hände vor den Mund, und ich konnte an ihren Augen sehen, daß sie kurz davor war, zu grinsen. Warum nicht, dachte ich und entdeckte plötzlich, daß aus meinem halboffenen Mund so etwas wie ein Kichern drang.

»Dazu paßt auch die Länge der Knochenstücke. Nicht eines war länger als 20 cm – er wollte sie wohl in einen Kochtopf bekommen.«

Keiner sagte ein Wort. Ich konnte die Augen nicht von Lisas Kalbsbries abwenden, bei dem sie mit dem üblichen Appetit zulangte. Mir war so verdammt übel.

Sam wirkte erschöpft. »Vorläufig interviewen wir um die vierhundert Menschen, und es gibt keinen, den wir ›verdächtig‹ nennen. Wir müssen eine *etwas* kürzere Liste haben und etwas, das einem begründeten Verdacht ähnelt, pierdołony idiota, ehe wir anfangen, den Mageninhalt zu checken, würde ich sagen.« Er starrte mich an. Das bedeutete, ich war an der Reihe, die Liste mit meinem Profil zu verkürzen, um begründeten Verdacht zu erheben. Ich schloß die Augen zum Zeichen, daß ich verstanden hatte. Dann schaute er Lisa an. »Hast du noch mehr?«

»Du bist heute ein bißchen komisch, oder?« Sie schaute ihn neckisch an.

»Wären es nur die Toten, mit denen ich reden müßte, Lisa, dann hätte ich sicher bessere Laune – hast du noch was?«

»Yeah«, sagte sie und zog einen Zettel aus ihrem grünen Kittel. »Es gab kein fremdes Blut, dafür massenweise Fasern, die wir aber nicht brauchen können, weil sie in einem Container lagen – aber!« Sie blickte auf den Zettel. »Ich fand einen 1x2mm großen Zipfel eingetrocknete Wandfarbe auf ihrem linken Ohrläppchen. Es kann sich dabei um folgende Produkte handeln: ›Lutex 16‹ oder ›Væggo 23‹. Graupigmentierungsgrad 611.«

»Gab es im Container keine Farbe oder Farbreste?« fragte Sam.

»Nada!« Sie lächelte uns breit an und erwartete offenkundig Applaus.

»Na? Bekomme ich jetzt einen Kuß?«

Sam knurrte etwas, küßte sie dann aber flüchtig auf die Stirn.

Ich schaute auf meine Uhr und erschrak, wie spät es war. Das mit dem Lunch hatte mich verwirrt, denn ich hatte vollkommen vergessen, daß Lisa erst spät am Nachmittag Lunch ißt, wahrscheinlich weil sie ohnehin den ganzen Vormittag futtert. Ich mußte den Flieger nach Glasgow erreichen und dafür um 18.30 Uhr am Flughafen sein. Da hatte ich gerade noch genug Zeit, nach Hause zu kommen und mich umzuziehen, aber nicht für mehr. Ich stand auf und entschuldigte mich, Sam tat es mir gleich, sagte, er habe es eilig. Er hätte vor einer Stunde bei Bertal Sifh sein sollen, dem Mann der erschossenen Frau. Und dann wartete noch immer eine Aufgabe bei Ellen Froshs Eltern auf ihn. Die wußten bisher noch nichts von den Knochen.

»Es gab selbstverständlich keine Fingerabdrücke?« fragte ich, während ich den Mantel anzog.

Lisa schüttelte den Kopf. Fingerabdrücke auf Haut waren immer schwer zu identifizieren, aber nicht unmöglich, und ich rechnete stark damit, daß dieser planvoll agierende Mann Handschuhe angehabt hatte.

»Was ist mit unserem Essen, Liebling?« rief Lisa quer durchs Lokal, das zum Glück halbleer war.

Allein bei dem Gedanken war ich völlig erschöpft. »Kann ich im Moment überhaupt nicht übersehen.«

Sie zuckte die Achseln. »Mist. Falscher Beruf.«

Schweigend gingen wir auf die Straße und in die Tiefgarage. Als wir zu den Autos kamen, fragte Sam, wann er ein Profil bekäme. Ich hörte eine Spur Ungeduld heraus, versprach aber, daß ich es morgen nachmittag liefern würde. »Es eilt übrigens nicht«, sagte ich. »Vorläufig wird er nichts Derartiges mehr unternehmen.«

Vielleicht stimmte das, aber es war natürlich kühn, so etwas zu sagen.

Sam schaute mich fassungslos an. »Es eilt sehr«, sagte er wütend. »Ich erzähle keinem weiteren Elternpaar, daß der Kopf ihrer Tochter in einem Müllcontainer gefunden worden ist. Wenn ich das Profil nicht bis spätestens morgen 15 Uhr habe, dann kannst du die nächsten Eltern gern selbst besuchen.«

Er setzte sich ins Auto und knallte die Tür zu.

Als ich nach Hause fuhr, spürte ich das Adrenalin in den Adern prickeln. Ich hatte Rosa versprochen, den Bericht für »Das Europäische Zentrum für verschwundene und mißbrauchte Kinder« fertig zu machen. Mir fehlte noch immer das finnische Telefonprofil. Ich hatte Cormio Vittantonio noch nicht angerufen. Ich hatte den Vortrag heute abend nicht vorbereitet, und das war keiner von denen, die ich im Schlaf herbeten konnte. Wahrscheinlich waren nicht einmal meine Notizen zu finden, ich hatte keine Ahnung, wo ich suchen sollte. Ich plane immerzu ein Archivierungssystem, das funktioniert. Erfolglos, bisher.

Ich hupte das Auto vor mir an, das sich trotz grüner Ampel nicht bewegte. Ich konnte mich nicht einmal daran erinnern, was morgen anstand, und mußte meinen PDA zu Rate ziehen, als ich vom Zentrum aus den breiten Boulevard hinunterfuhr, dem schnellsten Weg zu meinem friedlichen West-Viertel. Morgen mußte ich von 9 bis 11 Uhr unterrichten, um 11.15 Uhr war Examensplanung und Koordinierungssitzung, Sitzungen, die lange im voraus vereinbart worden waren. Ich mußte auf jeden Fall Sams Deadline einhalten. Es macht mir nichts aus, Menschen zu enttäuschen. Nur bei Sam geht das nicht. Und ich mußte bald mal wieder einen Mann im Bett haben, sonst würde ich noch ganz vor die Hunde gehen. Ich checkte meinen Anrufbeantworter, und da traf ich bei der ersten Nachricht den Jackpot. Francis Zanf hatte angerufen und seine Telefonnummer hinterlegt und bat mich, schnellstmöglich zurückzurufen. Darauf folgte eine Nachricht von meinem bibelfesten Geriatriker: *»Ich fürchte, daß mein Gott, wenn ich zu euch komme, mich wieder bei euch demütigen wird, und ich habe Kummer um die vielen, die früher gesündigt und nicht die Unkeuschheit und Unzucht und die Schwelgerei bereut haben, die sie getrieben haben.«* Darauf folgten einige Vorwürfe meines Vaters in gewohnt selbstmitleidigem Tonfall. Und dann kam eine ganze Batterie von Autoren und jungen Leuten, deren Telefonnachrichten ich vor ein paar Tagen verbrannt hatte. Den Schluß bildete Sonia mit einer Essenseinladung zu Kalbsentrecôte, zart gebraten mit einem Traum von Pilzen, dazu ein genau passender Burgunder, punkt neunzehn Uhr. Ich löschte alles, rief Francis Zanf an und bat ihn, um 23.15 Uhr zu kommen. Wenn es mit dem Verkehr glatt ging, und das tat es so spät am Abend eigentlich, könnte ich es schaffen, um 23 Uhr zu Hause zu sein.

## 9

»Frauen gegen Gewalt« sind bestimmt am ehesten als »retro« zu bezeichnen – das war auf jeden Fall der Ausdruck, den wir benutzten, als ich jung war. Eine Ansammlung von Alt-Feministinnen, und die sind so verdammt orthodox. Nach ein paar Stunden in ihrer Gesellschaft werde ich üblicherweise ganz rastlos und bekomme eine unbändige Lust, sie so zu reizen, daß sie vom Stuhl fallen. Deshalb war es gut, daß ich aus der Tür hinaus und in den Flieger hinein eilen mußte, damit ich vor Francis Zapf ankommen würde. Eine Runde Fragen gestattete ich ihnen gerade noch, genug Zeit, um Verständnisfragen zu beantworten, aber kurz genug, um persönliche Fragen zu umgehen.

Feministinnen ... ja klar, ich sympathisiere. Ich bin selbst eine Femi, teilweise – eine Femi light, könnte man vielleicht eher sagen? Aber ich habe Schwierigkeiten, das *ganze* Paket zu kaufen. In den Augen dieser Radikalemanzen verleugne ich nämlich meine Weiblichkeit, weil ich kinderlos bin und sterilisiert – woher sie das wissen? Ich bin eine öffentliche Person, erscheine oft in Klatschspalten und habe so gut wie kein Recht auf Wahrung meiner Privatsphäre. Deshalb ist es auch ein öffentliches Geheimnis, daß ich begeisterte Anhängerin der plastischen Chirurgie bin. Außerdem finden sie mich »unnatürlich«. Feministinnen glauben, daß man in Anmut und Würde altern und sein Alter »akzeptieren« müsse. Das finde ich nicht. An dieser Welt ist nichts Natürliches mehr, und ich bin zu keinem netten Gespräch bereit mit den Anhängern kleiner Oasen von Natürlichkeit in Form von langen schmerzvollen Geburten zum Beispiel oder fettleibigen Gestalten. Und im übrigen weiß ich zufällig, daß sowohl die Vorsitzende von »Frauen gegen Gewalt« als auch die Kassiererin mehrere in-vitro-Kinder haben. Da ist es dann doch auch wirklich egal, ob sie zu Hause sitzen und »natürliche« Menstruationsbinden aus reiner Baumwolle häkeln.

Und wenn die wüßten ... einige Geheimnisse habe ich ja doch. Wenn sie zum Beispiel wüßten, *wie* groß der Anteil plastischer Chirurgie an meinem durchaus ansprechenden Äußeren ist, dann würde ich auf der Vorderseite der bunten Blätter ausgestellt, Fannystein genannt werden und nie mehr Einladungen wie diese hier bekommen: »Frauen gegen Gewalt« zu einem Preis von 5.000 Euro. Daß sie nicht langsam Verdacht schöpfen, ist mir ein Rätsel. Denn jeder, der Zeitung liest und ein gewisses Gefühl für Zeit hat, könnte sich leicht ausrechnen, daß ich schon verdächtig lange als Fünfunddreißigjährige unterwegs bin. Sicher, man munkelt. Aber direkt werde ich nur selten gefragt. Vor ein paar Jahren lautete einmal eine Überschrift im ›Cornwell Post Standard‹: DR. FANNY FISKE FOREVER?

Der Artikel brachte Bilder von mir aus den 1970er Jahren, die auf bemerkenswerte Weise denen glichen, die heute oft die Zeitungen schmücken. Viele Spalten widmete man reiner Zahlenakrobatik. Herausgekommen ist dabei nichts.

Ich habe vier Faceliftings hinter mir und mehr Laserliftings, als ich mich erinnern kann. Dazu kommen ein paar Stirnliftings. Ich habe mir an allen Gelenken straffe Haut gekauft mit dem Messer, und alle sechs Monate bekomme ich in die Zornesfalte zwischen den Augenbrauen »Restylane« injiziert. Wenn nötig, nehme ich diese Behandlung auch für die Raucherfältchen über den Lippen. Wenn ich Zeit habe, bekomme ich jede Woche eine Ganzkörper-Behandlung mit »Aschenputtelampullen«, die auch an den Händen wahre Wunder bewirkt. So ist das. Und das ist so, weil ich mich nicht damit zufrieden geben will, daß Frauen ein aktives Leben nur so lange zugestanden wird, bis sie die Vierzig erreicht haben. Schlimm genug, daß wir alle sterben müssen, aber daß man sich als begehrenswerte Frau obendrein mit einer so kurzen Halbwertzeit zufriedengeben soll, das muß man nicht akzeptieren.

Als ich um die Neunundddreißig war, hörten die Männer langsam auf, hinter mir herzusehen. Als ich zum ersten Mal abgewiesen wurde, faßte ich meinen Entschluß, und ich habe ihn nie bereut. Bei meiner Arbeit habe ich schließlich keine Zeit für Strategien, und vergeude sie lieber nicht damit, erst mühsam und langwierig jemandem den Hof zu machen. Mein Opfer muß wie der Pawlow'sche Hund auf meine Reize reagieren; auf meinen Charme, meine Persönlichkeit, meine körperlichen Vorzüge. In den Zeiten, in denen ich nicht arbeite, soll ganz einfach ein Mann in meinem Bett liegen. Und zwar nicht irgendeiner, ich will keine alten, impotenten Männer mit knisternder Papyrushaut, gelben Zähnen und Glatze.

Deshalb – den Feministinnen, die mich anklagen, »die ewige Jugend zu feiern« – muß ich sagen: Ich richte mich nur in der Wirklichkeit ein, und die justiere ich gern nach *meinen* Bedürfnissen.

An all das dachte ich natürlich nicht, während ich vom Manuskript ablas (etwas, das ich sonst nie tue – ich kann in der Regel meine Vorträge auswendig). All das in meinem Hinterkopf durchzugehen dauerte genau die Sekunde, die ich brauchte, um meine Unterlagen aus der Kalbsledertasche zu holen.

Während ich mechanisch ablas und den Fall um Monte Rissell noch mal durchging – welche Gedanken er sich machte, als er eine Prostituierte vergewaltigte, die den Anweisungen der Polizei gefolgt war und so tat, als ob sie es genoß, woraufhin er sie in einem Wutanfall umbrachte – da spielte ich im Hinterkopf das Stichwort Kannibalismus durch. Ich glaubte in unserem Fall aber nicht an Kannibalismus. Unser Mann wollte sich produzieren, uns schockieren. Außerdem waren Kannibalen meist Psychopathen, und das war er sicherlich nicht. Ich hatte Loretta Adaboy vom Researchzentrum um eine Suche in den Datenbanken nach kannibalischen Sexualverbrechern in der westlichen Welt innerhalb der letzten vierzig Jahre gebeten. Als ich auf dem Cornwell International in der Schlange zum Sicherheits-Check stand, zog ich die Liste hervor und warf einen kurzen Blick darauf. Sie landete sofort im Abfalleimer, wo ich sie anzündete, ehe wir an Bord gingen, denn das war alles viel zu lange her und viel zu weit weg von unserem Fall. Selbstverständlich konnte ich das nicht mit Sicherheit wissen, aber mein Gefühl sagte es mir in ziemlich großen Buchstaben, und darauf kann ich mich für gewöhnlich verlassen.

Ich selbst war nie mit Fällen in Kontakt gekommen, in denen die sogenannte Anthropophagie eine Rolle spielte. Aber ich erinnere mich an zwei. Der eine stammt aus der Zeit um 1977 und hieß allgemein der »Vampirfall«. Ich kannte den verantwortlichen Kriminalkommissar, Ray Biondi, besonders gut, und er gab mir täglich telefonisch Details durch, so daß ich den Appetit verlor und vom ständigen Kopfschütteln Kopfschmerzen bekam. Das Schwein war hinter jungen Frauen hergewesen, die er umbrachte. Seine sexuelle Motivation wurde erkennbar anhand der Art und Weise, wie er die Leichen verunstaltete. Seine anderen Aktivitäten waren so bizarr, daß die Polizei die Morde mit Leichtigkeit miteinander in Verbindung bringen konnte. Und obwohl es ihm vor allem um das Blut der Opfer ging, gab es nur wenig Körperteile, die er nicht probierte. Ich hatte wirklich keine Lust, einen kurzen und angenehmen Flug zu benutzen, um mir Details ins Gedächtnis zurückzurufen, die so unappetitlich waren – und so irrational. Er glaubte, daß fliegende Untertassen durch eine Art Bestrahlung sein Blut austrockneten, weshalb er, um zu überleben, sich ständig neues Blut beschaffen mußte. Ein echter Psychopath, und als solcher hinterließ er auch einen Haufen physischen Beweismaterials an den Tatorten. Überhaupt benahm er sich, als ob es ihm gleichgültig wäre, ob er gefaßt würde oder nicht. Er lebte ganz in seiner eigenen Welt.

Der andere Fall, an den ich mich erinnere, handelte von Jeffrey Dahmer, der 1991 gefaßt wurde. Er mordete, sodomisierte, verstümmelte, zerschnitt, zersetzte, vergrub und aß oder legte seine Opfer in den Gefrierschrank – siebzehn Männer und Jungen. Er war in seinem ganzen Verhalten, auch im Umgang mit den Leichen, so nachlässig und grenzenlos, daß ich glaube, der einzige Grund, warum er nicht das Prädikat »psychotisch« bekam, war der, daß die Geschworenen den Sicherheitsvorkehrungen einer Nervenklinik nicht trauten. Sie wollten ihn lieber hinter topsichere Gitter bringen.

Als BA871 aus Glasgow auf Cornwell International landete, säuberte ich mein Gehirn von den Bildern, die die Geschichten ausgelöst hatten, und richtete die Gedanken ganz auf Francis Zanf. Oder ich versuchte es – tatsächlich konnte ich mich momentan nicht einmal mehr daran erinnern, wie er aussah.

## 10

Francis war ein sehr ansprechender junger Mann, und trotz seiner fieberhaften Grippe war er ein tadelloses Erlebnis. Als mich der PDA mit den wichtigsten Neuigkeiten aus aller Welt weckte, hörte ich ihn leicht schnarchen.

Als Top-Nachricht des PDA wurde mir aus der Prominenten-Kolumne des ›Cornwell Bugle‹ vorgelesen: »Dr. Fanny Fiske, als leichtlebige Promi bekannt, ist zutiefst beunruhigt über den Telefonterror, dem sie zur Zeit ausgesetzt ist. Verzweifelt bittet sie die Redaktionen der lokalen Tageszeitungen um Unterstützung bei der Ermittlung des Täters. Ein nicht sehr leichtes Unterfangen – tummeln sich doch in Dr. Fiskes Leben stets 111 glattrasierte Männer, deren Ruf nur mäßig befleckt ist ...« Ich schaltete ab und starrte wütend an die Wand. Für den letzten Satz würde Hanif bezahlen, aber das mußte warten.

»111. Schön wär's.« Ich sprang aus dem Bett und machte grimmig sechzig Liegestütze. Langsam, aber sicher war ich es leid, in den Klatschspalten der Zeitungen die Rolle der Nymphomanin zu geben. Sie hatten einmal behauptet, ich hätte jede Nacht einen neuen Mann zur Probe. Und seit Jahren nannten sie mich die »Prinzessin auf der Erbse«, denn wenn ich jede Nacht einen neuen Mann hätte, müßte mit meiner Matratze etwas nicht in Ordnung sein.

*Nymphoman.* Das klingt wie eine Krankheit. *Casanova, Freund der Damen* – das klingt dagegen amüsant.

Es war zum Totumfallen.

Aber nun ging es um das Programm des heutigen Tages, ermahnte ich mich selbst, und bereits als ich auf die Beine kam, meldeten sich verschiedene Mißmut-Symptome wie Nervosität und Prickeln in den Gelenken. Die Gedanken wimmelten mir durch den Kopf. Das Telefon klingelte, ich ignorierte es. Ich schaute auf Francis. Er sah reichlich erhitzt aus.

Ich legte ihm eine Hand auf die Stirn: glühendheiß. Ich sollte ihn lieber schlafen lassen. Das Telefon klingelte schon wieder, aber ich schaffte es nicht, das Gespräch entgegenzunehmen. Dann summte der PDA. Sollte ich mich krank melden? Nein, das wäre schlechter Stil. Aber dennoch das beste Angebot, das meine morgendliche schlechte Laune für mich hatte.

Ich ging ins Bad, und noch mehr quälende Gedanken schoben sich in mein ohnehin schon gebeuteltes Bewußtsein. Ich hörte das Telefon noch einmal klingeln, beschloß aber, wenn ich ein Bad nahm, es nicht hören zu können.

Ungeduldig trocknete ich mich ab, cremte mich notdürftig ein, und ohne daran zu denken, was ich an dem Tag zu tun hatte, zog ich mich an. Ein cremefarbenes Jerseykleid mit ausgepolsterten Schultern. Schwarze Nylonstrümpfe, schwarze Pumps, einen schlichten goldenen Klunker an den Kragen. Zum Frühstücken hatte ich keine Lust. Statt dessen schnappte ich mir die finnische Akte vom Küchentisch und legte sie in die Kalbsledertasche, für den Fall, daß ich zwischen Unterricht und Konferenz ein paar Minuten Zeit haben würde. Das Telefon klingelte schon wieder, als ich mit dem Mantel über dem Arm die Tür öffnete und in Eisiks säuerliches Gesicht schaute. Stand er draußen und lauschte? Ich lächelte zuvorkommend und sagte:

»Ja?« Denn warum an einen notorisch stummen Mann Worte verschwenden?

Er zuckte nur die Achseln, drehte sich um und ging den Gartenweg hinunter, Richtung Schubkarren, der an seinem Ende bereitstand. Auf dem Weg zum Auto rief ich:

»Wenn Sie Kaffee kochen wollen, seien Sie bitte leise. In meinem Bett liegt ein schlafender Mann.«

Eisik hatte Schlüssel zum Haus, so daß er sein Frühstücksbrot drinnen essen und sich eine Tasse Kaffee kochen konnte. Vielleicht war das ein Fehler. Vielleicht sollte ich dem Alten nahelegen, sich seine altmodische Thermoskanne gefüllt mitzubringen und sein Brot in seinem Schrottauto zu essen.

Ich schaute auf die Uhr, als ich das Auto wendete, und fuhr dann hoffnungsvoll den Hügel hinunter zum Boulevard. Bei üblichem Verkehr bliebe mir vor dem Unterricht eine Viertelstunde für eine Tasse Kaffee und den Fall. Ich gab Gas und war überzeugt, daß ich bei konzentrierter Fahrweise und Heraufsetzung meiner Marschgeschwindigkeit vielleicht fünf Minuten herausschinden könnte. Damit hätte ich ganze zwanzig Minuten zu meiner Verfügung gehabt. Gegen meinen Willen mußte ich leider an einer der dauerroten Ampeln halten, die am Rande Cornwells stehen, gleich dort, wo sich die Autobahnen einzufädeln beginnen. Ich nutzte die Zeit, um Rosa anzurufen und sie zu bitten, eine Kanne schwarzen Kaffee auf meinem Schreibtisch zu deponieren und mein Telefon und meinen PDA bis 14 Uhr zu sich umzustellen.

Als ich im Matsch vor dem Institut für Kriminologie parkte, schaute ich auf die Uhr und stellte fest, daß ich 19 Minuten vor mir hatte, die nur mir gehörten, deshalb lief ich so schnell, wie meine Pumps es erlaubten, und saß nach weniger als einer Minute auf meinem Schreibtischstuhl, in der Hand hielt ich eine Tasse frisch gebrühten, heißen Kaffee. Ich schälte mich aus dem Mantel und zog die Helsinki-Akte hervor.

Klassischer Lustmord. Klassischer Psychopath. Standardware.

Um 9 Uhr rief ich diesen Jyrki Katajainen an und erzählte ihm, wen er festnehmen solle. Das erleichterte schon mal. Um 9.14 Uhr legte ich auf und suchte nach meinen Notizen für die bevorstehende Vorlesung in Viktimologie. Ich würde meine Notizen nur brauchen, falls ich eindöste, aber dabeihaben mußte ich sie. Es war 30 Sekunden nach 9.15 Uhr, als ich den überfüllten Vorlesungssaal betrat. Lauter gestandene Kriminalbeamte aus allen skandinavischen Ländern. Deren Vorgesetzte waren der Meinung, sie alle hätten eine Auffrischung nötig.

Klassischer Vortrag. Klassische Polizisten. Standardware.

Und die Sitzung anschließend hätte in der Hälfte der Zeit überstanden sein können. Ich hoffte nur, die anderen bemerkten nicht, daß ich Gedankensplitter zu Ellen Frosh auf meinen Notizblock kritzelte, statt ihnen aufmerksam zuzuhören.

Klassische Sitzung. Klassische Zeitverschwendung. Standardware.

Um 14 Uhr trat ich zu Hause durch die Tür und sah sofort, daß die Tür zum Hamsterkäfig offenstand. Der Hamster war weg. Hatte ich wieder vergessen, ihm Futter zu geben? Aber ich meinte doch, ich hätte. Hatte ich? Hatte er sich aus reinem Hunger hinausgeboxt? Oder war er ein ganz Wilder, der es leid war, im Käfig eingesperrt zu sein? Ich schaute mich kurz um, entdeckte aber keine Spur von ihm und entschied, daß ich keine Zeit hätte, den Hamster jetzt gleich zu jagen. Ich notierte mir auch das Blinken des Anrufbeantworters, mußte aber auch das ignorieren. Schließlich wollte Sam in nur zwei Stunden wissen, welcher Typ Mann Ellen ermordet hatte. Ich schnappte mir die Flasche mit dem Calvados, die auf dem Kühlschrank stand, goß mir einen ordentlichen Schuß in mein Brandyglas und kippte es hinunter.

Ich nahm die Kalbsledertasche mit in mein Arbeitszimmer und setzte mich. Griff mir ein weißes Stück Papier und legte es auf den Tisch. Öffnete die oberste Schreibtischschublade und holte meinen uralten Montblanc heraus. Mit ihm in der Hand starrte ich auf das Papier. Das Telefon klingelte, ich versuchte es zu ignorieren. Dann summte der PDA. Ich deaktivierte ihn.

Tatsachen. Ich hatte keine Leiche im eigentlichen Sinne. Ich hatte keinen Tatort. Ich hatte nur äußerst allgemeine Vermutungen. In erster Linie fehlte mir sowohl ein Motiv als auch eine Signatur. Ich hatte keine Ahnung, wie der Verbrecher sein Verbrechen begangen hatte – ich wußte weder, wie er sein Opfer von zu Hause weggelockt, noch wie er es umgebracht hatte. Und ich wußte nicht, *warum* er es getan hatte: Was befriedigte ihn an dieser Tat, auch sexuell? Daß es sich hier um ein Sexualverbrechen handelte, davon immerhin war auszugehen.

Wenn ich sage *warum*, dann spreche ich vom Motiv. Wenn zum Beispiel die Polizei Nachforschungen bei einem Einbruch anstellt, in dessen Verlauf der Bewohner vergewaltigt und ermordet wurde – war dann das primäre Motiv Einbruchdiebstahl, Vergewaltigung oder Mord? Das ist meist aus dem Kontext zu erschließen. Auf der Suche nach dem Verbrecher muß ich vor allem das Motiv entschlüsseln. Auch das verweist auf den Typus des Täters.

Im Fall Ellen Frosh hatte ich keine Ahnung, was geschehen war. Der Täter hatte keinerlei eindeutige Spuren hinterlassen, die ich verhaltenspsychologisch auswerten konnte. »Je spurloser und allgemeiner ein Verbrechen ist, desto schwerer ist es aufzuklären«, sagte Sherlock Holmes – aber man konnte ja nun nicht behaupten, daß an diesem hier etwas allgemein war. Es gab durchaus Spuren. Das Problem war nur, daß sie so diffus waren, daß für ein überzeugendes Profil zu große Deutungsspielräume blieben. Das Telefon klingelte, und ich ließ es klingeln.

Und nur weil das Opfer ein Kind war, konnte ich nicht automatisch davon ausgehen, daß der Täter pädophil war. Es konnte ebensogut ein Mann sein, dessen persönliche »Unzulänglichkeit« ein leichtes Opfer verlangte. Kinder haben ein unbegreifliches Vertrauen, und überdies sind sie physisch vollkommen wehrlos.

Was wußte ich also – was konnte ich wissen?

*Ellen hatte ihn gekannt.*

*Er war aus der Stadt.* Das folgte beinahe logisch aus der Tatsache, daß sie ihn kannte – und er das Haus.

*Das Verbrechen war geplant.* Davon kündete die Plazierung des Lochs in der Hecke – überhaupt deutete die Tatsache, daß er ein solches präzises Loch geschnitten hatte, auf keine plötzliche, spontane Eingebung hin, auf das, was wir ein situationsbedingtes Verbrechen nennen.

*Er war ein erfahrener Handwerker.* Das ging klar aus dem vollkommenen Loch in der Hecke hervor und aus der Art, wie der Kopf abgetrennt worden war. Aber selbstverständlich konnte er auch Hobbyhandwerker sein, ein Bürohengst, der in seiner Freizeit Segelschiffe baute.

*Er war außerordentlich penibel,* zwangsneurotisch, wahrscheinlich im Hinblick auf Sauberkeit – Sauberkeit, Reinlichkeit, eventuell auch in übertragener Bedeutung: Reinheit. Und hier fielen mir die kirchlichen Motive ein: das Loch in der Hecke, das an ein Kirchengewölbe erinnerte, die Knochen, die auf einem Friedhof abgelegt worden waren. Es war nicht unwahrscheinlich, daß hier Religiosität im Spiel war. Vielleicht hatte er einen direkten Draht zu Gott, der ihm half, sein Verbrechen zu »legitimieren« – vielleicht glaubte er, er habe Gott geholfen, diese reine Seele in den Himmel zu bekommen, ehe sie sich beschmutzte. Das gab es häufig als Tat-»Motiv«. Vielleicht war sie sein Opferlamm gewesen.

Dann hatten wir einen *symbolischen Schauplatz*, den sollte man immer im Auge behalten. Inzwischen gab es ja noch mehr Schauplätze. Da war der Abfallkorb auf dem Friedhof – und dann der Ort, an dem sie umgebracht worden war. Das war der entscheidende Schauplatz, aber wo war der?

Ich notierte, daß das Frosh-Haus überwacht werden müßte, auch der Friedhof in der Gegend des Abfallkorbs, und unter allen Umständen das Begräbnis des Mädchens, wenn das irgendwann einmal stattfinden konnte. Während ich das alles aufschrieb, war mir vollständig klar, wie überflüssig das war. Sam würde diese Überwachungen gleich einem natürlichen Reflex anordnen. Ich dagegen hatte ihnen nichts, aber auch gar nichts anzubieten. Und so schrieb ich wahllos alles auf: Worte, Worte, Worte, nur um zu maskieren, daß es nichts zu sagen gibt.

*Er hatte ein Auto*. Wenn er kein Auto gehabt hätte, hätte er da nicht zu Fuß gehen müssen? Und wäre er dann nicht gesehen worden? Niemand hatte irgend etwas gesehen.

Das Telefon klingelte. Ich zog den Stecker raus.

*Er hatte beträchtliche Erfahrung.* Dies hier war bei weitem nicht sein erstes Verbrechen. Das ging schon aus seiner gründlichen Planung deutlich hervor. Auch dieser Zustand der Leiche wies auf eine komplizierte Phantasie hin, die unterschiedliche, vielleicht auch weniger komplizierte Verbrechen hinter sich haben muß. Die Polizei muß also alle in jüngster Zeit aus der Haft entlassenen Sexualverbrecher überprüfen.

Vor diesem Hintergrund vermutete ich sein Alter bei *Mitte bis Ende dreißig.* Vielleicht noch älter. Statistisch gesehen sind diese Jungs zwischen fünfundzwanzig und fünfunddreißig, aber er hier war schon lange dabei.

Daß er sich kannibalistisch an der Leiche verging, glaubte ich noch immer nicht. Ich konnte durchaus sehen, daß vieles darauf hindeutete, aber dieses Element paßte einfach nicht zum übrigen. Es ging nicht auf. Und: Es schien mir wichtiger, sich auf seine Penibilität zu konzentrieren. Wenn das sein Antrieb war, konnte man sicher sein, daß er aus *Geltungssucht* handelte. Er wollte gerne zeigen, wie gut er war – in allem, was er tat. Und besonders darin, der Polizei eine lange Nase zu drehen. Er hatte ja nicht zufällig überhaupt keine Spur hinterlassen. Keine Zeugen, keine Fasern, kein Blut, kein Sperma – nichts.

Deshalb war ich sicher, daß er hier, wie Dutzende dieser Typen vor ihm, seinen Kick daraus bezog, das System herauszufordern und die Polizei zu verunsichern.

Er hatte den Kopf in einen Container gelegt, von dem er

wußte, daß sein Inhalt sortiert werden würde. Und er hatte die Knochen in einem niedrigen Abfallbehälter bei einer Bank in einem öffentlichen Park untergebracht, wo sie bestimmt gefunden werden würden. Er führte uns alle an der Nase herum. Er sagte: *Seht her, was ich kann!*

Ich seufzte wieder und blickte auf das Papier, auf dem in wilder Unordnung die Stichworte standen. Ich fühlte mich auf einmal gänzlich untalentiert.

Intelligenz. Er war *begabt*. Aber er war zu aggressiv, um mit seiner Begabung sinnvoll umgehen zu können. Deshalb litt er an Minderwertigkeitsgefühlen. Deshalb wollte er sich Geltung verschaffen: Bei dieser Tat konnte jeder sehen, wie gut er war.

Ich warf den Montblanc weg, stand verärgert auf und ging in die Küche. Mir war fast, als käme mir der Calvados aus der Flasche von selbst entgegen und ergösse sich aus reinem Mitgefühl in mein Glas. Ich war vollkommen draußen, saß da und betete Statistik herunter. Ich konnte ebensogut auf diese Weise weitermachen, denn mehr hatte ich ja offenbar nicht zu bieten.

Laut Statistik waren Verbrecher mit pathologischen Verhaltensmustern, die organisierte, geplante Verbrechen begingen – und daß das für diesen Fall zutraf, hatte ich ja entschieden –, verheiratet oder lebten mit jemandem zusammen. Danach fuhr er einen Mittelklassewagen, vielleicht einen Kombi von dunkler Farbe. Der wäre sauber und gepflegt. Wenn er wollte, könnte er irgendeinen Job haben, seiner Intelligenz entsprechend. Aber er würde sich von einer männlich dominierten Arbeit angezogen fühlen, wahrscheinlich wäre er Handwerker. Es würden ferner frühere Festnahmen oder Geldbußen existieren, wahrscheinlich für minder schwere Sexualdelikte. Er könnte ebensogut Gewaltverbrechen begangen haben, möglicherweise auch sadistischer Art. Überhaupt gehören zu diesem Täter-Typus oftmals sexuelle Sadisten. Es ist genau dieser Cocktail aus sexuellem Sadismus und pathologischem Verhalten, der für Serienverbrecher typisch ist.

Ich war unzufrieden mit mir. Auch nach sechs Zentilitern Calvados war ich sogar enorm unzufrieden mit mir. Ich hatte keine Ware abzuliefern. Ich konnte kein Profil anbieten, das über das Naheliegende, Altbekannte, Einleuchtende hinausging. Aber was konnte Sam auch erwarten? Ich bezwang mich und wurde nicht wütend auf Sam, der natürlich zu recht etwas Brauchbares erwartete. Ich hatte aber definitiv nichts, worauf ein Profil basieren konnte. Ich war keine Hellseherin, und wenn es das war, was er in Wirklichkeit glaubte, ja also dann würde er heute endgültig den Beweis für das Gegenteil bekommen.

Ich fühlte mich miserabel.

Ich ging in mein Arbeitszimmer zurück und nahm mir Ellens Akte vor. Ich zog ihr Bild heraus, legte es vor mich auf den Tisch und starrte auf ihr hübsches, frohes Kindergesicht. Warum hatte er sie ausgewählt? Warum gerade sie und nicht den Nachbarn? Oder ein Mädchen aus dem Ostviertel? Waren die dort nicht so hübsch? Nicht so schön angezogen? Nicht so sauber geschrubbt? Hatte er sie gewählt, weil sie so klein war? Und weil er sie kannte? Weil sie – und das Haus – zugänglich gewesen waren?

Sam hatte mir versichert, daß Ellen ein ganz gewöhnliches zehnjähriges Mädchen war, das ganz gewöhnliche Dinge tat und ganz gewöhnliche Gewohnheiten, Freunde, Eltern hatte – sie war einfach nur ganz gewöhnlich hübsch und süß. Das Schwein hatte Zugang zu ihr gehabt. Das war der Grund, warum er sie ausgesucht hatte.

Es gab keinerlei Anzeichen von unkontrollierter Wut. Abgesehen davon, daß diese Mordart bereits die ultimative Manifestation von Wut darstellte. Er hatte ihr Gesicht nicht zerstört, sondern ihre Menschlichkeit darin bewahrt. Er hatte sie sogar hübsch zurechtgemacht, hatte sie um die Nase herum gesäubert und sorgfältig sichergestellt, daß ihre Zöpfchen tadellos saßen. Dennoch hatte er ihren Kopf in einen Abfall-Container geworfen, wie wertlosen Müll. Das alles machte keinen Sinn.

Es gab auch keine Anzeichen von Gewissensbissen – es sei denn, ihre Reinigung sollte ein Versöhnungsritual darstellen. Je mehr ich über Ellen Frosh nachdachte, desto verwirrter wurde ich. Mit diesem Fall stimmte etwas nicht, sagte mir mein Gefühl. Das lag nicht nur daran, daß ich nicht genug Material hatte, um damit zu arbeiten – irgend etwas stimmte hier ganz und gar nicht. Es gab zu viele Widersprüche.

Ich schloß die Augen und versuchte, ein Bild vom Täter hervorzulocken. Ich schaute auf die Hecke. Noch war sie intakt. Jetzt kam ein Mann heran, ich sah ihn von hinten, er hielt eine Baumschere in der Hand. Er trug beige Sachen, er ging leicht vorgebeugt, wie ein alter Mann. Er stand einen Moment und schätzte die Hecke mit den Augen ab, bevor er langsam und präzise mit dem Schneiden begann.

Ich öffnete die Augen. Wir sollten uns nicht auf einen alten Mann konzentrieren. Aber richtig war, daß er unendlich viel Zeit hatte. Was, wenn jetzt Nachbarn mit ihrem Schäferhund an der Leine vorbeigekommen wären und gesehen hätten, wie er ein Loch in Froshs Hecke schnitt? Hätten sie sich dann nicht beides gemerkt, so ein merkwürdiges Loch und den Mann, der es schnitt? Wie lange braucht man, um ein Loch in eine Hecke zu schneiden?

Ich griff mir das Bild, das das große bogenförmige Loch zeigte und ging hinaus in den Garten, um Eisik zu finden. Ich fand ihn im hinteren Teil des Gartens, wo er ein Rosenbeet düngte. Ich zeigte ihm das Bild.

»Wie lange braucht man, um so ein Loch zu schneiden?«

Er schielte böse auf das Bild und zuckte die Achseln.

»Über den Daumen gepeilt?« Ich ließ nicht locker und

legte ihm das Bild in die linke Hand, an der er keinen Handschuh trug. Er schaute geradeaus in die Luft.

»Können Sie sich das nicht kurz mal ansehen?« Er schaute unwillig auf das Bild.

»Wie lange würden Sie dafür brauchen?« Es dauerte eine Ewigkeit, bis er antwortete:

»Eine Stunde, glaube ich.«

Als ich seine Stimme hörte, durchzuckte es mich. Ich hatte von ihm vorher nie sehr viel mehr gehört als dieses Grunzen und zur Not auch mal ein Ja oder Nein. Und jetzt klang er vollkommen wie der Irre, der seinen religiösen Unsinn in mein Telefon quatschte. Ich starrte ihn an. Er reichte mir das Bild zurück, das ich nahm, ohne den Blick von ihm zu wenden.

»Sind Sie bibelfest?« Ich studierte sein Gesicht und prägte mir jede Falte ein. Wie viele Jahre war es her, seit er siebzig geworden war?

Er nickte, glaube ich, und ich bildete mir ein, daß ich in seinem Gesichtsausdruck etwas Anklagendes sah. Er wandte sich um und ging.

»Gehören Sie zu denen, die die ganze Bibel auswendig können?« rief ich hinter ihm her. Er drehte sich um, schaute mich scheel an und zuckte die Achseln.

Ich war erschüttert. Aber nein, ich mußte vorsichtiger mit meinen Verdächtigungen sein, in meinem Kopf ging schon alles durcheinander. Es konnte ja gar nicht mein alter Gärtner sein, der mir schmähliche Bibelgrüße schickte, denn ich erinnerte mich deutlich, daß der Bibelmann oft angerufen hatte, während Eisik draußen im Garten war. Ich mußte gelegentlich checken, wo die Telefonzellen standen, von denen aus angerufen worden war. Nein, das war zu weit hergeholt. Eisik war Eisik, und im Moment ging es um Ellen. Ich schaute auf die Uhr. Meine Deadline rückte näher. Ich sollte mich besser konzentrieren. Aber er würde circa eine Stunde brauchen, hatte Eisik, das Orakel, gesagt. Ich schaute auf das Bild, während ich zurück in mein Arbeitszimmer ging. Das könnte schon stimmen. Eine Stunde.

Ich setzte mich, plazierte das Album auf den Tisch, legte den Kopf auf die Hände und schloß die Augen. Eine Stunde. Eine Stunde ist lang.

Ganz sicher hatte das Schwein das alles hier gut geplant. Aber er war auch ein Risiko eingegangen, denn egal, wie genau er das Haus der Familie Frosh und die Umgebung studiert hatte, so konnte er doch nicht davon ausgehen, daß er total unbeobachtet eine ganze Stunde lang an einem Sonntagvormittag in eine Standardhecke im Villenviertel ein recht auffälliges Loch schneiden konnte. Er war wirklich ein Risiko eingegangen, und das war wohl kaum typisch für einen organisierten Verbrecher. Noch ein Widerspruch. Wenn er das Loch nachts im Schutz der Dunkelheit geschnitten hätte, hätte er nicht gut genug sehen können, um sein Vorhaben mit dieser Perfektion ausführen zu können. Ich schaute auf das Bild, das am Sonntagnachmittag aufgenommen worden war. Das Loch war wie in die Hecke rasiert. Wenn er es in der Nacht geschnitten hätte, wäre er nicht ohne eine große und kräftige Lampe ausgekommen, und das hätte mindestens so viel Aufmerksamkeit hervorgerufen, als wenn er es tagsüber getan hätte.

Hinter meinen geschlossenen Lidern versuchte ich mich wiederum ganz auf die Hecke einzustellen. Jetzt kam er mit einer Heckenschere in der Hand an, aber ich sah ihn wieder nur von hinten. Und von hinten glich er Eisik, beiger Arbeitsanzug, ein alter Mann im beigen Arbeitsanzug, der dastand und schmollte, das konnte ich an seinem Rücken erkennen, der Eisiks Unwillen geradezu ausdünstete. Ich öffnete die Augen, wohlwissend, daß es Eisiks Stimme war, die mich so aus dem Konzept gebracht hatte, weshalb ich jetzt die Dinge vermischte. Ich schloß die Augen, atmete tief ein und versuchte, Eisik zu verbannen. Ihn hier, das Schwein, wollte ich sehen. Ich versuchte einige neue Situationen. Jetzt kam mir das Bild eines Mannes, in beigem Arbeitsanzug, wieder von hinten; er rührte in einem riesigen Suppentopf. Meine Augen öffneten sich blitzschnell, um dieses Bild wegzubekommen. Es ergab keinen Sinn.

Versuch es noch einmal. Schließ die Augen. Sieh, was kommt.

Die Hecke. Noch einmal. Jetzt streckte die kleine Ellen ihren Kopf aus dem Loch in der Hecke und lächelte. Sie lächelte ihn an. Ich sah ihn wieder von hinten, und er glich noch immer Eisik in seinem beigen Arbeitsanzug. Er nahm sie an der Hand, und gemeinsam gingen sie den Bürgersteig entlang. Ich öffnete die Augen und schüttelte den Kopf. Ich kam nicht rein. Ich sah ihn nicht, das war nicht er, und die Szene stimmte nicht. Er mußte ein Auto gehabt haben. Sie gingen nicht Hand in Hand den Bürgersteig entlang. Und er war kein alter Mann in beigem Arbeitsanzug. Ich konnte ihn nicht sehen. Das ganze war blanker Mist.

»Mist!« zischte ich halblaut und stand auf, genau in dem Moment, als es an der Tür klingelte. Ich schaute auf die Uhr. Es war 16 Uhr. Ich griff mir meine Notizen.

Ich wußte, das war Sam, trotzdem versicherte ich mich im Türspion, ehe ich ihn hereinließ. Er schmuggelte ein Stück Kaugummi aus dem Mund in seine Jackentasche und sah genauso übel zugerichtet und zerknittert aus wie beim letzten Mal. Es schüttelte mich, als ich den hoffnungsvollen Blick sah, den er mir zuwarf. Ich nahm den Calvados und goß mir nach. Immerhin fragte mein Blick indessen Sam, ob er auch einen wollte. Er schüttelte den Kopf und zog statt dessen seinen Flachmann aus der Tasche.

Wir setzten uns an den Küchentisch und sagten nichts, nippten nur an unseren Hochprozentigen.

»Kann ich mir eine Zahnbürste leihen?« fragte er mit einem Mal.

»Draußen auf der Toilette steht eine Gästezahnbürste, die blaue«, antwortete ich verwirrt. »Du kannst sie im Elektrokocher sterilisieren.«

»Das ist mir scheißegal«, sagte er und stand auf.

»Warum willst du dir jetzt die Zähne putzen?« fragte ich. »Willst du mich küssen?«

Er antwortete, als er zurückkam und sich mit dem Jakkenärmel den Mund abtrocknete.

»Knoblauch.« Er grinste kurz. »Ich habe ein Eintopfgericht gegessen, und da war einfach so viel Knoblauch drin, daß mir übel wurde, und der Knoblauchgestank, weißt du, wenn man den selbst riechen kann, dann ist das wirklich zuviel.« Er zog eine Grimasse.

»Was war denn nun seine Erklärung für das mit der Frau?«

»Der arme Mann«, sagte Sam. »Sie war offenkundig nicht ganz dicht. Phasenweise lief sie Amok. Drückte Zigarettenkippen auf sich selbst und den Kindern aus – sie hatten sechs. Ein paar schüchterne kleine Wesen. Schlug die Kinder und sich selbst mit allem möglichen. Hatte die Angewohnheit, ihren Kopf gegen die Wand zu hauen und Schimpfwörter zu brüllen.«

»Und warum unternahm er nichts?«

»Das wirft er sich jetzt auch vor. Aber er sagte, daß es nur phasenweise so war und er jedes Mal glaubte, daß es das letzte Mal sein würde. Ein lieber älterer Mann, stand weinend mitten in seiner Küche.«

»Sollten die Kinder nicht mal von einem Psychologen gecheckt werden?« fragte ich.

»Das habe ich ihm angeboten, aber er war überzeugt, daß er das allein schaffen könnte.«

»Ich finde, du solltest dafür sorgen, daß sie beaufsichtigt werden.« Er zuckte die Achseln.

»Vielleicht. Aber ich will ihm gern ein bißchen Zeit lassen.«

Diese Fälle waren es, bei denen Sam und ich zutiefst uneinig waren. Für mich hätten solche Kinder höchste Priorität. Das wußte Sam ganz genau, aber seine Körpersprache drückte klar und deutlich aus, ich solle mich nicht einmischen.

Ich machte mir im Kopf eine Notiz, daß ich bei nächster Gelegenheit mit dem Krisenpsychologen der Polizei sprechen wollte. Aber jetzt sollte ich wohl besser zur Sache kommen.

»Ich habe nichts für dich«, sagte ich schließlich und reichte ihm meine wirren Notizen. Er schaute sie durch und zuckte dann die Achseln. Dann schloß er die Augen und sah aus wie jemand, der am liebsten sterben wollte.

Sam stand unter einem unglaublichen Druck. Der Mord war der bizarrste in der Geschichte Cornwells. Die Eltern im Forest-Hill-Viertel waren in Panik geraten. Die Presse hatte die Polizeiwache belagert, da Sam die Sache mit dem Kopf inzwischen öffentlich gemacht hatte. Aber die Eltern waren es, um die es für ihn ging. Er hatte sich entschieden, ihnen zu sagen, daß die Knochen gefunden worden waren, über die Möglichkeit einer kannibalistischen Handlung aber wollte er schweigen.

»Wie haben sie es aufgenommen?« versuchte ich es. Er schüttelte den Kopf.

»Ich habe es nur dem Mann gesagt. Maria Frosh hat Beruhigungsmittel bekommen, liegt in ihrem Bett und weint. Der kleine Junge versteht überhaupt nichts, und die Eltern haben keine Kräfte für ihn übrig. Irgendeine entfernte Verwandte ist gekommen, um sich um ihn zu kümmern. Michael Frosh bemüht sich, durchzuhalten. Wir einigten uns darauf, seiner Frau nichts von den Knochen zu erzählen, jedenfalls nicht jetzt.« Er unterbrach sich, nahm einen Schluck aus seinem Flachmann.

»Und er hört nicht auf, mich auszufragen. Ich kann ihm

nicht alles erzählen, aber es ist schwer, ihm Informationen vorzuenthalten, wo doch seine Tochter auf diese Weise ums Leben gekommen ist. Es ist aber, als *fordere* er die Tatsachen von mir. Sein Blick holt die Informationen einfach aus mir heraus. Popierdołony skurwysyn. Merkwürdiger Kerl.« Sam schüttelte den Kopf und schaute mich an. »Aber das hat wohl nichts zu bedeuten, daß er wunderlich ist?«

Sam zog aus seiner Innentasche einen Stoß Briefe hervor.

»Das hier macht es für die Familie nicht leichter.« Er legte die Briefe vor mir auf den Tisch. Ich nahm den obersten:

*»Sie brauchen keine Angst zu haben, Ihre Tochter ist bei mir in Sicherheit. Ich werde dafür sorgen, daß sie bald einen Spielgefährten bekommt, denn sie ist ein bißchen einsam. Wenn Sie diesen Brief niemandem zeigen, passiert ihr nichts. Es geht ihr bei mir gut, und ich mache einige Experimente mit ihr, die der Menschheit von Nutzen sein werden.«*

»Der Brief ist wohl schon älter?«

»Das war einer der ersten, den die Froshs bekamen. Er kam am Tag, bevor wir den Kopf fanden. Diese Briefe stammen vermutlich von unterschiedlichen Absendern.«

»Warum gibst du sie mir erst jetzt?« Ich schaute ihn vorwurfsvoll an, und das aus gutem Grund. Ich hätte die Briefe sofort haben müssen, das waren verdammt wichtige Informationen.

»Ich habe es vergessen, do diabła.«

»Und der Rest ist ebenso, nehme ich an?« Sam nickte. Ich nahm den nächsten und scannte ihn ein. Der war genauso rätselhaft. Ich zählte die Briefe. Fünfunddreißig. Es war nicht einmal eine Woche her, seit Ellen verschwunden war. Fünfunddreißig wahnwitzige Briefe, offensichtlich von fünfunddreißig wahnwitzigen Männern. Eine stattliche Zahl.

Jeder Mord öffnet eine Schlangengrube und verschafft jedem einzelnen schlummernden Wahnsinnigen neue Inspiration. An diesen Typ von postalischem Sadismus waren wir gewöhnt. In neunundneunzig von hundert Fällen führte die Spur in die Irre. Aber nicht immer. Der Aufwand, alle Absender zu überprüfen, war jedoch immer enorm zeit- und personalintensiv. Deshalb können wir jedoch auf keinen Fall darauf verzichten.

Sam nickte. Ich fuhr fort:

»Ich will zur Durchsicht gern *alle* Briefe haben, die die Familie bekommt, wenn ihr damit fertig seid. So schnell wie möglich.«

Wir saßen lange einfach nur da und schauten uns an, Sam schüttelte kaum merklich den Kopf.

»Lisa hat nichts. Du hast nichts. Ich habe gówno – nichts! Die ganze Abteilung ist dabei, Leute zu vernehmen, die noch nie einer Fliege etwas zuleide getan haben. Und weißt du, womit ich meine Zeit vertue? Eigentlich sollte ich Zeugen verhören. Aber jetzt machen sie mich mit ihren Anrufen fertig. Jetzt will plötzlich jeder Einwohner dieses verfluchten Kaffs einen Mann mit einem Mädchen gesehen haben, das *glich, ähnelte, sah aus wie, war* ... Ellen Frosh.« Er verdrehte die Augen. »Leider sind alle beschriebenen Männer völlig verschieden, klein und groß, dick und dünn, alt und jung. Und leider – sind die Hinweise alle vollkommen falsch. Die meisten Anrufer wollen auch einen circa Siebzehnjährigen, eine alte Frau und zwei Kinder gesehen haben, die ein Loch in Froshs Hecke schnitten. Der Siebzehnjährige benutzte allem Anschein nach die Motorsäge, mit der er die Nachbarschaft weckte. Ja, ja. Damit bin ich beschäftigt.« Er nahm noch einen Schluck von seinem Whisky, blinzelte ein paarmal und sprach dann weiter:

»Dann gibt es noch die Beobachtung, daß es zwei waren. Einer hat einen Geschäftsmann und eine Frau gesehen, die versuchten, eine Vierjährige mit sich zu locken. Und dann waren da noch ältere Zwillinge, die Kindern in einem Sandkasten etwas angeboten haben. Und dann war da das kleine

Mädchen, das schreiend eine Straße hinuntergelaufen war, verfolgt von einer Gruppe übergewichtiger Teenager. Es hört nie auf. Die Telefone klingeln ununterbrochen. Und ich bin gezwungen, allem nachzugehen. Und wenn ich endlich einen Verdächtigen habe, kann ich ihn nicht festnehmen. Du hast Cormio Vittantonio noch nicht angerufen?«

Ich schüttelte den Kopf und blickte auf seinen PDA, der abgestellt war. Er schaute mich flehend an.

»Was empfiehlst du? Dieses ganze pro-aktive Programm?«

»Du kannst das Standardprogramm versuchen«, sagte ich schwach. Sam wußte ausgezeichnet, daß es ohne ein Profil mit der Effektivität einer pro-aktiven-Strategie nicht weit her war.

»Ich lasse das Haus und den Abfallkorb und den Container überwachen«, sagte er.

»Du mußt versuchen, die Zeitungen dazu zu bekommen, zu schreiben, ich hätte ein Profil erstellt, das sei so präzise, daß wir mit einer schnellen Ergreifung rechnen.«

Ich zuckte die Achseln. Das war durch und durch ungenial. Aber so lange alle glaubten, ich hätte hellseherische Fähigkeiten, könnte das möglicherweise bewirken, daß sich der Täter unter Druck gesetzt fühlt und vielleicht versuchen würde, in die Nachforschungen einzugreifen. Das hatten wir etliche Male erlebt. Der Mörder beschafft sich einen Presseausweis und spielt Journalist oder Fotograf oder läuft der Polizei hinterher und stellt Fragen. Oder mischt sich unter die Polizei an der Bar unten bei O'Connors und hört genau zu. Einen Versuch war es wert.

Sam nickte höflich. Natürlich hatte er daran längst gedacht.

»Ich habe zwei Leute auf die Farbe angesetzt und zwei weitere auf die Motorsäge, und dann wird es sich bald erweisen, ob jemand von der Liste Farbe dieses Typs gekauft hat und mit einer Motorsäge dieses Typs in Verbindung gebracht werden kann. Loretta habe ich full-time auf eine Internetrecherche angesetzt: Wir suchen nach vergleichbaren unaufgeklärten Fällen, wir suchen nach Ex-Häftlingen mit vergleichbaren Geschichten, wir suchen nach kürzlich aus Nervenkliniken Entlassenen. Sie prüft alle Einträge.

Er wollte einen Schluck aus seinem Flachmann nehmen, aber der war leer. Er schraubte den Deckel fest und steckte die Flasche in die Innentasche seiner zerknitterten schwarzen Jacke. Dann nahm er sich einen Kaugummi. »Und wir bekommen nicht einen Dreck heraus. Gnój.«

Wir saßen eine Weile still da und starrten auf die Tischplatte.

»Weißt du, was ich vorschlagen möchte?« fragte ich dann. Er hob den Blick. »Ich finde, du solltest zu dieser Wahrsagerin aus Norwegen Kontakt aufnehmen.«

»Ich weiß nicht, von wem du sprichst, aber du bist dir darüber im klaren, wie oft wir es mit Hellsehern versucht haben? Und wie oft wir uns damit lächerlich gemacht haben?«

Ich ignorierte ihn. »Sie ist etwas Besonderes. Ich bin ihr einmal begegnet, als ich mit der norwegischen Polizei am mysteriösen Verschwinden eines achtzehnjährigen Jungen arbeitete. Das muß irgendwann in den 1980ern gewesen sein. Er war während einer Reise plötzlich verschwunden, und soweit ich mich erinnern kann, war die Polizei aus vier, fünf Ländern mit dem Fall befaßt, ohne Ergebnis. Dann holten wir sie dazu, man kannte sie in Norwegen, aber nirgendwo sonst. Und dann sagte sie, sie sollten in Kopenhagen unter einer bestimmten Brücke suchen, ich weiß nicht mehr, unter welcher. Und: voilà, dort lag seine Leiche. Seither habe ich ein bißchen verfolgt, was sie macht. Manches Mal ist sie ungeheuer präzise, dann wieder sehr vage. Aber sie hat immer recht. Du hast nichts zu verlieren. Du hast nichts in der Hand.«

Er zuckte die Achseln.

Ich stand auf und ging in mein Arbeitszimmer, zog eine Schublade auf und fand ihren Namen und ihre Telefonnummer auf der Rückseite eines Briefumschlags. Ich schrieb sie ab und ging zu Sam zurück, der dabei war, seinen PDA zu reaktivieren. Sowie er das getan hatte, summte der. Sam antwortete unwillig und müde.

Während er sprach, steckte ich das Telefonkabel wieder in die Buchse. Dann stopfte ich den Zettel mit der Telefonnummer der Hellseherin in seine Tasche und setzte mich, um sein verbissenes Gesicht zu studieren. Ununterbrochen lauschte und nickte er, sagte jedoch selbst kein Wort. Nach einer Weile legte er auf und starrte in die Luft.

»Ein fünfjähriger Junge ist spurlos aus einem Sonderkindergarten in Dappled Downs verschwunden. Als er zuletzt gesehen wurde, spielte er mit Holzklötzen auf dem Hof, aber als ihn um halb drei einer der Mitarbeiter zum Obstessen hereinrief, war er verschwunden. Er selbst ist zu klein, um die Pforte zu öffnen. Aber er ist weg.«

Sam stand auf und ging. Ohne sich zu verabschieden. Und ließ mich mit einem richtig schlechten Geschmack im Mund zurück. Hatte ich nicht gesagt, er hätte Zeit? Wäre ich nur nicht so wahnsinnig klug gewesen zu glauben, daß Statistik, die Beispiele, die ich studiert hatte, all die Erfahrung, die ich hatte – die gültige Wahrheit waren. Alles, was ich wußte, sagte mir, daß ein Mord dieses Kalibers den Mörder zutiefst befriedigte. Und deshalb ein langes Haltbarkeitsdatum hatte. War es denn nicht so, daß zum Beispiel ganze neun Jahre zwischen Jeffrey Dahmers erstem Mord und seinem zweiten vergangen waren? Hier waren zwei, drei Tage vergangen, vielleicht vier. Ich wußte es nicht. Ich goß mir einen größeren Schluck ein als gewöhnlich, nahm die Flasche mit ins Wohnzimmer, ließ mich in das tiefe Sofa sinken und kippte den Inhalt des Glases hinunter. Ich hasse es, das einzuräumen, aber auch wenn ich gut bin, so habe ich doch keine Kristallkugel. Und auch wenn ich diese Schweine haufenweise studiert habe und an mehr Fällen beteiligt war, als ich mich zu erinnern imstande bin, so gibt es in dieser Branche nichts, das als gegeben angenommen werden kann. Bei diesen Morden gibt es nur wenige Wahrheiten, die über die Erkenntnis hinausgehen, daß wir alle einmal sterben müssen.

Da saß ich und starrte in die Luft, während mich die Wahrheiten überrollten. Ich war nichts weiter als eine eitle ältere Frau, die qualifizierte Nachrichten und begründete Hypothesen verkaufte. Meine Aufklärungsrate, die nahe an hundert Prozent lag, wurde von einem gut Teil Glück getragen.

Ich war doch nicht Gott. Ich konnte sterben, konnte mich irren, Männer konnten mich ignorieren, gehen, ohne sich zu verabschieden. Ich kippte noch einen Calvados und spürte rasch, daß er sich wie eine besänftigende, betäubende Wärmedecke um mich legte. Ich dachte daran, was einer von Lisas Kollegen mal gesagt hatte: »Muster. Wir versuchen Vorhersagen. Aber die gelingen uns nicht immer. Nicht alles ist vorhersagbar.«

Das einzige, was ich vorhersagen konnte, war, daß ich nichts weiter wollte als eine Nacht vor dem Fernseher, ganz allein in meinem schönen Haus. Ich legte den Kopf auf die Armlehne und plötzlich ... war ich weg.

## 11

Irgendwann im Laufe der Nacht muß ich in mein Bett gewankt sein, aber das muß im Schlaf passiert sein, denn ich merkte es nicht, bevor das gellende Klingeln meines PDA mich weckte. Das erste, was ich sah, als ich die Augen öffnete, war Francis Zanf.

Francis?

Ich setzte mich im Bett auf, plötzlich hellwach, und versuchte mich zu erinnern.

Wann hatte ich Francis zuletzt gesehen?

Das war gestern morgen, als ich aus dem Bett sprang. Er hatte geschnarcht, ganz leicht. Hatte er seitdem geschlafen? Hier? Es ging ihm ja nicht so gut. Oder war er zurückgekommen? In dem Fall – wie war er hereingekommen? Ich schaute auf sein Gesicht. Er war leichenblaß, die Haut wächsern und durchsichtig, die Lippen fahl. Er schien wirklich krank zu sein. Ich legte ihm die Hand auf die Stirn, zog sie aber sofort wieder zurück. Dann schubste ich seinen Arm mit meinem rechten Fuß an – und sprang mit einem Schrei aus dem Bett. Ich hob den Kimono vom Fußboden auf und rannte aus dem Zimmer, schnappte den PDA vom Küchentisch, warf die Tür hinter mir ins Schloß, hängte mir den Kimono um und rannte aus der Tür, über die Straße, hinüber zu Sonia.

Sie schaute auf. »Frühstück?« fragte sie. Sonia trug eine Wachstuchschürze, die eindeutig aus der Geschenkboutique der Englischen Gartengesellschaft stammte.

»In meinem Bett liegt eine Leiche«, schnaufte ich und schob mich an ihr vorbei. »Ich habe zusammen mit einer Leiche im Bett gelegen und geschlafen, sei so gut und ruf David Berkovic an und bitte ihn, die Leiche umgehend entfernen zu lassen.« Ich warf ihr meinen PDA hin und hielt mir die Hand vor den Mund. »Code eins«, würgte ich und verschwand in ihrer blau gefliesten Toilette, um mich zu übergeben.

Als ich zurückkam, war Sam unterrichtet, und eine Tasse kochend heißer Earl Grey wartete an der »Bar« auf mich – wie sie den hohen Hocker hinter ihrer Kücheninsel nannte. Ich setzte mich nur, weil ich nicht wußte, was ich sonst tun sollte, und sah vor meinem inneren Auge schon die Zeitungsüberschriften. SIEBENUNDZWANZIGJÄHRIGER IN DR. FISKES BETT TOT AUFGEFUNDEN. Mindestens. Ich schüttelte mich bei dem Gedanken, auf was die sonst noch kommen konnten.

»Würdest du mal rübergehen, wenn Sam da ist?« Ich versuchte am Tee zu nippen, verbrannte mir aber die Lippen. »Und ihn bitten, die Presse *nicht* zu informieren, ehe die Todesursache feststeht.« Sonia nickte. Sie war glücklich. Ich hatte ihr eine wichtige Aufgabe übertragen.

»Wie spät ist es?« Sie deutete hoch zu ihrer Schweizer Uhr, aus der einmal pro Stunde ein schreiender Vogel herausgeflogen kam. Es war 8.30 Uhr.

»Jesus Maria«, schrie ich und rutschte vom Stuhl. »Ich muß um 9.15 Uhr unterrichten. Hast du etwas zum Anziehen, das ich ausleihen kann?« Sie winkte mich in ihr Schlafzimmer und öffnete stolz ihren von Wand zu Wand reichenden Kleiderschrank. Dann ging sie, um Sam und die Ambulanz in mein Haus zu lassen.

Beim Anblick all der hellroten Schurwolle und all dem braunen Gabardine mit tief angesetzter Taille und Schlag fiel ich fast in Ohnmacht. Aber es gelang mir, eine einigermaßen neutrale Jacke zu finden und Hosen in blauem Leinen. Die Sachen waren mir zwei Nummern zu groß.

Als ich zurück in die Küche kam, war Sonia weg. Der PDA lag auf der Kücheninsel. Ich schaute aus dem Fenster und sah Sams Auto und die Ambulanz vor meinem Haus halten. Ich griff mir den PDA und Sonias Sonnenbrille von dem Schubladenschränkchen im Flur. Dann schlich ich mich über die Straße zu meinem Haus, und spähte durch die Fenster, bis ich auf der Toilette endlich Sonia entdeckte. Sie wusch sich gerade die Hände und lächelte sich selbst im Spiegel zu. Ich klopfte vorsichtig an die Scheibe. Sie machte das Fenster auf.

»Meine Kalbsledertasche – und meine Autoschlüssel, liegt beides auf dem Küchentisch«, flüsterte ich. Dann schlich ich mich zum Carport und kroch auf den Fahrersitz.

In weniger als einer Minute brachte mir Sonia beides und schob es durch die heruntergedrehte Autoscheibe.

»Würdest du bitte eine Reinigungsfirma anrufen und das

Haus saubermachen lassen, so richtig sauber, vom Keller bis zum Boden, alle blanken Flächen mit Spiritus abreiben, die Decken waschen, das ganze Programm ...?«

Sie tätschelte mir den Kopf und nickte. »Du wirst heute abend zum Essen kommen«, sagte sie mütterlich. »Coquilles Saint-Jacques.«

Ich antwortete nicht, hoffte aber, sie sah das Lächeln, um das ich mich bemühte, als ich die Scheibe hochdrehte und den Motor startete. Und dann los.

Als ich den Boulevard erreichte, seufzte ich erleichtert. Dann summte der PDA. Wie mir das Display verriet, war Sam dran. Ich nahm ihn.

»Warum schleichst du dich so davon, ostatnia kretynko?« fragte er, und ich konnte die Spucke in seinem Mund gurgeln hören.

»Ich muß unterrichten.«

»Wir reden hier über eine Leiche. Und die liegt in deinem Bett.«

»Dann schaff sie weg!«

»Ich bin gezwungen, mit dir zu reden. Es wirkt nicht besonders unverdächtig, wenn du einfach abhaust.«

»Du brauchst ja keine Reklame damit zu machen. Also, wenn ich mich nicht davongeschlichen hätte, dann hättest du mich angehalten, und ich müßte zwei Vorlesungen absagen. Ich komme auf das Revier, wenn ich am Institut fertig bin.«

»Wann ist das?« hörte ich ihn fragen, entschied mich aber, ihn abzuschalten, denn ich hatte keine Ahnung. Tatsächlich konnte ich mich nicht erinnern, was heute dran war. Das müßte mir mein PDA erzählen können, aber ich hatte ihm seit ewigen Zeiten nichts mehr von meinen Verabredungen verraten. Momentan wußte ich nicht einmal, was ich gestern gemacht hatte.

Ich rief Rosa an und sagte ihr, ich sei verspätet. Sie schimpfte. Außerdem hätte sie mehrere Kilo*gramm* Telefonnachrichten für mich. Durch ihre sarkastische Betonung von *-gramm*, mußte sie mir natürlich noch unbedingt vermitteln, daß Nachrichten normalerweise nicht in Kilogramm gewogen werden sollten, sondern nur eine Anzahl Kilo*bytes* füllen – und warum ich nicht zurückgerufen hätte? Ich erzählte ihr kurz von der Leiche in meinem Haus. Erst wurde es in der Leitung still, dann las sie mir mein Tagesprogramm vor. »Die Geschichte der Profilerstellung« von 9.15 bis 11.00 Uhr. »Psychologie des Bösen« von 11.15 bis 12.30 Uhr.

»Kannst du nicht gleich meine Unterlagen heraussuchen – sie müssen unter G und B liegen, jedenfalls wenn ich sie richtig archiviert habe.«

Ich konnte hören, wie sie seufzte und etwas auf ihren großen karierten Block schrieb.

»Habe ich heute abend Programm?«

»Einen Moment, Liebling.« Sie tippte vernehmlich auf der Tastatur, so daß ich an die spanische Eröffnung von meinem Vater und Onkel Stanislaw dachte:

1. e2-e4 e7-e5
2. Sg1-f3 Sb8-c6
3. Lf1-b5.

»Ja, hier steht, daß du eine Reservierung für einen Flug um 18.30 Uhr hast, nein, du mußt um 18.15 Uhr am Flughafen sein, der Flieger landet in Athen um 20.45 Uhr…«

»Was soll ich denn da?«

»Du hast da einen Fall zur Profilerstellung für… warte… Elias Pa-na-yo-to-pou-los – wie spricht man das aus?«

»So schrecklich wie möglich – worum geht es?«

»Weiß nicht, aber ich habe die Akte seit zwei Tagen hier.«

»Warum hast du mich nicht angerufen?«

»Versuch mal, deinen Anrufbeantworter und deinen PDA zu checken – darauf dürften alles in allem siebenundzwanzig Nachrichten von mir sein, Schatzi!«

»Okay, okay, okay – ich bin zeitlich etwas in der Klemme.

Würdest du mir bitte etwas zum Anziehen und einen kleinen Koffer kaufen?«

»Was willst du haben?«

»Zwei Kleider, du weißt, was ich mag, und etwas Unterwäsche, die darf ruhig etwas ...« Sie nützte mein Zögern aus und unterbrach:

»... frech sein?«

»Nein, nur schön. Aber keine Baumwolle und schon gar kein Nylon.«

»Okay, Schätzchen.«

»Und wenn du das schaffen könntest vor – wann war ich noch mal mit der zweiten Vorlesung fertig?«

»12.30 Uhr.«

»Okay, denn ich werde gleich darauf aus der Tür stürzen müssen – was ist mit morgen? Wann soll ich zurückkommen?«

»Mm ... warte ... mm ... da ist etwas verbockt worden, du bist zu einem EDV-Kurs für Anfänger angemeldet, aber dein Flieger landet erst um 12 Uhr in Cornwell.«

»Ja, dann sag doch den EDV-Kurs ab. Ich hab sowieso keine Lust.«

»Bist du dir darüber im klaren, zum wievielten Mal ich diesen EDV-Kurs für dich absage? Dein Papierverbrauch ist auf der Sitzung schon wieder Thema gewesen – warum bist du eigentlich nicht da gewesen?«

»Muß ich verschwitzt haben. Gibt's sonst noch was?«

»Ja, ich habe die Papiere für das Seminar an der Akademie fertig.«

Mir wurde heiß. Das hatte ich vollkommen vergessen.

»Haben Bob und Arthur angerufen?«

»So um die zwanzig Mal, jeder von ihnen. Ihr hättet über die Organisation des Seminars konferieren sollen. Aber ich soll dich von Bob grüßen, ich habe gerade mit ihm gesprochen, und dir sagen, sie hätten es ohne dich getan, jetzt müßtest du einfach tun, was sie sagen. Er klang zutiefst gekränkt.«

»Machst du Kaffee?«

»Ja, und dann muß ich los, Schnuckelchen.«

Ich schaltete ab. Und rief Bob Ressler an der FBI-Akademie in Quantico an, wo das Seminar stattfinden sollte. Bob, Arthur und ich sollten einen Workshop mit dem Titel ›Was können wir lernen von ...‹ leiten. Wir wollten für die große Gruppe junger ABC-Schützen dort drüben die ausgefallendsten Serienmorde durchgehen. Es gab nämlich eine andauernde Diskussion darüber, wie viel oder wie wenig man aus besonders Ausgefallenem lernen kann. Wir hatten abgesprochen, daß Jeffrey Dahmer, Albert Fish und The Hillside Strangler meine wären, aber wir hatten keine Details diskutiert, wie wir das machen und wie wir die Zusammenhänge herstellen und wie wir die Diskussionen nach den Vorträgen abwickeln wollten.

Es zeigte sich, daß es in Wahrheit nicht die großen Probleme waren, die sie verdrossen. In Wirklichkeit regten sie sich darüber auf, daß sie mich nicht zu fassen bekamen. Und schließlich kam auch heraus, sie hatten Probleme mit dem Catering und wollten, daß ich mich darum kümmerte. Seltsam, was sich in manchen Männerhirnen abspielt.

Kaum war Bob aus der Leitung, fing ich an zu begreifen, daß der schöne, vielversprechende siebenundzwanzig Jahre alte Mann, dessen heiße Umarmung ich noch immer wie eine Segnung spürte, nun als Leiche in meinem Bett lag. Wie lange war er schon tot gewesen? Ich hatte ihn zuletzt gestern morgen lebendig gesehen, und jetzt war er tot. Das waren also weniger als vierundzwanzig Stunden. Zeit. Eine merkwürdige Größe. Etwas, wovon man nie genug bekommen kann. Deshalb ist es so wichtig, viel zu tun zu haben.

Es gibt viele Menschen, die annehmen, sie würden sterben, wenn sie so viel zu tun hätten wie ich. Ich selbst bin davon überzeugt, daß Beschäftigtsein meine einzige Rettung ist vor all den Sachen, die zu spüren ich keine Lust habe. Deshalb tippte ich schnell den Code für »Nachrichten« ein. »Hier ist Bob«, fing das Band an. »Zum Teufel, Fanny! Wo steckst du? Ich habe Rosa eine Million Mal angerufen, warum rufst du nicht zurück? Daß wir das Ganze hier allein machen, kann doch nicht der Sinn sein – ruf mich an!« Dann kam mein alter Freund: *»Laßt uns nicht Unzucht treiben wie manche von denen Unzucht trieben, und an einem Tag fielen dreiundzwanzigtausend.«* Darauf folgte eine ziemlich verärgerte Sonia, die kalt verkündete »am Stück gebratenes Pferd« und den Hörer aufknallte. Die Einladung schien älter zu sein. Jetzt ertönte noch einmal Bob, schon kürzer. Dann kam mein Vater, der immer noch weder verstehen noch akzeptieren konnte, daß ich nie zurückrief. Ein Mark Mulligan, der gern wissen wollte, ob er einen meiner Vorträge in seinem Buch ›Verhalten des Dunkels‹ zitieren dürfe; eine junge Mädchenstimme wollte gern gratis für mich »ab dem Winterhalbjahr« arbeiten. Konnte ihren Namen nicht verstehen. Eine Anabella Prins, die Romane über den Horror der Wirklichkeit schrieb, wollte mich gern zu der Frage ›Geräusche, Gerüche und alles Taktile aus Ihrer Welt‹ interviewen. Endlich war nichts mehr zu hören, denn ich parkte den Wagen im Matsch vor dem Institut. Ich löschte alles, inklusive die vielen Meter älterer Nachrichten, die ich noch nicht abgehört hatte. Und damit die etwas zu großen Pumps, die ich von Sonia geliehen hatte, nicht im Morast versanken, stülpte ich Plastiktüten darüber.

Ich rannte, so schnell die Plastiktüten es zuließen, zog sie vor der Schwingtür herunter und eilte den restlichen Weg zu meinem Büro, wo neben den von Rosa hübsch angeordneten Vortragsunterlagen ein Stoß Telefonnachrichten lag. »Einige Kilogramm« hatte sie gesagt. Das war wohl richtig. Ich griff mir die Unterlagen für den Vortrag ›Die Geschichte der Profilerstellung‹ und klapperte zum Vorlesungssaal. Erst als ich vor den Agenten stand, merkte ich, *wie* viel zu groß mir Sonias Sachen waren. Merkwürdig, daß ich genau in diesem Moment an Kleidung dachte, denn die Geschichte der Erstellung von Profilen begann mit einem Dr. Brussels, der auf der Basis von nichts das Profil des Täters bis hin zur Kleidung erstellte. »Er wird ein zweireihiges Sakko tragen, das zugeknöpft ist«, sah Dr. Brussels voraus, und als die Polizei George Metesky festnahm, trug er – ein zweireihiges Sakko, das zugeknöpft war.

## 12

Ich habe wirklich erhebliche Probleme mit Leuten, die nicht imstande sind, den nackten Tatsachen ins Auge zu sehen. Menschen, die immer so tun, als wäre die Wirklichkeit so, wie sie sich das wünschen. Die nicht mutig sagen: laßt uns die Dinge beim Namen nennen, wie schrecklich sie auch sein mögen, und laßt uns nach bestem Wissen und Gewissen handeln.

Der hartnäckige Glaube, *meine* Jungs ließen sich tatsächlich rehabilitieren, ist ein ausgezeichnetes Beispiel für eine solche Wunsch-Wirklichkeit, die nun langsam mal ausgedient haben sollte.

Vor ein paar Jahren, nachdem meine Kollegen und ich jahrelang im Schweiße unseres Angesichts Vorträge gehalten, Erklärungen abgegeben, Statistiken und Diagramme auf den Tisch gelegt hatten, da endlich bekam das Urteil »lebenslänglich« die Bedeutung »ohne die Möglichkeit der Begnadigung«, die es schon immer hätte haben müssen. Man sagt jetzt auch »endgültig und auf Lebenszeit«.

Sich für »lebenslänglich ohne die Möglichkeit der Begnadigung« zu qualifizieren, ist ziemlich schwierig. De facto sind es nur meine Jungs, die dieses Privileg erhalten. Seit der gesetzlichen und der praktischen Änderung vor fast anderthalb Jahren wurden 24 »meiner Jungs« zu »endgültig und auf Lebenszeit« verurteilt. Darunter waren neunzehn Gefangene, deren Profile ich erstellt hatte. Aber ich muß einräumen, in allen vierundzwanzig Fällen war ich der Meinung, lebenslänglich allein sei zu gut für sie. Einem von ihnen, Tom Jorgensen, war es gelungen, 28 kleine Jungen umzubringen, ehe er im Knast landete. Die Morde an sich waren nicht »besonders« bestialisch, er erwürgte seine Opfer und mißbrauchte sie dann. 28 Jungen, das sind 56 Elternteile. Das sind 84 Menschen, deren Leben definitiv zerstört ist. Einem anderen, Martin Wolk, gelang es »nur« drei zu ermorden, aber dafür folterte er sie tagelang, ehe sie verbluteten. Was ist schlimmer?

Ich kämpfte als Lobbyist für »lebenslänglich ohne Möglichkeit der Begnadigung« an vorderster Front. Zwei Jahre lang verwendete ich alle Zeit, die ich überhaupt aufbringen konnte, um in den Staaten herumzureisen und Vorträge zu halten über die ›Psychologie des Bösen‹. Ich sprach vor Politikern, lokalen wie föderalen; ich sprach vor Bauern und Gewerbetreibenden in kleinen Bürgerhäusern; vor Sozialarbeitern, vor Gefängnispersonal, vor Psychiatern und Psychologen. Am Ende litt ich sowohl unter akutem *burn-out*-Syndrom als auch unter Hirnhautentzündung. Dennoch hatte ich selten das Gefühl, meine Zeit und meine Gesundheit besser eingesetzt zu haben. Denn ich vergesse auch nicht eine Sekunde lang, daß ich im Dienst der Opfer arbeite, und eben auch präventiv im Dienst zukünftiger Opfer.

Das Problematische bei den damals sogenannten lebenslangen Gefängnisstrafen – die in der Regel lediglich acht bis vierzehn Jahre Gefängnis bedeuteten –, war das Wunschdenken im allgemeinen, aber insbesondere das der Gefängnispsychiater. In den Gefängnissen werden ja sehr ehrlich gemeinte Versuche der Rehabilitation unternommen. Sie zielen darauf ab, meinen pathologischen Verbrechern, sexuellen Sadisten, Leuten, die unschuldigen Opfern unaussprechliche Dinge angetan haben, Leuten, die mordeten und folterten, weil es ihnen einen Kick gibt, eine Therapie anzubieten, die sie »kurieren« sollte.

Nett. Abgesehen davon, daß diese Menschen nicht kuriert werden können. Hingegen können sie besser als der beste Illusionist lügen und betrügen und manipulieren, und wenn sie einem Psychiater gegenübersitzen, der die Macht hat, sie als »geheilt« zu bezeichnen, warum sollten sie ausgerechnet vor ihm aufhören zu lügen und betrügen und manipulieren? Klar sagen sie: »Ja, es ist fürchterlich, was ich getan habe, aber jetzt ist mir ein Licht aufgegangen, und ich habe meine traumatische Kindheit verarbeitet, und ich werde so etwas niemals wieder tun.« Statt die Wahrheit zu sagen: »Ich muß hier heraus, damit ich ein bißchen an Frauen herumschnippeln kann, ehe ich sie ermorde und zerteile. Ich habe ein Recht darauf, solche Dinge zu tun, und bedauern tue ich nur meine Festnahme.«

Diese Lebenslänglichen, die also nie länger als höchstens vierzehn Jahre im Gefängnis blieben, waren nicht allein wahnsinnig geschickt mit Lügen und Betrügen und Manipulieren, sie waren im Knast auch ganz besonders gut in der Rolle der Musterknaben. In der Regel benahmen sie sich absolut tadellos. Nie schlugen sie Krach. Und wenn sie dann obendrein auch noch behaupteten, sie würden ihre Fehler einsehen, dann wurden sie von den Gefängnispsychiatern mit dem Prädikat »geheilt« versehen und zurück in eine Welt voller lebendiger Menschen geschickt, wo sie gleich als erstes jemanden ermordeten. Weil sie es nicht sein lassen können. Weil es Menschen gibt, die es nie sein lassen können.

Mein mittlerweile pensionierter Kollege Gregg McCray, mit dem ich viele Jahre lang in Quantico zusammenarbeitete, benutzte der Anschaulichkeit halber eine sonderbare Analogie.

»Stell dir einen Kuchen vor«, pflegte er zu sagen, »einen Kuchen, der wunderbar duftet und phantastisch aussieht. Aber sowie du ein Stück davon probierst, merkst du – etwas stimmt mit ihm nicht. Und dann fängst du plötzlich an, darüber nachzudenken. Na ja, also außer Eiern und Mehl und Butter und Kakao (und was man sonst noch so nehmen kann), fällt dir mit einem Mal ein, hast du noch einen Schuß Motoröl hineingekippt, von drüben aus der Garage. Und genau da liegt das Problem: das Motoröl. Wenn du doch nur wüßtest, wie du das Motoröl wieder aus dem Kuchen herausbekommen könntest. Denn dann wäre der Kuchen perfekt.«

Genau das ist Greggs Blick auf die Serientäter, und da stimme ich mit ihm überein. Denn in den allermeisten Fällen sind doch das Verlangen und die Gelüste und die oft pathologischen Verhaltensweisen, die sie an den Tag legen und die sie dazu bringen, unschuldige Männer, Frauen und Kinder zu foltern und umzubringen, integraler Bestandteil ihrer Persönlichkeit. So wie das Motoröl im Kuchen. Bleibt die Frage: Bekommt man das Öl je wieder heraus?

Genau dort liegt das Problem. Genau darum geht es. Die Menschen von der Unmöglichkeit in vielen Fällen zu überzeugen, dafür brauchte ich zwei Jahre. Der Widerstand kam hauptsächlich von Psychiatern und Psychologen. Klar, meine Behauptungen und diese Kuchentheorie waren ja Angriffe auf ihren fachlichen Stolz und auf die gesamte Therapieform: Der Betreffende berichtet selbst, und der Patient entscheidet, wie viel er erzählt. Ganz klar dumm gelaufen, wenn man diese Therapieform an Meistern des Betrügens anwendet. Dann werden sie natürlich freigesprochen.

Wenn man als Patient zur Therapie geht, hat man in der Regel vermutlich ein Interesse daran, die Wahrheit zu erzählen – sonst kann einem der Therapeut bei der Lösung des Problems ja nicht helfen. Aber welches Interesse kann ein wegen Mordes verurteilter Psychopath haben, seinem Gefängnispsychiater die Wahrheit zu erzählen – nämlich, daß er es doch einfach nicht sein lassen kann? Gar keins. Er will ja raus. Und das erreicht er nur, wenn er wegen des Motoröls in seinem Kopf lügt.

Aber da war noch etwas anderes, das zu verstehen Psychologen und Psychiater sich schlicht und einfach weigerten: nämlich, daß Gewalt situationsbedingt ist. Meine Jungs schlagen dann zu, wenn es möglich ist, wenn es die Situation erlaubt, ja herausfordert. Natürlich ist es schwer, in einem Gefängnis in Serie zu morden. Klar ist ein Gefängnis für einen Menschen, der nicht grundsätzlich auf Krach aus ist, sondern ausdrücklich auf Mord, nicht der Ort, an dem ein Lustmörder zeigt, wer er ist. Aber die Tatsache, daß sich meine Jungs im Gefängnis so brav benehmen, hat wenig mit ihrem Verhalten zu tun, sobald sie nicht mehr überwacht werden, sobald sie nicht länger ein durch und durch strukturiertes Leben führen, ohne alle Versuchungen und Möglichkeiten.

Man braucht bloß an Arthur Shawcross zu denken. In den fünfzehn Jahren, die er wegen Mordes an einem Jungen und einem Mädchen in Watertown, New York, einsaß, war er ein musterhafter Gefangener. Nach seiner Freilassung vergingen aber nur wenige Monate, und schon brach ein Gefühl der Unzulänglichkeit und des Zorns aus ihm hervor. Er begann, Prostituierte in Rochester zu ermorden. Gar nicht zu reden von Jack Henry Abbott, einem Mörder, dem es sowohl gelang, berühmt zu werden, als auch ein Forum in der literarischen Welt zu bekommen, nachdem er ein Buch über das Leben im Gefängnis geschrieben hatte. Und dennoch, trotz Berühmtheit, Rückhalt und Talent – kaum war er draußen, tötete er einen jungen Mann. Er war außerstande, seinen Zorn zu kontrollieren. Oder was war mit Karl Matzfeldt? Der vergewaltigte, verunstaltete und mordete und landete auf der Liste der Meistgesuchten des EFBI – er wurde in Siena verhaftet, wegen vorsätzlichen Mordes verurteilt und zu lebenslänglich verurteilt. Trotzdem wurde er nach acht Jahren begnadigt, woraufhin er unmittelbar wieder mit dem Morden und Sezieren begann.

Ich kann weitermachen, wie ich das bei meinen Vorträgen getan habe. Soll ich wirklich weitermachen? Es ist immer wieder die gleiche Geschichte. Wegen Mordes hinein in den Knast, wegen guter Führung heraus, wegen weiterer Morde wieder hinein. Immer und immer wieder.

Es geht dabei auch um das Böse. Ich weiß, der Begriff »das Böse« klingt in unseren Tagen ebenso falsch wie er im Mittelalter wahr geklungen hat. Aber wir sind gezwungen, auch von dem Bösen zu sprechen.

In der klinischen Fachliteratur tauchen Begriffe wie »das Böse« und »Sünde« natürlich nicht auf. Dennoch benutzten viele meiner verblichenen Kollegen beide Begriffe. Der Psychiater Erich Fromm war der erste und einzige, der »das Böse« klar als Persönlichkeitstypus identifizierte. »Wir sind nicht böse geboren, und wir werden nicht gezwungen, böse zu werden, aber über einen langen Zeitraum hin und durch eine lange Reihe von Entscheidungen können wir uns zu ›bösen‹ Menschen entwickeln.« Fromm zog jedoch nicht die unglaublichen Kräfte in Betracht, die uns in der frühen Kindheit formen, und das war ein wesentlicher Fehler, denn diese Kräfte haben eine alles entscheidende Bedeutung für unsere charakterliche Entwicklung. Dennoch muß angemerkt werden, daß doch längst nicht jeder, der einer zerstörerischen Kindheit ausgesetzt war, später böse wird. Das ist allein eine Frage des freien Willens – die Freiheit zu entscheiden. Wenn wir nun auch Serienverbrechern diesen freien Willen unterstellen, wenn sie morden und foltern, stehen wir plötzlich von Angesicht zu Angesicht einem »bösen« Geschöpf gegenüber, das bewußt den Beschluß zu töten gefaßt hat.

Wenn auch Erich Fromm und Dr. M. Scott Peck Theorien zur ›Psychologie des Bösen‹ ausgearbeitet haben, so verwenden wir in der klinischen Fachliteratur ganz andere Begriffe. Ein freudianisches Modell sieht zum Beispiel im Serienmörder einen Menschen, dessen innerer Polizist oder dessen Gewissen abwesend oder nicht-existent ist. Serienmörder morden, um ihre Lust zu befriedigen, gesteuert von ihren Es-Impulsen. Aber wenn man genauer hinsieht, ist es dennoch am zweckmäßigsten, den Serientäter als Repräsentanten der ›Psychologie des Bösen‹ zu betrachten, weil man auf diese Weise am schnellsten und leichtesten auf die Gedankenmuster und das Potential eines solchen Individuums aufmerksam wird: Der »böse« Mensch ist extrem selbstbezogen und narzißtisch. Sein Ziel sind Macht und sexuelle Befriedigung. Er ist hedonistisch, vollständig gewissenlos und nach seiner Überzeugung besser als alle übrigen Menschen.

Das Böse. Heute verwenden wir das Wort in Hinblick auf die Konsequenz, nie mit Blick auf den Zustand, aus dem etwas hervorkommen kann. Man kann unbesonnen sein, taktlos, perfide, pathologisch – oder krank. Aber niemals böse. Heutzutage haben wir alle eine mehr oder weniger *belastete* Kindheit gehabt. Ich bin tief gespalten. Schließlich soll in der Kindheit der große präventive Einsatz stattfinden. Wir sollten unser Augenmerk verstärkt auf die Kindheit richten. Aber bei der Jagd auf Serienmörder ist es das Böse, das wir uns die ganze Zeit vor Augen halten müssen. Das sind die Konsequenzen.

Und das sind die Konsequenzen für die unschuldigen Opfer, weshalb »lebenslänglich ohne Möglichkeit der Begnadigung« ein unvermeidliches *must* für Menschen vom Typ meiner Jungs ist. Denn eines ist sicher: Niemand, der im Knast sitzt, bringt draußen Menschen um.

Ich beschließe den Vortrag über die ›Psychologie des Bösen‹ stets mit einer kleinen Anekdote von Edward Gein, einem Spezialisten, der seine kriminelle Laufbahn als Grabräuber begann. Er war insbesondere an der Haut der Leichen interessiert. Er entfernte und gerbte sie und kleidete sich in sie. Er bekleidete damit auch eine Büste und bezog seine Möbel mit der Haut verstorbener Menschen. Später begann er selbst zu töten, um sich Haut zu beschaffen. Einige verdächtigten ihn des Versuchs, seiner verstorbenen Mutter zu ähneln. Robert Block verwendete gewisse Aspekte in seinem Roman ›Psycho‹, den Hitchcock später in einen Filmklassiker verwandelte. Er wurde gefaßt und für »geisteskrank« befunden und dazu verurteilt, den Rest seines Lebens in einer Nervenheilanstalt zu verbleiben, wo er 1984 mit 77 Jahren verstarb.

»Sagen Sie mir, und ich höre gut zu – nennen Sie mir einen einzigen Grund, warum ein solcher Mensch nicht sein Leben lang eingesperrt bleiben sollte?« wende ich mich abschließend an meine Zuhörer. Nie reagieren sie darauf auch nur mit einem Ton.

## 13

Nach der Vorlesung zur Psychologie des Bösen beeilte ich mich, in mein Büro zu kommen, und schaute mich um.

Die Zimmerpflanze in der Ecke war dabei einzugehen. Aber was wollte ich hier noch mal?

Ich ging rasch die Telefonnotizen durch und zündete sie in dem viel zu großen Untersetzer der Pflanze an. Als ich die Tickets in die Manteltasche steckte und die Kalbsledertasche unter den Arm nahm, um zu gehen, summte mein PDA. Mit bangen Ahnungen checkte ich das Display. Aber es war Sam.

»Ich bin unterwegs«, sagte ich deshalb ohne weiteres in den Apparat.

»Nein, wir müssen mit der Vernehmung warten, weil wir

dein norwegisches Medium vom Flughafen abholen – willst du dabeisein?«

»In dreißig Minuten bin ich da.«

»Ganz schön teuer, die Dame, wenn sie die Ware nicht liefert, platze ich.«

Das ignorierte ich wohl besser. »Was ist mit der Leiche?« fragte ich und spürte, wie sich die kleinen Muskeln auf meiner Stirn anspannten. Ich erwog, einige von ihnen einfach durchschneiden zu lassen.

»Die ist bei Lisa. Du bist nicht verdächtig – es sei denn, du hast ihn mit einem winzigen Mausegebiß gebissen.«

»Was?«

»Laß uns darüber sprechen, wenn Lisa fertig ist, ich muß mich sputen.«

Ich legte auf und sah mich noch einmal im Büro um, bestimmt hatte ich etwas vergessen. Aber was?

Klar, den kleinen Koffer. Ich ging hinüber in Rosas Büro und sah sofort ein hübsches flaschengrünes Ding, nicht zu groß, nicht zu klein. Ich lächelte Rosa dankbar zu, öffnete ihn und warf einen raschen Blick hinein.

»Ich habe ein grauschwarzes Etuikleid gekauft, mit Schlitz und tiefem Ausschnitt für abends und dann ein figurbetontes Kleid in Grau. Reine Wolle. Vier Slips, zwei BHs und zwei Hemden von Freddo, reine Seide«, sagte sie, ohne die Augen vom Bildschirm zu nehmen. Ich konnte meinen Blick nicht von ihr wenden. So erstaunte sie mich manches Mal. Warum war sie bloß so gerne meine Sekretärin? Was mochte sie daran? Wer war sie, wenn sie nicht klackende Absätze trug, gelbe Telefonnotizen schrieb, meine Retterin war? Ich drückte sie, nahm den Koffer und ging zum Jeep.

»Dein norwegisches Medium abholen«, sagte ich zu mir selbst, als ich auf die Autobahn fuhr, die mich am schnellsten ins Zentrum von Cornwell bringen würde. Sam wußte ganz genau, wie sie hieß, und wollte bloß seinem Mangel an Respekt Ausdruck verleihen. Ich hoffte sehr, Gro Mari Bjørke würde ihm Grund geben zu bereuen. Typisch Mann, sich über Dinge lustig zu machen, von denen er nichts versteht.

Ich selbst verstand zwar auch nichts davon. Und ich glaubte auch nicht daran. Aber ich würde so gerne. Ich würde gerne an eine geistige Welt glauben, an Geister, an Schutzengel, an alles mögliche Gute, das wir nicht sehen können. Um auf den Kern zu kommen: Ich würde gern an ein Leben nach dem Tod glauben. Alles andere machte mir Angst. Aber es ist schwer, daran zu glauben, wenn man das Umfeld bedenkt, in dem ich mich aufhalte. Lisa vergleicht den Menschen mit einer Fliege und behauptet, daß der Mensch für die Erde und das Universum weder besser noch schlechter ist als die Fliege. Es fällt uns nicht schwer zu akzeptieren, daß eine Fliege, wenn wir sie erschlagen haben, tot ist, vergangen, weg, und wir stellen uns auch nicht vor, wie deren Seele weiterleben wird in einer neuen Fliege oder einem höherstehenden Geschöpf. Nein, das tun wir nicht. Und der einzige Grund, weshalb wir glauben, wir seien anders als die Fliegen, ist der, daß wir mit unseren großen Gehirnen imstande sind, uns alles andere vorzustellen, nur nicht das, daß ein so meisterliches Kunstwerk wie wir einfach vom Erdball verschwindet.

Aber das tun wir, sagt Lisa. Wenn wir sterben, dann sterben wir, dann verschwinden wir, und damit ist die Sache erledigt. Das gleiche sagen auch Sam und alle anderen auf dem Revier. Nur: Woher wollen sie das wissen? Meiner Meinung nach ist ihre Haltung nur Ausdruck allgemeiner männlicher Abgestumpftheit. Deshalb – der Gedanke, daß Gro Mari Bjørke sich in solcher Gesellschaft befinden sollte, ohne einen verständnisvollen Menschen um sich, dafür konnte ich nicht meinen Namen hergeben. Damit will ich sagen, daß Sam sich zweifelsohne auf mich bezogen hatte, als er sie einlud.

Ich parkte im Keller und zog mich gleich neben dem Aufzug, in einer riesengroßen Behindertentoilette um, mit einem Spiegel vom Boden bis zur Decke. Rosa war wirklich ein Schatz, was sie gekauft hatte, saß perfekt, und ich war mit den meisten Details zufrieden, abgesehen von den Schlitzen im Rock, die für die Arbeit deutlich zu hoch reichten.

Sam hatte die Beine auf seinen überfüllten Schreibtisch gelegt und diesen Eichhörnchen-Ausdruck im Gesicht: Wie er mit seinen Augen auf und ab und zur Seite huschte, das erinnerte einfach an ein Eichhörnchen. Er starrte aufs Telefon, als ich eintrat, aber er blieb sitzen.

»Jetzt habe ich auch einen bekommen«, sagte er, den Blick immer noch auf dem Telefon.

»Was?« Ich setzte mich ihm gegenüber.

»Einen – Bibelstöhner. Perwersyjny skurwysyn.« Er nahm die Beine herunter, lehnte sich über das Durcheinander und nahm eine Minikassette, die er in sein Diktaphon einsetzte. Er reichte es mir. »Hör mal, ob das der gleiche ist?«

Ich hielt mir das Diktaphon ans Ohr und hörte die Stimme eines alten Mannes: *»Die Menschen werden deine Ernte und dein Brot verzehren, sie werden deine Söhne und Töchter fressen.«* Ich schaltete ab und blickte fragend zu Sam.

»Das ist aus Jeremias, 5.17. Es geht noch weiter.«

Ich drückte auf die on-Taste, und wieder dröhnte er: *»Ich bin der gerechte Richter, der Herz und Nieren prüft ...«*, und dann wurde der Hörer heftig aufgeknallt. Ich blickte fragend zu Sam.

»Das zweite ist ein Zitat aus ›Herr der Heerscharen, gerechter Richter, der Herz und Nieren prüft, laß mich deine Rache an ihnen schauen‹, bla bla bla.«

»Die Anrufe, waren die für dich?«

»Ich glaube schon, aber er leierte es einfach nur herunter, sowie er verbunden war. Er weiß ja, daß alles auf Band aufgenommen wird; und deshalb ist er wohl darauf aus, daß es bei mir abgeliefert wird. Sonst macht das ja keinen Sinn.«

»So?« Ich sah ihn immer noch fragend an.

»Es ist doch auch kein Geheimnis, daß wir einen Fall mit einem Kerl haben, der unter Umständen Kannibale ist, oder? Deshalb ist es doch naheliegend, daß ich die Anrufe serviert bekomme, wenn sie nur Stichwörter wie »Söhne und Töchter« oder »Nieren und Herzen fressen« enthalten.«

»Er will also gefaßt werden«, meinte ich. »Er foppt uns.«

»Weiß Gott, was der tut.« Sam rollte mit den Augen. »Aber ist das die gleiche Stimme?«

»Du meinst: die meines Bibelmannes? Nein, das glaube ich nicht.«

Ich legte das Diktaphon auf den Tisch und lehnte mich im Stuhl zurück. »Ich glaube, meiner ist etwas älter. Er hat auch mehr Zeit. Er hat nie so schnell den Hörer aufgelegt. Und im übrigen ist er an anderen Sachen interessiert – wie du weißt.«

Sam hob die Augenbrauen. »Ich möchte trotzdem gern deine Bänder ausleihen, wenn du sie nicht gelöscht hast?«

»Ich habe gerade ein Band gelöscht, aber ich habe noch ein anderes mit ein paar Zitaten. Das liegt neben dem Anrufbeantworter, nimm es dir einfach.«

Ich schaute auf meine Uhr. »Ich muß in ein paar Stunden nach Athen, bin dann morgen nachmittag kurz zu Hause, fahre anschließend nach Virginia und bin nicht vor Montagmorgen zurück. Kannst du morgen nachmittag vorbeischauen?«

»Kann ich nicht einen Schlüssel bekommen?«

»Sonia hat den Zweitschlüssel. Sonia, du weißt, die von heute morgen, in dem Schweizerhaus gegenüber.«

Sam nickte, und dann saßen wir eine Weile da und dösten.

»Wo ist denn nun unsere Norwegerin? Ist sie da?« fragte ich schließlich.

Sam nickte zur Tür des Vernehmungszimmers hinüber. »Sie hat sich *ein wenig hingelegt*. Sie mußte *ein bißchen ruhen*. Musi sobie pokimać!« Das paßte ihm offenbar gar nicht. Sie hätte sich geweigert zu kommen, wenn nicht ein Sofa zur Verfügung gestellt würde, also haben wir uns bei den Umzugsleuten umgeschaut und das ›besetzte‹ weiche Sofa unten von O'Connors ausgeliehen.«

Das Sofa im Pub wurde »besetzt« genannt, weil es so weich und gemütlich war, daß es tatsächlich im wahrsten Sinne immer »besetzt« war.

»Wie lange muß sie denn ruhen?«

Er zuckte die Achseln, und etwas anderes als die Schwerkraft zog an seinen Mundwinkeln.

»Was ist mit dem verschwundenen Jungen?«

»Keine Spur, er ist einfach weg.«

»Gib mir ein paar Details.«

»Es gibt keine. Es gibt gówno, nichts!«

»Bilder?«

Er zog zwischen dem Durcheinander auf dem Schreibtisch eine Mappe heraus und warf sie zu mir hinüber. Ich nahm einen Stapel Fotos. Die ersten zeigten einen Atriumhof, aufgenommen aus verschiedenen Winkeln. Es gab eine Sandkiste, ein Gestell mit einer Schaukel, einen Tisch mit Bänken, und in einer Ecke lag eine große Menge Holzklötze; nicht weit davon stand eine Art Laufgestell für Kinder und in einer anderen Ecke ein Dreirad. Innen und außen wuchs an den Mauern Efeu, und ringsum gab es hohe, grüne Bäume. Ich konnte schwach an der Außenseite des Hofs einen Zaun aus Hühnerdraht erkennen und eine hohe Metalltür, die überhaupt nicht zu der restlichen Idylle paßte.

»Hier saß er und spielte?« fragte ich und winkte mit einem der Bilder, die den Hof zeigten. »Und dann war er auf einmal weg?«

»Ja, wie ich dir gesagt habe. Zuletzt haben sie ihn mit Bauklötzen spielen sehen, und als sie ihn riefen, damit er sein Obst essen sollte, da war er einfach weg.«

»Und er kann natürlich nicht selbst die Tür öffnen?«

»Die ist 1,50 m hoch, er ist – war – fünf Jahre alt. Das konnte er nicht, nein.«

»Er war geistig behindert?« Ich blätterte den Bilderstapel durch und fand eines, das in der Einrichtung von ihm aufgenommen worden sein mußte. Ein fröhlicher Junge, dessen Gesicht klar die Symptome des Mongolismus trug.

»Er hatte dieses, du weißt schon ... Syndrom.« Sam lächelte matt. »Down. Darüber haben sich die Jungens lustig gemacht – die Adresse ›Dappled Downs?‹, sehr witzig.«

Ich ging nicht weiter darauf ein. »Was macht ihr?«

Er zuckte defensiv die Achseln. »Wir interviewen alle im Heim. Versuchen, eine Liste zu erstellen. Vergleichen. Warten auf eine Leiche. Freiwillige Eltern und Pfadfinder, die den ganzen Süden durchkämmen.«

Dappled Downs und Forest Hill lagen beide in der Gegend, die sich Cornwell-Süd nannte, dennoch waren beide Gebiete zehn Kilometer voneinander entfernt.

»Es gibt nichts, das mich veranlaßt, meine Auffassung zu ändern«, sagte ich vage, wohl wissend, daß ich kaum etwas hatte, das man eine Auffassung nennen konnte. Eigentlich kann man bei einer ersten Tat davon ausgehen, daß der Täter in seiner eigenen Umgebung zuschlug, wo er sich sicher fühlte. Aber nachdem dieser hier absolut kein Debütant war, gab es keinen unmittelbaren Grund, daran festzuhalten, daß beide Kinder aus Cornwell-Süd verschwunden waren.

»Die Zeitungen, was haben sie auf deine Anweisung hin geschrieben?«

»Lies sie doch selbst, kretynka!« fauchte Sam und deutete auf einen Stapel bei der Tür. Ich stand auf und nahm die oberste. Die Überschrift auf der ersten Seite lautete: FISKE VERNIMMT VERBRECHER.

Und im dazugehörigen Artikel stand unter anderem: *Die Frau mit dem sechsten Sinn, die weltbekannte Expertin für Erstellung von Verbrecherprofilen, Dr. Fanny Fiske, hat in dem Fall des unsichtbaren Schänders –*

Ich ließ die Zeitung sinken. »Der unsichtbare Schänder? Ist das sein offizieller Spitzname?

Sam nickte. Ich las weiter ... *inzwischen ein erschütternd hellsichtiges Porträt des unbekannten Täters. »Wir haben jetzt ein so präzises Profil, daß uns Dr. Fiske ebenso gut seine Adresse hätte geben können. Wir peilen eine Festnahme zur Untersuchungshaft vor Ende der Woche an«, äußert der verantwortliche Kriminalkommissar David Berkovic der Presse gegenüber ...*«

Mir blieb der Mund offen stehen, ich ließ die Zeitung sinken und schaute sprachlos auf Sam.

»Hast du das wirklich gesagt? ›*Peilen noch vor Ablauf der Woche eine Festnahme an*‹. Das soll uns wohl Punkte bringen?«

Er zuckte die Achseln. »Es war dein Vorschlag. Idiotko.«

»Ich habe nichts davon gesagt, daß du ...« Ich hielt inne, als ich hörte, wie sich die Tür des Vernehmungszimmers öffnete, und blickte hoch. Eine hochgewachsene, schlanke Frau Anfang Sechzig stand in der Tür. Untadelig in grauem Kaschmirpullover und grauen Flanellhosen, dazu ein einfaches Goldarmband, graues, kurzgeschnittenes Haar mit einer leichten Dauerwelle. Sie lächelte mich freundlich an, nickte leicht und drehte sich zu Sam.

»Ich bin jetzt bereit.«

Sam stand auf.

»Frau Gro Mari Bjørke ...« Er deutete unbeholfen auf mich: »Dr. Fanny Fiske, die uns auf Sie aufmerksam machte.«

Ich stand auf, ging hinüber und gab ihr die Hand. Ihre Hand war kühl, der Händedruck fest, ihr Lächeln warm, wie das einer alten Freundin. Sie ging ins Vernehmungszimmer, ich folgte ihr und setzte mich an den ovalen Konferenztisch und so nahe wie möglich an das Sofa, das sie von O'Connors geliehen hatten. Auf dem Konferenztisch stand ein Aufnahmegerät.

Sam kam mit einigen Gegenständen, die er Gro Mari Bjørke reichte. »Sie wollen überhaupt nichts benutzen, das Jimmy Glebokie gehörte?« fragte er sie. »Nur das Frosh-Mädchen?«

Sie nickte. Ich ging davon aus, daß Jimmy Glebokie der kürzlich verschwundene Junge war. Er hatte bis jetzt keinen Namen gehabt. Ich hatte jedenfalls noch keinen gehört. Wenn man erst tot war, war ein Name vielleicht überflüssig?

»Dies hier«, sagte er und reichte ihr ein Foto, »... ist Ellen Frosh. Das ist das letzte Foto, das die Familie von ihr aufgenommen hatte.« Gro Mari Bjørke schaute es lange an. Dann blickte sie auf und zu Sam hinüber, der ihr einen Teddy reichte und eine Art zerknittertes Halstuch in verblaßtem Lila, vermutlich ein Nuckeltuch. Sie legte das Bild auf die Armlehne und nahm die Gegenstände.

»Mit dem Teddy und dem Tuch hier schlief sie jede Nacht?« fragte sie Sam. Er nickte.

Sie legte das Tuch auf den Schoß und fing an, mit beiden Händen den Teddy zu drücken, als ob sie Teig knetete; sie drehte und wendete ihn, roch daran, schloß die Augen, öffnete sie, schaute kurz hoch und berührte ihn noch mal ein wenig länger. Dann legte sie den Teddy auf ihren Schoß und nahm das Tuch. Sie faltete es auf, glättete es auf ihren Schenkeln und schloß die Augen. Sie roch daran, rieb es an ihrer Haut und saß am Schluß eine Weile mit dem Tuch in den Händen ruhig da. Dann legte sie auch das Tuch auf den Schoß, neben den Teddy, griff wieder nach dem Bild und schaute das Foto an, das sie auf die Armlehne zurücklegte.

»Bis ich fertig bin, möchte ich Sie um absolute Ruhe bitten.« Sie schaute uns an, so sah es jedenfalls aus, aber dennoch war es, als ob sie durch uns hindurchsah, zu etwas hinter uns. Wir sagten kein Wort, aber Sam schaltete das Aufnahmegerät ein.

Sie richtete sich auf, atmete tief ein und schloß die Augen.

Dann sank sie völlig in sich zusammen und faltete sich beinahe über dem Teddy und dem Tuch zusammen.

So blieb sie sitzen. Wir schauten sie an, mucksmäuschenstill. Sie saß unbeweglich, ein Körper, aus dem das Leben gesickert war, die Hände ruhten auf dem Teddy und dem Nuckeltuch. Ohne einen Blick von Gro Mari Bjørke zu wenden, sah ich aus dem Augenwinkel deutlich, daß Sams eine Augenbraue etwas zu hoch saß. Ich wußte, er würde mit der Zeit anfangen, an all das zu denken, was er hätte erledigen können, wenn er nicht hier sitzen müßte, auf *dein norwegisches Medium* gaffend.

Ich hoffte so sehr, sie würde ihn beschämen. Ich faltete die Hände und bat inständig um einen Hinweis, trotz aller Vernunft, und vielleicht auch, weil die Zeit in dem alten Vernehmungszimmer so merkwürdig still stand. Hier hatte ich schon so oft gesessen, jedoch nie in Gesellschaft einer zusammengeklappten älteren Frau.

»Da ist ein altes Pferd«, sagte sie plötzlich, so daß wir zusammenzuckten und uns wie die Soldaten auf den Stühlen aufrichteten. »Da ist ein kleiner Junge, er ist ein armer kleiner Junge, seine Sachen sind schmutzig und zerlumpt. Er befestigt ein Seil am Halfter des Pferdes und zieht es aus dem Stall. Er führt es über eine Wiese zu einem Lattenzaun.« Sie machte eine Pause. »Er bindet es an einer Latte fest. Er trägt einen Rucksack. Er nimmt den Rucksack ab, setzt ihn auf die Erde. Er nimmt eine Flasche heraus, die ist aus Plastik, sie hat einen Deckel, er schraubt den Deckel ab, er gießt ... er gießt Benzin auf den Schwanz des Pferdes. Er wirft Flasche und Deckel ins Gras. Das Pferd steht still, schaut geradeaus, sieht nicht, was er tut. Es fürchtet nichts Böses.« Sie machte noch eine Pause und holte tief Atem. »Er holt eine Streichholzschachtel aus seiner Hosentasche, er zündet den Schwanz an, das Feuer lodert sofort auf, und das Pferd, nein, das wiehert nicht, das schreit, und es steigt und versucht sich vom Seil und von der Latte zu befreien, der Junge tritt zurück, und er läßt es nicht aus den Augen. Das Pferd steht in Flammen, und jetzt grinst der Junge, nun reißt das Pferd die Latte heraus und galoppiert davon, schreiend, mit loderndem Schwanz und mit einem Lattenzaun am Seil hinter sich.« Sie machte eine Pause. Dann richtete sie sich ein wenig auf und hob den Kopf.

»Darf ich den Jungen sehen«, flüsterte sie, ihre Stimme war verändert. Sie faltete sich wieder zusammen. Dann setzte sie sich mit einem Ruck gerade hin und öffnete die Augen und sah geradewegs durch uns durch. »Jetzt bricht er sich den kleinen Finger und weint … vor Freude.«

Sie machte eine Pause, wobei sie nur erschrocken zu der Stelle hinter uns starrte. »Er ist ein Geschöpf, das von der brennenden Ekstase des Schmerzes angetrieben wird.« Sie schrie es beinahe heraus und brach auf dem Sofa zusammen. »Schmerz«, keuchte sie. »Da ist zu viel Schmerz!« Dann krümmte sie sich auf dem Sofa in Embryonalhaltung zusammen.

Sam warf mir einen Blick zu, den ich nicht unmittelbar deuten konnte, aber etwas in diesem Blick sprach von Ungeduld. Er stand auf.

»Können Sie sehen, wo er ist?« Sie antwortete nicht, sondern blieb mit geschlossenen Augen liegen. Ich konnte Sam ansehen, daß er nicht wußte, was er tun sollte. Er ging einmal rund um den Tisch. Ich schaute auf meine Hände. Schielte auf die Uhr. Ich hatte noch eine halbe Stunde.

Als Sam den Tisch einmal umrundet hatte, ging er zu ihr, beugte sich vor und schüttelte sie sanft. »Frau Bjørke, ich bin gezwungen zu fragen, wo er ist, wer er ist – wir müssen etwas Konkretes haben. Wir werden etwas Konkretes brauchen. Wo ist er? Wo ist er?« Er schüttelte sie wieder. »Er hat einen kleinen Jungen in seiner Gewalt. Wir müssen den kleinen Jungen finden, wenn es nicht ohnehin schon zu spät ist. Helfen Sie uns! Wir müssen wissen, wo er ist.« Sie schlug die Augen auf. Setzte sich langsam auf dem Sofa auf.

»Ich kann nicht mehr.« Wieder brach sie zusammen. Sie legte sich hin. »Er wohnt in einem grauen Haus«, flüsterte sie, »aber es gibt noch ein zweites Haus, mit Kletterpflanzen ...«

Ihre Stimme versiegte, und soweit ich das erkennen konnte, schlief sie einfach ein. Sam sah verzweifelt aus, als er sich mir zuwandte. Er raufte sich die Haare. »Super Idee«, knurrte er. »Das hier hilft doch nicht die Bohne. Sam gnój. Und darauf habe ich jetzt den ganzen Tag verwendet, wo ich doch hätte draußen sein müssen ...« Er deutete auf das vergitterte Fenster, »... und den kleinen Jungen für seine Eltern finden müssen, denen ich in ein paar Tagen, vielleicht morgen, erzählen werde, daß wir den abgeschnittenen Kopf ihres Kindes in einem anderen Müllcontainer gefunden haben! Zazrane wiadro!« Er hatte Tränen in den Augen und fuhr mit der Hand durch seine Haare. Ich schaute auf meine Uhr, stand auf, ging hinüber zur Tür und bedeutete ihm, er möge mit hinauskommen. Er schüttelte den Kopf, als er an mir vorbei und durch die Tür ging. Ich schloß sie hinter uns.

Er setzte sich auf seinen Schreibtischstuhl und begrub den Kopf in den Händen. »Was soll ich mit all diesem Geschwafel anfangen? O kurwa! Was zum Teufel ist das hier? Ich bin es, der die ganze Scheiße aufsammeln muß! Hol dich der Teufel, du kannst mich viel zu leicht herumkommandieren und meine Zeit verschwenden! Du mußt ja meinen Job nicht machen. Du mußt in deinen schönen Sachen nur in die Business Class einsteigen und wieder aussteigen und dich von Mr. X und Mr. Y umlegen lassen und dich wie eine verdammte Doktor Fanny Fiske aufführen! Zisch ab, Fiske, ich kann dich gerade nicht mehr ertragen!«

Ich setzte mich auf den Stuhl ihm gegenüber. Ich verstand ihn leider nur zu gut.

»Das Pferd ist nicht nur sein vertrauensvolles Opfer.« Ich

redete schnell, denn ich hatte Angst, daß er mich sonst unterbrechen würde. »Er ist beides, das Pferd und der Junge. Seine Welt kreist um den Schmerz. Er verursacht Schmerzen und will selbst auch Schmerzen zugefügt bekommen. Physischen Schmerz. Klinisch gesehen, ist er ein sexueller Sadomasochist und eindeutig ein pathologischer Fall, aber er hat auch Phantasien, sporadisch ist er psychotisch, und er denkt in Symbolen, ohne es zu wissen. Möglicherweise ist er pädophil, möglicherweise bloß in seiner sexuellen Entwicklung infantil, möglicherweise alles beides. Das finden wir heraus. Aber er bestimmt das Tempo.«

Ich stand auf und ging zu Sam hinüber. »Wer er ist und wo er steckt – das kann man leider nicht bestellen.« Ich drückte ihn, er machte sich steif. Ich richtete mich auf, und plötzlich fiel mein Blick auf den Namen des Jungen. Da stand er ja, sein Name, Jimmy Glebokie war mit großen Buchstaben auf seine Akte gedruckt, neben der Aktennummer. Ich nahm den Ordner und öffnete ihn. Da stand er wieder, sein Name, gleich bei der Fallbeschreibung auf der ersten Seite. Vielleicht war ich es, die aufgehört hatte, Namen wahrzunehmen. Vielleicht brauchte ich Urlaub. Ich klappte die Akte zu, warf sie auf den Tisch und schaute kurz zu Sam hinüber, der mit dem Gesicht in seinen Händen dasaß.

»Ich habe einige Auskünfte bekommen, die ich gut brauchen kann, aber ich glaube wohl, daß du bei Jimmy Glebokie mit schlimmem Ausgang rechnen mußt.« Ich wendete mich zum Gehen, wagte aber nicht, zurückzublicken. »Ich würde dir empfehlen, jemand anderen zu suchen, der mit Jimmys Eltern redet. Ich gehe jetzt. Falls noch mehr Briefe kommen, dann faxe sie mir. Und halt mich auf dem laufenden. Du weißt, wo ich bin.«

Er schaute auf. »Und ich weiß, was du tust, zapierdolona kurwo«, rief er mir bitter hinterher, als ich die Tür zuwarf.

Er öffnete die Tür und rief:

»Willst du ihn nicht endlich anrufen, diesen Vittantorio!«

»Vittanto*nio!*« rief ich zurück und fischte den PDA aus der Tasche. Ich kam bis zu Vittantonios Sekretärin durch, die mir erzählte, er sei mit der Familie in Ferien und könnte erst gegen Ende der Woche kontaktiert werden. Ich bat sie, eine Nachricht zu hinterlegen.

## 14

Am Flughafen wurde meine Tasche untersucht, obwohl ich meine EFBI-Karte vorzeigte. Und dann fingen sie an, meinen Schlagstock auseinanderzunehmen. Eigentlich sollte ich, infolge meines Mitarbeitervertrags, einen .38iger Kaliber tragen. Aber ich wurde davon zugunsten eines Schlagstocks dispensiert, weil die Koordination Hand-Auge bei mir so schlecht ist, daß ich nicht in der Lage bin, eine Tür auf einen Meter Abstand zu treffen. John Douglas pflegte zu sagen, daß ich nicht einmal aus einem Schuh Wasser ausgießen könne, wenn die Gebrauchsanweisung auf dem Absatz stünde.

Das dauerte, und ich mußte mich mit den Einkäufen beeilen. Ich besorgte in der Abflughalle eine Flasche Metaxa, eine alte Gewohnheit von damals, als man beim Einkauf auf dem Flughafen noch sparen konnte. Im übrigen haben sie an Bord nur selten Metaxa, und auf Metaxa hatte ich nun mal Lust.

Als ich auf das Gate zuging, konnte ich merken, wie mir jemand folgte, so daß ich mich umdrehte und einen freundlich lächelnden grauhaarigen älteren Herrn mit großem, grauem Bart entdeckte, der mich aufgeräumt anlächelte.

»Nehmen Sie keine Notiz von mir« sagte er mit einer Stimme, die im Laufe der Jahre zu viele Zigarren genossen hatte. »Ich versuche nur mit einer Frau Schritt zu halten, die bei Brandy einen guten Geschmack beweist.«

Ich lächelte angestrengt, drehte mich um und eilte weiter. Dann war es also mal wieder an der Zeit für einen Ausflug zu einem kleinen Lifting in die Klinik. Wenn mich ältere Männer ansprachen, wußte ich, was die Stunde geschlagen hatte.

Draußen goß es in Strömen, und der Regen schlug mit sadistischer Grausamkeit gegen die Scheiben. Meine Laune war am Nullpunkt. Athen war weit davon entfernt, meine Lieblingsstadt zu sein. Elias Panayotopoulos war sicher kein Mann, bei dem ich mich um eine Zusammenarbeit riß. Der Fall, für den er meine Hilfe angefordert hatte, war nichts weniger als abscheulich: Eine junge Frau und ihre zwei Kinder waren in ihren Betten brutal ermordet worden. Und es irritierte mich, daß der ältere Herr im Flugzeug direkt hinter mir saß und glaubte, daß *ich* glaubte, Metaxa wäre ein guter Brandy. Nur weil ein Brandy gut *schmeckt*, heißt das ja nicht, daß es ein guter Brandy ist.

Ich legte den Sicherheitsgurt an und zog die Akte heraus. Noch ehe der Kaffee serviert wurde, war ich damit durch und rechnete mir aus, daß wieder mal eine telefonische Konsultation ausgereicht hätte, denn sowohl der Schauplatz als auch die Opfer trugen – in diesem Fall – so deutliche Zeichen von persönlicher Wut, daß man zweifelsfrei behaupten konnte, Opfer und Täter kannten sich, sogar besonders gut.

Ich weiß nicht, worin Panayotopoulos' Problem bestand, und es interessierte mich auch nicht. Er liebte es, mich zu ignorieren, den Beschäftigten zu spielen, mich hinzuhalten, mich warten zu lassen – alles in allem mußte er mich unbedingt immer wissen lassen, daß er der Boss war. Beim letzten Mal hatte er mich eine Stunde lang in seinem Vorzimmer warten lassen, während – wie sich zeigte – er und ein Kriminalbeamter in seinem Büro virtuell die Fußball-WM nachspielten. Als ich das herausfand, ließ ich seine Sekretärin, Elena, wissen, daß ich zurückfahren würde. Aber es glückte ihm, mich »festzunehmen«, wie er selbst es ausdrückte, in der Abflughalle des Flughafens, wo er sich obendrein erlaubte, mich zu beschimpfen. Wenn ich nicht so sicher gewesen wäre, daß der unbekannte Täter in dem Fall bald wieder zuschlagen würde – und die Chancen dafür, daß ich das würde verhindern können, standen gut –, dann wäre ich nach Hause gefahren. Statt dessen folgte ich widerstrebend, und ich brauchte einige Zeit, über meinen Schatten zu springen. Er aber schnappte sich seinen PDA und führte den gesamten Weg zurück ein lebhaftes Gespräch auf Griechisch, während ich vor Wut kochte – wie es ihm am liebsten war.

Vermutlich gab es irgend etwas, auf das sich Panayotopoulos etwas einbilden konnte. Seine Arbeit war es sicherlich nicht, denn es war ein offenes Geheimnis, daß in Athen die Aufklärungsrate bei Mord und Sittlichkeitsverbrechen die niedrigste in der gesamten Föderation war.

Aber dieses Mal hatte ich einen hübschen Plan.

Panayotopoulos ließ mich mal wieder von Elena vom Flughafen abholen, er selbst kam nie. Elena war eine kleine, dünne, entkräftete Frau, die mit ihrem allzeit gesenkten Kopf deutlich signalisierte, daß in dieser Welt alle anderen, nur nicht sie, die Entscheidungen trafen. Ideale Voraussetzung für die Zusammenarbeit mit Panayotopoulos.

Diesmal würde ich mir nicht in seinem Vorzimmer anschauen, wie Elena das Telefon bediente.

Als wir ankamen, riß ich zu Elenas Entsetzen sofort die Tür zu seinem Büro auf und unterbrach ihn beim Zappen vom Lokalprogramm zum Sportkanal, wobei er die Füße auf dem peinlich leeren Schreibtisch liegen hatte. Bevor er eine Schimpfkanonade abfeuern konnte, zog ich die Akte hervor. Ich legte das Diktaphon auf den Tisch, schaltete ein und begann den Fall in aller Knappheit durchzugehen. Diese Schrecksekunde ausnutzend, mußte ich so nicht mehr Zeit als unbedingt nötig in seiner Gesellschaft verbringen. Nach einer halben Stunde war ich fertig. Ich sprach Datum und Zeitpunkt auf die Kassette, stellte das Diktaphon ab, nahm die Kassette heraus und warf sie ihm auf den Schreibtisch. Dann reichte ich ihm einen Zettel und bat ihn, die Erstellung des Profils zu quittieren, sagte besten Dank und guten Tag, ging hinunter auf die Straße und winkte mir ein Taxi heran, außerordentlich zufrieden mit meinem Auftritt und schon bereit für den nächsten. Der drehte sich um Hercules.

Hercules war ein Privatdetektiv, den ich vor zehn Jahren beruflich kennengelernt hatte. Ein großer, warmer Mann mit einer Umarmung, die einem Sumo-Ringer den Atem nehmen könnte, und genau das, was ich jetzt brauchte. Wir aßen Oliven und *keftedes* auf dem Dach, nur eine Kerze zwischen uns. Anschließend zog ich mich aus und verbrachte die Nacht bei ihm, ohne ein Auge zuzutun. Am nächsten Tag sonnte ich mich auf dem Dach und war gerade ein bißchen eingenickt, als mich schließlich Hercules' Autoschlüssel auf meinem Rükken weckten und verkündeten, daß mein Flieger nicht auf mich warten würde.

## 15

Irgendwo in der Luft zwischen Athen und Cornwell beschloß ich, daß ich keine Lust hatte, zu meinem Haus zu fahren, so kurze Zeit, nachdem ein schöner junger Mann als Leichnam in meinem Bett gelegen hatte. Und im übrigen lohnte sich das auch gar nicht mehr. Ich hätte gerade genug Zeit, die Tür zu öffnen, dann müßte ich schon wieder weg. Deshalb rief ich Sonia an, bat sie, mir einen Koffer für eine Woche zu packen und ihn mit einem Taxi zum Cornwell International zu schicken. »Vorzugsweise Baumwolle und Leinen«, instruierte ich sie. Dann fielen mir die Akten ein, die ich für die Vorlesungen brauchen würde, und ich rief Rosa an. Ich bat sie, alles herauszusuchen und mit einem Taxi zum Flughafen zu schicken. Ich war mir ziemlich sicher, daß Albert Fish unter F archiviert war und The Hillside Strangler unter H – soweit kam ich noch, ehe sie mich ungehalten unterbrach und fragte, ob ich sie jetzt nicht einfach ihre Arbeit machen lassen könnte. Und dann nannte sie mich wieder *Schatzi.*

Sam rief genau in dem Augenblick an, als ich eine Melatonin-Tablette geschluckt und die Sonnenbrille aufgesetzt hatte – in der Absicht, die ganzen acht Stunden nach Virginia zu verschlafen, ohne Unterbrechung durch Essen, Kaffee und Brandy und mit einem seit langem abgeschalteten PDA in der Kalbsledertasche.

»Lisa ist mit der Obduktion von Francis Zanf fertig.«

»Laß hören«, sagte ich in das flugzeugeigene Telefon, das nicht gerade die beste Verbindung bot.

*»Cat bite infection«,* sagte er in polnisch gefärbtem Englisch. »Dein Hamster; ich war gerade unterwegs, um ihn zu erschießen, aber die Reinigungsgesellschaft hatte ihn unter deinem Sofa gefunden, er war schon tot.«

»Ja aber, was bitte ist eine *bite* Infektion?«

»Verursacht offenbar von irgendeinem Verwandten der Pest, auf jeden Fall eine Gengemeinschaft, soweit ich das verstanden habe. Laß mich sehen ... sie hat geschrieben ›Pasteurella bacterium pseudotuberculosis rodentium‹ ...«

»Merkwürdig, der hat doch auch Sonia gebissen und sie trug nur einen geschwollenen Finger davon. Vielleicht war das, ehe er das – das da bekam?«

»Lisa sagte, daß man normalerweise davon auch nicht stirbt, sondern nur eine lokale Infektion bekommt, aber Francis' Immunsystem war stark beeinträchtigt. Erstens hatte er Influenza, und zweitens hatte er etwas, das heißt ... mmh ... Hämochromatose ... das ist eine kranke Leber, wegen … Lisa hat auch eine kranke Handschrift … zu viel Eisen, glaube ich, steht da. Das ist sicher etwas, woran man stirbt, das macht die Leber fertig. Aber du solltest die Geschichte besser aus dem Mund unserer Pathologin hören, ich würde mich nicht darauf verlassen, daß ich das richtig begriffen habe.«

»Jesus, Maria und Josef – und woher hat mein Hamster das?«

»Wahrscheinlich vom Futter, das Futter wird im Moment analysiert.«

»Was hast du den Journalisten erzählt?«

»Nichts – bis jetzt. Bisher hat keiner danach gefragt.«

»Und was, wenn einer fragt?«

»Glaube ich nicht. Die sind vollkommen darauf fixiert, ihrem verdammt unwahrscheinlichen, unsichtbaren Schänder mythologischen Status zu verleihen. Ein Blatt nennt ihn übrigens den ›Unsichtbaren Kannibalen‹.

»Daß ihr das mit dem Kannibalismus habt raussickern lassen, war eine sehr schlechte Idee. Wir wissen nicht mal, ob es so ist.«

»Also weder wir noch die in der Rechtsmedizinischen haben ein Wort über Kannibalismus verloren. Sie haben berichtet, was gefunden wurde, aber kein Wort über ihre Folgerungen. Das hat sich die Presse selbst ausgerechnet. So schwer war das ja nicht – oder?«

»Ich glaube, es ist längst überfällig, den Zeitungen mal eine Moralpredigt zu halten. Die tragen doch verdammt noch mal eine Mitverantwortung für das, was geschieht. Warum die Pressefreiheit wichtiger ist als das Leben von Kindern und die Gefühle von Eltern, das wird mir immer ein Rätsel bleiben. Und wenn sie dann wenigstens bei den Fakten blieben. Jetzt sitzt dieses Schwein da und brüstet sich mit einer Heldentat, genießt den Applaus und fühlt sich bestärkt. Und du weißt ja selber, was dann passiert, oder?«

»Du meinst, er hängt die Meßlatte beim nächsten Mal noch ein bißchen höher?«

»Wahrscheinlich – ganz zu schweigen davon, wie sehr wir zum Gespött werden, wenn die Woche um ist und ihr nicht einmal einen Verdächtigen habt. Habt ihr einen Verdächtigen?«

»Bald.« Das klang nicht allzu überzeugend, und er murmelte leise auf polnisch. »Momentan suchen wir vor allem nach dem Glebokie-Jungen. Die Pfadfinder sind wieder unterwegs, die Presse hat mit ihren eigenen Nachforschungen begonnen, und Elterngruppen von ganz Cornwell-Süd durchkämmen die Stadt.«

»Sonst noch was?« Ich war müde und wollte endlich schlafen.

»Ich habe das Band von deinem Bibelfreund genommen und es zusammen mit ein paar Proben von meinem Bibelfreund an den Psycholinguisten geschickt.«

»Ich glaube, da hast du mit einem ziemlichen Dreck zu tun. Wie viele kranke Anrufe hast du eigentlich bekommen – und von wie vielen kranken Köpfen?«

»Mehr, als ich auf Anhieb sagen kann.«

»Ja, aber warum konzentrierst du dich jetzt so auf den Bibelmann? Bist du milieugeschädigt?«

»Quatsch. Ich habe alle Anrufe, die ich bekommen habe, untersucht, soweit das möglich war.« Er machte eine Pause. »Aber es gibt kranke ... und es gibt kranke Anrufe. Wenn man die Bibel *so* liest wie unser Bibelfeund, dann ist man wirklich richtig – krank. Pojebany.«

Wie man die Bibel als Kranker oder als Gesunder liest, davon hatte ich nun wirklich keine Ahnung. Das einzige, was ich wußte, war, daß meine Augen ganz einfach zufielen, als ob sie mich zwingen wollten zu schlafen – auf der Stelle.

»John Wayne Gacy hatte es auch mit Bibelzitaten«, redete Sam unverdrossen weiter. »Er legte seinen jungen Burschen

Handschellen an, dann fickte er sie in den Arsch, schlug sie, bot ihnen Brote an mit Erdnußbutter und Marmelade und erdrosselte sie, während er ausgewählte Passagen aus der Bibel herunterleierte.«

»Ja, ja, das machte Albert Fish auch und eine ganze Menge anderer. Aber dann denk doch an die Tausenden, die Bibelzitate herunterleiern, ohne den Leuten Butterbrote anzubieten und sie zu erdrosseln.« Ich seufzte müde. »Sam, wir müssen ein andermal reden. Ich muß jetzt einfach schlafen. Ruf mich morgen nachmittag an.«

»Okay.« Er war sauer. »Ich hätte dir sonst noch von meinem Traum erzählt.«

»Morgen«, antwortete ich ungeduldig und legte den Hörer auf. Dann war ich mit einem Mal sehr wach. Ein Traum. Sam wollte mir von einem Traum erzählen? Jetzt stand die Welt auf dem Kopf.

»Business or pleasure?« kam die Stimme meines Nebenmanns. Ich drehte mich um und bemerkte erst jetzt, daß ich neben einem wunderbaren, lächelnden Mann in einem teuren blauen Blazer saß. Alles, was ich bislang gesehen hatte, war eine Hand, die eine Seite des ›Wall Street Journal‹ hielt. Aber ich war zu müde.

»Both«, sagte ich, was stimmte, setzte meine Schlafbrille auf und kippte meinen Sessel in Schlafposition. Aber kaum war das geschehen, klingelte erneut das Telefon in der Armlehne. Das war Bob. Sie hatten den Plan geändert und beschlossen, daß ich zuerst dransein sollte. Er hoffte, daß mir das nichts ausmachte, schließlich hatte ich das doch alles im Kopf? Ich schnaufte vor Wut.

»Öf, öf, öf«, grunzte ich ihn an und legte auf. In meinem Alter.

Sie hatten die Reihenfolge der Vorlesungen vertauscht, nur um mir damit die Lektion zu erteilen: Wenn man nicht an der Planung teilnimmt, dann wird man eben bestraft. Kindergarten. Was dachten sie sich eigentlich? Daß ich aus dem Flugzeug steigen und mit Jetlag eine vierstündige Vorlesung halten würde, unvorbereitet, über Jeffrey Dahmer? Selbstverständlich konnte ich ohne Vorbereitung nicht vier Stunden lang über Jeffrey Dahmer sprechen, die hatten wohl … Creutzfeldt-Jakob, diese Kannibalen, und vor allem hatten sie die Rechnung ohne mich gemacht. Sie würden wohl wieder tauschen müssen. Als er anfing, mir von den Arrangements zum Essen zu erzählen, knallte ich den Hörer auf.

»Problems?« fragte der Nebenmann und raschelte mit seiner Zeitung.

»Yes«, antwortete ich mit schlecht verhohlener Gereiztheit und richtete den Sessel auf. Ich konnte seinen Blick auf meiner Wange spüren und fing an, mich nach einer Stewardeß umzuschauen.

»Need anything?« fragte er. Und das mir, die ich davon überzeugt war, meine Körpersprache sei deutlich eiskalt und gefüllt mit nadelspitzen Abweisungen.

»Yep«, antwortete ich, wandte ihm den Rücken zu und wünschte, er würde hinter seiner Zeitung tot umfallen.

Ich bekam eine Stewardeß zu fassen und bat um eine Tasse schwarzen Kaffee und einen Vecchia. Sie hatten keinen Vecchia, ja dann vielleicht einen Calvados? Sie nickte und ging. Ich schloß die Augen und konnte die leicht abstumpfende Wirkung des Melatonin spüren. Wäre das jetzt nicht Business Class gewesen, dann hätte ich zu hören bekommen, daß ich in der Schlange zur Volksküche warten müsse, bis ich dran sei. Aber dann wäre ich wirklich an die Decke gegangen.

»Are you allright?« fragte er nun wieder. Es war unglaublich.

»Yes, Sir, everything is FINE«, giftete ich, öffnete die Augen, tauchte in meiner Kalbsledertasche unter und zog Dahmers Akte plus meine eigenen Aufzeichnungen von früheren (und viel kürzeren) Vorträgen hervor. Dann fing ich an. Als die Stewardeß kam, bestellte ich gleich noch einmal dasselbe, wo ich sie nun schon mal zu fassen bekam. Ich konnte den Blick meines Nebenmanns auf mir und meinen Sachen spüren, als ich die Akte durchging, die auch sämtliche Fotos enthielt. Über seiner Zeitung machte er Stielaugen, was ihn nicht sonderlich kleidete. Deshalb fischte ich noch Kopien der Polaroids heraus, die Dahmer selbst von seinen Opfern angefertigt hatte, und legte sie oben auf den Stapel. Ich blätterte sie langsam durch, hielt sie in einem solchen Winkel, daß mein irritierter Nachbar die beste Ansicht hatte. Er war ein richtiger Trophäenjäger gewesen, dieser Dahmer. Einige der Bilder zeigten junge Typen beim homosexuellen Geschlechtsverkehr. Andere zeigten die gleichen Jungen in ausgesprochen totem Zustand. Auf wieder anderen sah man die Opfer mit abgeschnittenen Gliedmaßen und auf die eine oder andere Art verstümmelt. Das Bild, das mich unmittelbar veranlaßte, mich zu übergeben, zeigte den abgeschnittenen Kopf eines jungen Schwarzen, hübsch auf einem Stück weißen Stoffs plaziert. Daneben lagen seine Hände, der abgeschnittene Penis des Opfers und die Hoden. Dieses Bild ließ ich obenauf liegen und hoffte, daß mein Nachbar seine Nase endlich wieder in die Aktienkurse steckte, wo sie hingehörte.

Meine Notizen waren in vier Stunden durchgearbeitet. Dann fielen mir die Augen einfach zu. Ich sank im Sitz zurück – und schlief.

Ich erwachte nicht eher, bis mein Nebenmann mich vorsichtig mit dem Ellbogen in die Seite stupste und sagte, ich solle meinen Sicherheitsgurt anlegen. Ich bemühte mich, aufzuwachen und meinen Sicherheitsgurt halb schlafend zu schließen, in diesem sonderbaren Zustand, wo man sich noch an seine Träume erinnern kann. Ich hatte von einem kleinen grauen Haus in strömendem Regen geträumt. Ich hatte im Regen davor gestanden und auf das graue Haus geschaut und gespürt, wer dort drinnen wohnte. Mit hochgezogenen Schultern hatte ich dort gestanden und es angeschaut.

Die Stimme des Piloten war tief und klangvoll, als er von Wind und Wetter und den Temperaturen in Nordost-Virginia erzählte. Alles paßte zu meiner mitgebrachten Garderobe in Leinen und Baumwolle, registrierte ich kurz, dachte aber weiter an das graue Haus. Und dann fiel mir mit einem Mal Gro Mari Bjørke wieder ein. Hatte sie später noch mehr zu Sam gesagt? Hatte er sie ordentlich behandelt? Bei dem Gedanken, sie könnte einen seiner »charmanten« Rüffel abbekommen haben, schüttelte es mich. Ich mußte mit ihm reden. Und was hatte er mit dem grauen Haus vor? Und wie sollte ich diesen Tag überleben, nachdem ich im Prinzip seit zwei Tagen nicht richtig geschlafen hatte? Bei dem Gedanken war ich erst erschöpft, dann wütend. Das war doch ... Was hatten sie sich denn vorgestellt? Daß ich von Ferne ihr Cateringproblem lösen würde? Daß ich nichts anderes zu tun hatte, als an ihr kleines, blödes Seminar zu denken? Ja, ich war wütend – über diese absurde Situation, und darüber, wie unmöglich Bob und Artur waren. Und es war ein Segen, daß ich so wütend wurde, denn so hielt das Adrenalin mich wach.

Und dort stand Bob, am Dulles International Airport. Nicht schwer zu entdecken, gleich hinter der Absperrung, wie letztlich dreißig Prozent aller Männer, mit denen ich beruflich zu tun hatte.

Wie er dort am Flughafen stand, hinter der Absperrung, selbstzufrieden die Hände in den Taschen und mit einem Lächeln auf den Lippen, das gutes Gewissen signalisierte, intaktes Familienleben, bestes Essen und perfekte Pflege, vom Kopf bis zu den Zehen, fehlte Bob eigentlich nur ein Mahagonischreibtisch auf dem Bauch und eine blonde Sekretärin am Ende seiner Angelrute, um das Bild eines lässig sich zurücklehnenden Managers zu vervollständigen.

Ich starrte ihn eiskalt an und sagte kein Wort.

Auf dem gesamten Weg bis Quantico, den sogenannten »155 grünen Hektar in Nordost-Virginia« erzählte er von seiner Frau, die gerade von Präsidentin Hillary Clinton zur Richterin des Obersten Gerichtshofs ernannt worden war. Aber statt zuzuhören, saß ich neben ihm und versuchte mir unsere Interviews im Gefängnis zu vergegenwärtigen. Ich weiß nämlich noch genau, daß ich neben ihm saß und dachte: *Wie häßlich Bob mit seinem kleinen spitzen Kinn ist, und was für ein Mann ist dagegen doch Ted Bundy.* Es hatte mich amüsiert, mir vorzustellen, wenn ich wählen müßte, dann würde ich Ted Bundy mit ins Bett nehmen, obgleich er dreißig Frauen mit langen Haaren und Mittelscheitel ermordet hatte. Bob würde ich vor die Tür setzen und seine Wange tätscheln. Ich brauchte genau diese Vorstellungen in genau diesem Moment, sonst hätte er die Fahrt nicht überlebt.

Wir überlebten beide. Der Anblick von Bob und Artur mit ihrem sadistischen Zahnpastalächeln in der ersten Reihe verpaßte mir den letzen Adrenalinstoß, den ich noch brauchte, um meine Müdigkeit darin zu ertränken.

Wenn sie glaubten, sie würden mich leiden sehen, als Dank fürs letzte Mal, dann hatten sie sich getäuscht. Und es würde Zeit genug bleiben, später, wenn ich mit meiner kleinen Geschichte von Amerikas notorischstem homosexuellen Mörder einmal fertig war, Bob und Artur zu erzählen, was ich von ihnen hielt. Aber jetzt ging es erst mal um Jeffrey Dahmer:

Über einen Zeitraum von dreizehn Jahren war es Dahmer gelungen, sich an siebzehn jungen Männern zu vergehen, die er zuvor auf unterschiedliche Weise quälte. Im Zusammenhang mit Dahmer gab es zwei Dinge, die zu diskutieren von Interesse waren. Zum einen, ob er zurechnungsfähig im strafrechtlichen Sinne war oder nicht. In den Konsequenzen für das Opfer ist das zwar völlig unerheblich, hat aber große Bedeutung für die Nachforschungen und das Strafmaß. Bob Ressler und

John Douglas hatten sich jahrelang darüber gestritten, und wir konnten hier die Gelegenheit nutzen und das ebenfalls tun. Ich plädierte für zurechnungsfähig, allein um Bob zu ärgern, und obwohl ich an sich seine Einschätzung teilte.

Zweitens stellte sich die Frage, ob Dahmer Kannibale war. Auch wieder so eine juristische Spitzfindigkeit: *probierte* er nur vom Fleisch seiner Opfer oder *verzehrte* er es, trank er ihr Blut? Wo begann der Kannibalismus? Was geschah aus sexuellen Motiven? Und war Kannibalismus zu den sexuellen Perversionen zu rechnen?

Dahmer eignete sich in jeder Hinsicht zur Einführung, das mußte ich den Herren lassen, weil er alle Züge eines Serienmörders in einer Person vereinigte.

Als der Tag zu Ende war, war ich auch am Ende. Artur und Bob glaubten zwar, daß ich frisch und munter wäre »für ein kleines Gespräch wegen morgen«, und hatten im »Les Parolis« einen Tisch bestellt. Aber ich brauchte nicht mehr als dreißig Sekunden, um den beiden zu erzählen, daß ich mich jetzt mit einem sehr schnellen Taxi ins Hotel bringen lassen würde. Die konnten mich mal. Die Müdigkeit war mittlerweile zu einem stechenden Schmerz in den Knochen geworden, und wenn es mein Leben gegolten hätte, ich konnte nicht mehr. Ich schaffte es noch nicht einmal mehr auszupacken, ehe ich vollständig bekleidet auf meinem Hotelbett einschlief. Aber das stellte ich erst fest, als der PDA summte.

## 16

Mein PDA war so programmiert, daß er nur Gespräche von Rosa und Sam entgegennahm, deshalb konnte ich ihn nicht einfach abwürgen. Glücklicherweise lag er auf meinem Nachttisch, so mußte ich nur den Arm danach ausstrecken.

»Fanny?«

»Ja«, murmelte ich halb im Schlaf, noch immer den Kopf auf dem Kissen. »Was willst du?«

»Störe ich?«

»Ich schlafe. Was willst du?«

Er antwortete nicht. Ich konnte hören, wie er eine Menge Speichel schluckte.

»Nichts besonderes. Nur reden.«

Ich schielte nach dem Hotelwecker. Es war 23.15 Uhr. Ich hatte seit 18 Uhr geschlafen. Das reichte noch nicht. Und ich war hungrig. Ich hatte seit dem Kaffee und dem Calvados im Flugzeug nichts in den Magen bekommen, und ich hatte den Lunch überspringen müssen, weil mir noch ein Schluß für die Vorlesung fehlte.

»Es ist also nicht wichtig?« Ich setzte mich auf und rieb mir die Augen.

Er zögerte mit der Antwort. »Was ist wichtig?«

»Ist irgendwas?«

»Nichts, nur daß ich dich vermisse. Ich fühle mich so einsam. Und vollkommen untauglich.«

»Laß mich richtig wach werden und etwas essen, dann rufe ich dich zurück, okay?« Ich legte auf und griff nach der Speisekarte auf dem Nachttisch. Sie enthielt reichlich »Leckere Kleinigkeiten«, und das war für einen gepeinigten Magen wie den meinen bestimmt ausgezeichnet. Ich bestellte Artischokkenböden mit Chefdressing, Vierkornbrot und eine halbe Flasche trockenen Weißwein. Daraufhin schlief ich wieder ein, wachte aber auf, als es an meiner Tür klopfte. Ich öffnete dem entzückendsten kleinen Piccolo, den ich seit langem gesehen hatte. Kein Jahr älter als sechzehn, möchte ich wetten, dunkle Locken und unglaublich hübsch, vermutlich romanischer Herkunft. Wenn ich nur nicht so müde gewesen wäre ... Der Gedanke streifte mich, als er meine kleine Mahlzeit auf einem Glastisch hinter dem Bett anrichtete. Mir fiel auf, daß er bereits der zweite junge Mann war, der meinen Weg kreuzte, ohne daß ich ihm ein Bein gestellt hatte. Ich schien wirklich alt zu werden. Also stand ich auf, fischte ein paar Dollarnoten aus meiner Geldbörse und steckte sie ihm in die Tasche. Er hatte fast keinen Körpergeruch. Kurz gab ich mich der Phantasie hin, wie er in ein paar Jahren duften würde oder wenn er sich eine gewisse Zeit in meinem Bett aufgehalten hätte. Aber ich rief mich zur Ordnung und nahm den PDA mit zum Glastisch. Das Chefdressing entpuppte sich als eine Art dünne Remoulade, und mein Magen weigerte sich, die aufzunehmen. Deshalb begnügte ich mich damit, vorsichtig vom Brot und den Artischockenböden zu kosten, ehe ich Sam zurückrief.

»Wo bist du?« fragte ich ihn.

»Ich liege in meinem Bett«, antwortete er. »Im Schlafanzug.«

»Davon habe ich kein Bild in meiner Datenbank.« Ich versuchte ein Bild von Sam im Pyjama heraufzubeschwören, aber es gelang mir nicht. Alles, was ich sah, war ein verzweifelter Mann, der auf- und ablief und sich die Haare raufte. »Warum liegst du dort? Warum sitzt du nicht an deinem Schreibtisch und schwitzt und zerbrichst dir den Kopf? Wieviel Uhr ist es eigentlich bei dir?«

Er seufzte. »Halb fünf. Ich kann die Vögel hören. Ich habe die ganze Nacht wachgelegen, nein, eine Stunde habe ich sicher geschlafen.«

»Du klingst so depri.«

»Ich *bin* depri.«

»Wegen Frosh und Glebokie?«

»Yep.«

»Was jetzt?«

»Was jetzt? Was jetzt? Ich war gestern den ganzen Tag mit Jimmys Eltern zusammen. Ich war so dumm. Ich habe wirklich geglaubt, es würde leichter sein als bei der Frosh-

Familie ... jetzt sage ich bloß, wie es ist, also spar dir jede dumme Bemerkung ..., ich dachte, weil Jimmy retardiert war ..., ich, ich ... weiß nicht, was ich mir dabei gedacht habe.«

»Du dachtest, es würde für sie weniger schlimm sein, weil Jimmy retardiert war. Du dachtest, es würde nicht so wehtun, ein retardiertes Kind zu verlieren, als wenn man ein ›normales‹ Kind verliert. Und dann hast du herausgefunden, daß es so überhaupt nicht ist.«

»Danke.«

»Danke gleichfalls.«

»Ich vermisse dich.«

»Wie weit seid ihr mit dem Fall?«

»Wir haben alle Involvierten auf der Frosh-Liste abgehört und sind bei der Liste, die Ernz Glebokie, der Vater des Jungen, für mich angefertigt hat. Aber ich werde noch mal mit ihm reden müssen, denn er war so außer sich, daß er alles in allem auf lediglich fünfzehn Personen gekommen ist.« Er seufzte. »Wir sind noch nicht ganz damit durch, die Alibis auf der Frosh-Liste zu checken.« Er seufzte wieder. »Wir haben ein paar Fluger-Motorsägen konfisziert und zur Analyse eingeschickt, und wir werden mit der zweiten Runde von Interviews anfangen. Da nehmen wir uns die Personen vor, die in beiden Fällen erscheinen, zu einer Extra-Runde mit Lügendetektor und Blutproben und Fingerabdrücken – und Mageninhalt, aber das natürlich nur, wenn sie zustimmen.« Er seufzte noch einmal.

»Wer sind die doppelt Verdächtigen?«

»Einige Handwerker, die an beiden Orten gewesen sind, ein Maler und ein Elektriker. Und dann der Sportlehrer. Er unterrichtet an drei Schulen, darunter die, auf die beide Kinder gingen. Und der macht aus seiner Vorliebe für Kinder nicht einmal ein Hehl. Er sitzt vor dir und sagt Dinge wie ›Freiwillige sexuelle Erlebnisse, quer durch alle Altersgruppen, sind für die involvierten Personen, unabhängig vom Alter, von Nutzen‹.« Ich konnte hören, wie Sam vom Protokoll ablas. Ich konnte auch hören, wie er dabei war, sich in eine ziemliche Wut hineinzusteigern. »Und dann hat er auf seinen Oberarm ›boy-love‹ tätowiert. Jebany pacykarz. Wirklich dezent für einen Sportlehrer im kurzärmeligen Dress. Dann sagt er doch plötzlich zu mir, ich sei ein ›homophobischer Moralist‹ und hätte ›ungesunde religiöse Ansichten‹. Und als er anfing, mir Zahlen zu nennen zur Orgasmusfrequenz der Zwei- bis Fünfjährigen, platzte mir der Kragen, zumal er dann noch behauptete, nicht nur auf Pädophile würden Kinder sexuell anziehend wirken. Perwersyjny skurwysyn. Krank, krank, krank, sage ich nur. Man sollte ihn sofort vom Dienst suspendieren lassen«, tobte er. *»... na pierdoloną wiesznoćś, for fucking ever.«* Ich kam nicht dazu, auch nur ein Wort zu sagen, da redete er schon weiter:

»Dann ist da auch noch der Priester – Frosh und Glebokie gehören zur gleichen Gemeinde, beides Katholiken. Seine Stimme lasse ich übrigens für einen Vergleich mit den Bändern testen. Er mag Kinder ein bißchen zu gern, über die Jahre hin sind immer wieder Klagen zu seiner Person laut geworden, und über das, was während seiner Kindergottesdienste so vor sich geht. Weißt du, wovon er so predigt? Von einem entspannten Verhältnis zur Nacktheit, zum Beispiel. Oder wie wichtig es sei, Menschlichkeit zu zeigen, *indem man sich gegenseitig berührt,* auch sich selbst. Und keiner von beiden hat etwas, das einem Alibi nahekommen würde. Der Sportlehrer hat obendrein eine Fluger-Motorsäge. Also auf die zwei, den Priester und den Sportlehrer, bin ich mehr als gewöhnlich fixiert, aber wie du weißt, kann ich sie nicht einbuchten – hast du mit Cormio Vittantonio geredet?«

»Er ist verreist. Ich habe eine Nachricht hinterlassen.«

»Du kannst doch wohl seine Nummer bekommen, wo er zu erreichen ist?«

»Er macht Urlaub mit seiner Familie und will nicht gestört werden.«

Sam fluchte eine Weile leise auf Polnisch, dann sagte er: »Und dann ist da auch noch die gesamte Gruppe des Theatervereins Cornwell Süd, zu dem beide Kinder gehörten – auch da gibt es noch ein paar, die für beide in Frage kommen, und an die ich mich gerade nicht erinnern kann...«

»Hm. Hast du weitere Bibelnachrichten bekommen?«

»Zwei hübsche Stücke aus Jeremias: ›*Siehe, ich der Herr, bin ein Gott allen Fleisches*‹ und ›*Ich lasse sie das Fleisch ihrer Söhne und Töchter verzehren, einer soll verzehren des anderen Fleisch*‹.«

»Donnerwetter, das ist ja lecker – apropos: gibt's was Neues aus Lisas Laden?«

»Lisa?« Er überlegte.

»Lisa.«

»Lisa ist auch kein bißchen weiter...«

»Dann ist sie auch in Wartestellung?«

»Prä...?«

»Prae mortem.«

»Versuchst du, witzig zu sein?« Gott, klang er müde.

»Nein, ich glaube, sie wartet, wie wir alle es tun, und fühlt sich genauso hilflos. Sie meint, sie müßte mehr liefern können, so wie du und wie ich. Sie wartet auf eine neue Leiche. Ist es nicht das, was wir tun? Bist du deshalb so depri?«

Der Ton, den er in den Hörer brummte, gab mir recht.

Ich aß noch ein bißchen, während Sam stumm blieb.

»Was ist mit meinem Haus? Ist es jetzt wieder sauber?«

»Davon gehe ich aus.«

»Wie behandelt ihr das?«

»Was? Dein Haus?«

»Nein, den Tod von Francis Zanf!«

»Bis auf weiteres – als einen unglücklichen Zufall.«

Ich war sprachlos.

»Schaut euch doch mal den Hamsterkäfig an. Der wurde geöffnet. Der läßt sich nicht von innen öffnen und schon gar nicht von einem Hamster. Es muß ihn jemand herausgelassen haben.«

Das fiel mir wirklich erst in dieser Sekunde ein. Unglaublich.

»So weit sind wir auch schon. Und im übrigen waren Reste von Pasteurella im Futternapf, aber keine Spur davon in der Tüte mit dem Futter. Also gibt es jemanden, der den Hamster vergiftet und ihn rausgelassen hat.«

»Und wieso nennst du das dann einen unglücklichen Zufall?«

Er antwortete nicht. Ich konnte seine Atemzüge hören.

»Weil, laleczko«, begann er schließlich mit müder Stimme, »... es kann ja wohl kaum jemand anders als du gewesen sein.«

Für eine kurze Sekunde lang schmolz ich. »Laleczko« ist eines der drei polnischen Wörter, die ich tatsächlich verstehe. Schätzchen. So nannte Sam mich noch immer, wenn er sich ernstlich um mein Wohl Sorgen machte. Ich war gerührt. Aber ich war auch sprachlos. Wie konnte er so etwas glauben! Ich sagte kein Wort. Ich hatte einen halben Artischockenboden im Mund und vergaß zu kauen.

»Was ich sage ...«, fuhr er fort, »... ist, ich glaube nicht, daß du es warst, aber wenn ich weiter in der Sache herumwühle, kann es passieren, daß du plötzlich bis zum Hals in der Scheiße steckst. Sag nichts, aber ich glaube, daß du den Hamster töten wolltest, und daß du diesen Virusscheiß in sein Futter getan hast. Dann mußt du vergessen haben, den Käfig ordentlich zu schließen, nachdem du den Hamster gefüttert hattest, aber du konntest natürlich nicht ahnen, daß der Käfig nicht ordentlich verschlossen war und der Hamster rausspringen und deinen ... Liebhaber beißen würde.«

»Das ist nett von dir, Sam, aber ich weiß nicht einmal, in

welches Geschäft ich gehen müßte, um nach ... was-war-das-noch-mal?«

»Pasteurella.«

»... nach Pasteurella zu fragen. Ich habe noch nie von Pasteurella gehört, und wenn ich es hätte, wüßte ich wie gesagt gar nicht, wo ich das Zeug herbekäme, und wenn ich im übrigen meinen Hamster töten wollte, dann würde ich dich bitten, ihn zu erschießen oder einen Tierarzt anrufen. Ich habe dich doch vor ein paar Tagen darum gebeten, kannst du dich nicht erinnern?«

»Klar«, kam es kurz angebunden.

»Ich würde es schätzen, wenn du aufhörtest, die Sache als einen unglücklichen Zufall zu betrachten und dich statt dessen bemühtest, herauszufinden, wer meinen Hamster vergiftet hat und warum. Den Gedanken, daß fremde Menschen in mein Haus einbrechen und seltsame Dinge tun, die mit einer Leiche in meinem Bett enden, mag ich nicht besonders.«

»Es gibt keinerlei Anzeichen, daß jemand in dein Haus eingebrochen ist. Und im übrigen kannst du es ganz ruhig angehen lassen – wir haben alles Notwendige veranlaßt: Fingerabdrücke an Käfig und Futternapf genommen und an der Tüte mit dem Futter in der Waschküche ...«

»Und das sind alles meine?«

»Yes.«

»Ist ja wohl ganz natürlich, oder?«

»Ja.«

»Und was nun?«

»Wer, glaubst du, ist reingekommen und war bei deinem Hamster, und wer sollte den Tod eines netten jungen Mannes wie Francis Zanf wünschen? Kannst du mir das erzählen?«

Ich schob meinen halbleeren Teller beiseite und nippte am Wein. Er war sauer.

»Darüber muß ich erst nachdenken.«

»Wann kommst du nach Hause?«

»In vier Tagen.«

Er sagte nichts, aber es hörte sich an, als wenn er seine Zähne sauber machte oder auf seiner Zunge kaute.

»Ich habe von dir geträumt«, sagte er schließlich. Ich sagte nichts.

»Du warst meine Frau, wir waren verheiratet.« Er sprach schnell, als ob er die Worte herauszwang.

»War es ein Alptraum?« versuchte ich zu scherzen. Am liebsten wollte ich den Rest nicht hören.

»Du trugst eine Schürze und hattest schwarze Schatten unter den Augen. Du hast Brot für mich gebacken.« Er atmete tief ein. Dann flüsterte er: »Und für unsere Kinder. Du hast in der Küche geschuftet, um uns eine Freude zu machen, du sahst abgearbeitet aus, du hattest Falten und ich empfand so eine merkwürdige Zärtlichkeit für dich.«

»Und jetzt rufst du mich an, weil du immer noch so eine ›merkwürdige Zärtlichkeit‹ für mich empfindest?«

»Yep.«

»Sam?«

»Ja.«

»Wir sind nicht verheiratet. Wir haben keine Kinder. Ich bin nicht sonderlich abgearbeitet. Und das mit der Zärtlichkeit, das ist ja nicht so gut, wenn wir zusammenarbeiten sollen, oder?«

»Das ist es wohl nicht«, kam es nach einer Weile.

Wir blieben stumm, jeder mit seinem Telefonhörer in der Hand, fünftausend Kilometer zwischen uns.

»Ich muß jetzt einfach noch ein bißchen Schlaf bekommen«, sagte ich, als die Stille begann, sich gegen mich zu richten. »Aber erst mußt du mir kurz von Gro Mari Bjørke erzählen, hat sie noch was gesagt?«

»Sie schlief ein, und ich ging zur Sitzung. Als ich zurückkam, war sie weg.« Er schwieg eine Weile und fügte dann sarkastisch hinzu: »Aber sie hatte noch Zeit genug, um ihr Honorar an der Kasse abzuheben.«

»Das ist ihr Job. Du sitzt ja auch nicht umsonst in deinem Büro, oder?«

Er antwortete nicht.

»Das graue Haus, von dem sie sprach«, fing ich an, »das verfolgst du doch weiter?«

»Was hast du für Vorstellungen, kobitko? Daß wir all die Tausenden von grauen Häusern von Cornwell überwachen, weil deine norwegische Heldin Visionen von grauen Häusern hat?«

»Ich stelle mir vor«, schnappte ich unfreundlich zurück, »... nein, noch mal von vorn: Nachdem man an Ellen Frosh Reste von grauer Farbe gefunden und nachdem eine renommierte Hellseherin ein graues Haus gesehen hat, stelle ich mir vor, daß ihr das graue Haus bei der Auswahl der Verdächtigen als Kriterium einbezieht.«

»Du meinst also, jeder, der in einem grauen Haus wohnt und irgendwie Kontakt zu den Familien der Opfer hatte, soll überprüft werden?«

»Ja, wenn sie darüber hinaus eine Fluger-Säge besitzen oder Zugang zu einer hatten und sich im übrigen innerhalb des ... Profils bewegen.« Das Wort »Profil« verschluckte ich fast.

»Das ist zuviel verlangt, Fanny! Zum Teufel! Aber gib mir 70 bis 80 Mann dazu, dann sollst du graue Häuser sehen!«

»Also, ich gehe jetzt ins Bett, du fängst an, mir auf die Nerven zu gehen. Wenn du die leads, die du hast, nicht benutzen willst, dann kannst du mit gutem Grund dort in deinem Schlafanzug liegen und dich untauglich fühlen.«

»Also paß auf: Ich faxe dir jetzt die letzten Briefe an Frosh und diejenigen, die bis jetzt bei der Familie Glebokie angekommen sind, und dann, glaube ich, versuche ich noch ein bißchen Schlaf zu bekommen.«

»Tu das. Ich lese sie aber erst morgen – gute Nacht.« Ich legte den Hörer auf, schob das Tablett weiter auf den Tisch und stand auf. Dann zog ich mich aus und ging ins Bett. Ich konnte nicht schlafen, sondern lag da und drehte mich wie ein Grill-Hähnchen. Beinahe 0.57 Uhr! Sollte ich nach dem Piccolo klingeln? Plötzlich setzte ich mich im Bett auf.

Das war zu schnell passiert! Die zwei Kinder waren zu schnell nacheinander verschwunden – und ermordet worden? Dieser Verbrechens-Typ männlicher Gewalt steigert sich nicht so schnell. Der unbekannte Täter mußte sehr lange schon dabei sein. Wen vernahm Sam? Gott und die ganze Welt, die sich mit einer bestimmten Motorsäge in Verbindung bringen ließ? Das war reine Zeitverschwendung. Sollte ich Sam anrufen und ihm sagen, er sollte aufhören? Oder war er nicht gezwungen, alle und jeden zu verhören, wirklich jeden? Doch, das war er. Ich legte mich wieder hin. Steif wie ein Brett. Es konnte sich ebensogut um zwei Mörder handeln. Der Glebokie- Junge konnte von einem inspirierten Pädophilen entführt worden sein, der sich im Kielwasser von Ellen Froshs Ermordung verstecken wollte. Aber gleich zwei, die so gut organisiert waren, die so spurlos arbeiteten, das paßte nicht. Ich setzte mich wieder auf und griff nach dem PDA.

»Ich weiß schon, daß du alle vernehmen mußt«, sagte ich in den Hörer, ehe er noch ein Wort sagen konnte. »Aber du mußt dich konzentrieren auf aus der Haft entlassene Gewalttäter mit längerer ›Karriere‹. Es kann kein Anfänger gewesen sein. Das kann es schlicht und einfach nicht.« Ich legte auf, schluckte eine Melatonin, rollte mich auf den Teppichboden und machte sechzig Liegestütze. Dann schlief ich ein.

## 17

Um 10 Uhr weckte mich der PDA mit der gewohnten Munterkeit und neuen Nachrichten, darunter die, daß es in dem Fall des sogenannten ›unsichtbaren Schänders‹ keine neue Spur gäbe. Ich schüttelte den Kopf, auch wenn ich allein war. Das konnte doch wohl nicht wahr sein! Ich mußte noch mal mit Julio Estevez oder mit John Smith darüber reden. Sie sollten unbedingt einen Pressemenschen anstellen, der in der Lage war zu steuern, welche Informationen an die Zeitungen weitergegeben wurden. Denn was nützte es, wenn man an einem Tag in der Zeitung lesen konnte, daß ich den Täter bis hin zu seinen Stiftzähnen identifiziert hatte, und daß seine Ergreifung noch vor Ende der Woche bevorstand, und dann wenige Tage später erklärt wurde, es gäbe in dem Fall keine neuen Spuren. Das zeigte unserem unbekannten Täter doch nur, daß wir in der Sache vollständig im dunkeln tappten und daß er in der Lage war, uns zum Narren zu halten. Das gab ihm Selbstvertrauen, und was er mit diesem Selbstvertrauen beginnen würde, mochte ich mir lieber nicht vorstellen.

Bob war mit seinem Vortrag an der Reihe, er hatte schon längst angefangen. Vielleicht war es besser, heute im Hotel zu bleiben, überlegte ich während meiner sechzig etwas langsamen Liegestütze. Ich bestellte mir Frühstück aufs Zimmer, und während ich wartete, machte ich mich fertig. Ich duschte und entschied mich für einen Glockenrock aus beigefarbenem Leinen von Valentino, dazu eine enganliegende Korsage aus dem gleichen Material. Als ich mich abtrocknete, fiel mir die Haut an meinen Armen auf; die wurde gerade ganz schön grau und schlaff. Deshalb schmierte ich eine Ampulle auf jeden Arm und setzte mich mit geschlossenen Augen aufs Bett, bis es an der Tür klopfte. Zu meiner Enttäuschung öffnete ich einem pummeligen, lächelnden Stubenmädchen, das ein Tablett mit Bacon, Würstchen und Pfannkuchen brachte. Sie stellte das Tablett auf den Tisch und verschwand mit unglaublicher Diskretion, noch ehe ich Zeit hatte, ihr ein Trinkgeld zu geben. Das Essen duftete wunderbar, und ich war durchaus hungrig, aber gleichzeitig hatte ich keinen Appetit. Ich aß so viel, wie ich schaffte; die Würstchen waren fettig, und ich mußte ins Bad gehen, um mir die Hände zu waschen. Ich schaute auf die Uhr.

Unten in dem vornehmen Hörsaal saßen sie vermutlich alle aufmerksam und machten sich Notizen, während Bob laberte. Letztlich entschloß ich mich, im Hotel zu bleiben, die Vorlesung für morgen vorzubereiten, zu entspannen – und die Faxe zu lesen. Ich schloß den PDA an den Drucker des Hotels an und druckte einen Packen von Wahnsinnsbriefen an Frosh und Glebokie aus.

Dann setzte ich mich aufs Bett und las einen Beweis nach dem anderen dafür, daß der Begriff des Bösen noch immer brauchbar war. Denn wie anders sollte man das hier bezeichnen? Da quälten sich Eltern mit den entsetzlichen Vorstellungen von dem, was ihrem Kind angetan worden war – und erhielten dann noch diese widerwärtigen Briefe von Individuen, die sich an ihrem Leiden ergötzten. Wie sollte man das anders als böse bezeichnen?

Ja, auch wenn es mir unangenehm ist, neben einer Leiche aufzuwachen, bin ich doch eigentlich hart im Nehmen. Aber diese Briefe zu lesen, konnte ich beinahe nicht ertragen; unbeschreibliche Details von unbeschreiblichen Dingen, die die Briefschreiber vorgeblich mit den Kindern angestellt haben wollten. Exakte Beschreibungen von der Stelle, wo die Leiche des Glebokie-Jungen oder wo Ellens Herz angeblich begraben lag. Die Rezepte ganzer Menüs, die vom Fleisch der Kinder zubereitet worden waren. Erstaunlicherweise waren viele Briefe von Hand geschrieben. Nicht zu glauben, was sich die Leute trauten, obwohl allgemein bekannt ist, wie genau die gängigen Programme zur Wiedererkennung von Handschriften inzwischen arbeiten. Wieder andere Briefe kamen aus einem Drucker, vereinzelte waren mit der Schreibmaschine geschrieben.

Als ich die ersten zwanzig gelesen hatte, war ich ziemlich fertig. Doch plötzlich hielt ich einen Brief in Händen, den ich wiedererkannte. Er war auf einer Schreibmaschine abgefaßt. Der Inhalt war es, den ich wiedererkannte. Wort für Wort.

*Lieber Herr Frosh, liebe Frau Frosh,*
*1894 fuhr einer meiner Freunde als Deckbesatzung auf dem Dampfer Taoma unter Kapt. Davis zur See. Sie fuhren von San Francisco nach Hongkong China. Als sie ankamen gingen er und zwei andere von Bord und betranken sich. Als sie zurückkamen, war das Schiff weg. Zu der Zeit herrschte in China Hungersnot. Fleisch jeglicher Art kostete zwischen 1-3 Dollar pr. Pfund. So Groß waren die Leiden unter den sehr Armen, daß alle Kinder unter 12 an Schlachter verkauft wurden die sie aufschnitten und verkauften um zu verhindern daß andere vor Hunger starben. Jungen oder Mädchen unter 14 waren nicht Sicher wenn sie auf der Straße gingen. Man konnte in irgendein Geschäft gehen und nach steaks fragen – Koteletts oder Gehacktes. Ein Teil vom nackten Körper eines Mädchens oder eines Jungen wurde hereingebracht und der Schlachter schnitt das Stück ab das man haben wollte. Der Hintern von einem Jungen oder Mädchen war das Beste und als Kalbskoteletts verkauft brachte es einen guten Preis. John blieb so lange dort, daß er anfing, den Geschmack von Menschenfleisch zu schätzen. Als er nach New York zurückkehrte entführte er zwei Jungen, einer sieben, der andre elf Jahre alt. Nahm sie mit nach Hause zog sie aus fesselte sie in seinem Schrank. Dann verbrannte er alle ihre Sachen. Tag und Nacht Peitschte er sie viele Male aus – folterte sie – damit ihr Fleisch zart und mürbe würde. Erst tötete er den elf Jahre alten Jun-*

*gen, weil er den fettesten Arsch hatte und selbstverständlich das meiste Fleisch dran. Jeder Teil vom Körper des Jungen wurde Zubereitet und gegessen, ausgenommen der Kopf.*

*Der kleine Junge war anschließend dran. Zu der Zeit wohnte ich E. 100 St nr. 409. John erzählte mir so oft wie gut Menschenfleisch schmeckt daß ich Beschloß es auszuprobieren. Jetzt kannte ich Ellen doch so gut, sie war so klein und appetitlich, ich hatte sie oft auf dem Schoß gehabt wenn Sie nicht da waren. Diesen Sonntag beschloß ich sie zu Essen. Ich fragte sie ob sie mit zu einem Geburtstagsfest bei meiner Schwester kommen wollte. Das wollte sie gern. Ich nahm sie mit zu einem leeren Haus, das ich mir bereits ausgeguckt hatte. Als wir dorthin kamen sagte ich, sie sollte draußen warten. Sie pflückte Löwenzahn. Ich ging ins Haus nach oben und zog alle meine Sachen aus. Ich wußte wenn ich das nicht tun würde, würde ich Blut auf die Sachen bekommen. Als alles bereit war, ging ich zum Fenster und rief sie. Dann versteckte ich mich im Schrank, bis sie hochkam. Als sie mich nackt sah, fing sie an zu weinen und versuchte nach unten zu laufen. Ich packte sie und sie sagte sie wollte das ihrer Mutter erzählen. Erst zog ich ihr die Sachen aus. Und wie sie doch trat – biß und kratzte. Ich erwürgte sie dann schnitt ich sie in kleine Stücke damit ich das Fleisch mit nach Hause nehmen es zubereiten und essen konnte. Wie lecker und zart ihr Fleisch war. Ich fickte sie nicht obwohl ich Lust gehabt hätte. Sie starb als Jungfrau.*

Ich schaute auf die Wand. Dann schaute ich zu meiner Kalbsledertasche. Dann fiel endlich der Groschen. In meiner Tasche lag ein Brief, den Albert Fish, einer der widerwärtigsten Mörder Amerikas, am 11. November 1934 verfaßt hatte. Der Grund, warum der Brief in meiner Tasche lag, war der, daß ich morgen über jenen Albert Fish einen Vortrag halten sollte. Ich nahm ihn und legte ihn neben die gefaxte Kopie.

Albert Fishs Brief war handgeschrieben, der des Nachahmers maschinengeschrieben. Und selbstverständlich waren in der Kopie gewisse Änderungen vorgenommen worden. Das Original fing an mit *»Meine liebe Frau Budd«*. Und der Satz *»Jetzt kannte ich Ellen doch so gut, sie war so klein und appetitlich, ich hatte sie oft auf dem Schoß gehabt, wenn Sie nicht da waren«*, stand natürlich nicht im Original, das von der kleinen Grace Budd handelte, einem Mädchen, das 10 Jahre alt war 1928, als sie zusammen mit Albert Fish verschwand, ebenfalls an einem Sonntag. Aber der Rest war Wort für Wort kopiert, und dieser befremdliche leiernde und debile Stil war unverändert. Die Großbuchstaben an den merkwürdigsten Stellen, die fehlenden Kommata und die Unterstreichungen von *»Fleisch jeglicher Art«* und *»nicht«* und *»Jungfrau«*. Aber einer der letzten Sätze war im Brief des Nachahmers ausgelassen: *»Ich brauchte neun Tage, um ihren ganzen Körper zu essen.«* Ich saß lange da und überlegte, warum er das ausgelassen hatte. War dieser Briefschreiber wirklich der Täter? Hatte er keine neun Tage gebraucht, um sie zu essen? Hatte er sie überhaupt gegessen? Was war das hier für eine Geschichte?

Erst weigerte ich mich, zu glauben, daß dieser Brief vom echten Täter stammte. Aber dann mußte ich mich fragen, ob dieser Brief nicht doch auffälliger war als die anderen? Ob dieser Brief nicht doch einfach vollkommen wahnsinnig war? Doch, das war er. Es war vollkommen wahnsinnig, daß ein Mensch darauf kommen sollte, einen so vollkommen wahnsinnigen Brief zu kopieren, der 1934 geschrieben worden war. Damals war der Brief dem Kriminalkommissar King ins Auge gefallen, weil die Details so authentisch waren. Heute wirkten sie nicht wie eine authentische Beschreibung eines authentischen Falls, jedenfalls nicht auf die Weise, wie es zu jener Zeit gewesen sein muß. Aber was mich bekümmerte war folgendes: Wenn jemand einen Brief kopiert hatte, den Albert Fish geschrieben hatte – hatte er dann auch Albert Fish selbst kopiert? Albert Fish und all dessen widerwärtige Perversionen?

Ich rief Sam an. Er nahm sofort ab.

»Dieser maschinengeschriebene Brief«, fing ich an und untersuchte die Ecke ganz unten rechts, um die Registriernummer zu finden, »Nummer 13311?«

»Ja«, kam es verdrossen, »was ist damit?«

»Ist der zum Schriftvergleich gewesen?«

»Schriftvergleich! Das heißt Typenanalyse, wenn es sich nicht um handgeschriebenes Material handelt! Und ja, die sind alle dort gewesen. Das habe ich doch gesagt.«

»O. k., o. k. – aber hat es irgendwelche Treffer gegeben?«

»Bei den meisten handgeschriebenen Briefen gab es Treffer und bei einigen wenigen maschinengeschriebenen, das sind doch jedesmal dieselben Idioten.«

»Bist du so süß und faxt die Treffer zu Nr. 13311?«

»Mm.«

»Bist du sauer?«

»Nee.«

»Na, dann *klingst* du wohl nur so. Faxt du sie bitte gleich?«

»Mm.«

Ich klickte den PDA tot, legte die Albert-Fish-Akte aufs Bett und begann die Papiere zu ordnen. Dann setzte ich mich hin und wartete, bis der rote Fax-Knopf des PDA leuchtete; ich verband ihn mit dem Drucker, der unmittelbar einen handgeschriebenen Brief ausspuckte. Ich warf mich darauf; hinter mir arbeitete der Drucker weiter.

Ein Blick auf den Brief reichte, um zu wissen, daß ich hier mit einer weiteren Kopie eines Briefs von Albert Fish saß. Dieser Fish hatte nämlich eine gewisse Reichweite gehabt, jahrelang hatte Fish an Frauen obszöne Briefe geschrieben. Dieser hier gehörte zu den vielen, in denen er die Rolle des erfolgreichen Hollywoodproduzenten spielte, der Frauen, die willig waren, ihm oder seinem fiktiven Teenager-Sohn, den er meist »Bobby« nannte, gewisse Dienste zu erbieten, unbeschreiblich viel Geld anbot (und unbeschreiblich viel Liebe, oder wie man das nun nennen soll).

*»Ich wünschte, du könntest mich jetzt sehen«*, hatte der Fish-Nachahmer geschrieben, als er im dritten Absatz zur Sache kam: *Ich sitze nackt auf einem Stuhl. Der Schmerz geht über den Rücken genau bei der Lende. Wenn du mir die Sachen ausziehst wirst du einen perfekten Körper sehen. Dein süßer Honig meines Herzens. Ich will deine wunderbare Pisse probieren deine wunderbare Kacke. Du wirst in ein Glas pissen und ich werde jeden Tropfen trinken während du zusiehst. Erzähl mir wenn du soweit bist zu kacken. Ich werde dich über meine Knie legen deine Sachen hochschieben und deine Unterhosen runterziehen und meinen Mund an deinen wunderbaren honigfetten Arsch setzen und deine wunderbare Erdnußbutter essen wenn sie frisch und warm herauskommt. So macht man das in Hollywood!*

Ich verglich den Brief mit dem Original. Sie waren identisch, Wort für Wort. Wo saß der kranke Mensch, der sich in solchem Maße mit Albert Fish identifizierte – ja, das war die Frage: in welchem Maße? Kopierte er nur dessen Briefe? Oder auch seine Taten?

Albert Fish hatte nachweislich über 100 Jungen und Mädchen geschändet; er selbst hatte behauptet, die Zahl läge eher bei 400. Er hatte eine ansehnliche, nie genau ermittelte Zahl von ihnen gefoltert, ermordet und verspeist. Und, wie gesagt – seine Reichweite war enorm. Der Abschrift im Rechtsbuch zufolge hatten mehrere Psychiater erklärt, daß sie nie zuvor an einem einzigen Menschen so viele Perversionen erlebt hatten – Sadismus, Undinismus, Masochismus, Flagellantismus, Exhibitionismus, Voyeurismus, Pädophilie, Koprophagie, Fetischismus, Kannibalismus und Hypererosie. Bei einigen dieser Perversionen mußte ich erst nachlesen: daß Flagellantismus die krankhafte Befriedigung des Geschlechtstriebs durch Prügeln oder Geprügeltwerden bedeutete, daß Undinismus eine sexuell bedingte Fixierung auf Urin war und Hypererosie eine anormale Identifikation mit dem sexuellen Instinkt.

Ich fing an, mich ganz tugendhaft zu fühlen.

Ich bestellte in der Bar telefonisch eine Flasche Vecchia und legte alle Faxe auf einen Stapel. Gerade jetzt hatte ich zwei gute Gründe, Albert Fishs Leben durchzugehen und überdies ausreichend Zeit dazu. Der kleine süße Piccolo war es, der die bauchige Flasche brachte, aber ich nahm ihn kaum wahr.

## 18

Am Freitag, den 22. März 1936 wurde Albert Fish wegen vorsätzlichen Mordes an Grace Budd zum Tod auf dem Elektrischen Stuhl verurteilt. Erst danach gestand er alle anderen Morde an Kindern, die er begangen hatte. Bis zuletzt versuchte Fishs Verteidiger, James Dempsey, das Urteil in lebenslange psychiatrische Sicherheitsverwahrung umwandeln zu lassen, weil Albert Fish so offensichtlich krank war. Fish war nicht imstande, zwischen richtig und falsch zu unterscheiden, betonte der Verteidiger, auch wenn jedermann sehen konnte, daß er sich jahrelang geschickt vor der Polizei versteckt gehalten hatte, weil er genau wußte, daß er etwas getan hatte, was sehr, sehr falsch war. Insofern traf für ihn die gesetzliche Definition von »nicht zurechnungsfähig« nicht zu.

Aber was ist man, wenn man Dinge begeht, wie Albert Fish sie beging – wenn man die Gelüste hat, die Albert Fish hatte?

Ich saß immer noch mit untergeschlagenen Beinen auf dem Bett und arbeitete mich durch die Akte, jetzt war ich bei der

Abschrift, die das Verhör des Verteidigers mit einigen Psychiatern wiedergab, die Albert Fish untersucht hatten. Zwei von ihnen, ein Dr. Charles Lambert und ein Dr. Menas S. Gregory, erklärten, daß Fish »im Vollbesitz seines Verstandes« sei, präziser: nicht geisteskrank. Dr. Lambert beschrieb ihn als eine »psychopathologische Persönlichkeit ohne Psychosen«.

Ich überflog einen besonders absurden Auszug aus der Abschrift, die das Verhör des Verteidigers, James Dempsey, mit Dr. Gregory protokollierte:

Dempsey: »Ist es ein verbreitetes Phänomen, Doktor, daß Menschen sich sexuell erregen, sobald sie mit Urin und Stuhlgang zu tun haben?«

Dr. Gregory: »Das ist viel verbreiteter, als Sie glauben.«

Dempsey: »Würden Sie einen Mann, der Urin trinkt und menschlichen Stuhlgang ißt, geisteskrank nennen?«

Dr. Gregory: »Nun, geisteskrank ist nicht das dafür verwendete Wort. Pervers trifft es wohl eher.«

Dempsey: »Solche Menschen werden aber doch sicher verwahrt?«

Dr. Gregory: »Solange man sie nicht entmündigen kann, gibt es keine Möglichkeit, sie ›wegzuschließen‹. Aber rein sozial fehlt dem Mann nichts.« Er fügte hinzu, daß zahllose Menschen an der gleichen Perversion litten. (Ich erinnerte mich, in einem Kommentar gelesen zu haben, daß er das zornig sagte. Der Zorn rührte daher, daß er der Chefpsychiater einer Anstalt war, die wenige Jahre zuvor Fish mit dem Prädikat »gesund« entlassen hatte.)

Dr. Gregory: »Es handelt sich oft um erfolgreiche Menschen, berühmte Künstler, anerkannte Lehrer und Finanzleute, die auch dieses ... Leiden teilen.«

Dempsey: »Nehmen wir einmal an, daß der Mann Grace Budd nicht nur tötete, sondern auch ihr Fleisch aß. Würden Sie behaupten, daß ein Mensch neun Tage lang Menschenfleisch essen und dennoch nicht als geisteskrank bezeichnet werden kann?«

Dr. Gregory: »Darüber wurde lange diskutiert.«

Und so ging es weiter, seitenweise. Ich kippte meinen dritten Vecchia und erinnerte mich plötzlich an die Situation, als ich hinter einer Scheibe einem Verhör beiwohnte, für das ich selbst die Anweisungen gegeben hatte. Der Mann, Richard Speck, hatte acht Krankenschwestern vergewaltigt und ermordet, und wir wollten mehr darüber erfahren, wollten wissen, warum, wir wollten wissen, wie er dachte. Aber es war nicht leicht, an ihn heanzukommen. Den Kriminalbeamten war bewußt, wie wichtig es war, mit dem Täter auf dessen Niveau zu reden, und als Alexander Ipwich, der die Nachforschungen leitete, mit der Faust auf den Tisch schlug und sagte: »Zum Teufel auch, du Penner! Ich bin stinksauer, weil du uns anderen acht Ärsche weggeschnappt hast!« – da schüttelte Richard Speck lächelnd den Kopf. »Ihr habt sie ja nicht alle! Die Grenze zwischen Leuten wie euch und mir ist wohl ein bißchen verwischt.«

Manches Mal, dort in diesem Grenzbereich, stehen uns Zweifel sicherlich nicht schlecht an.

Albert Fishs Verhältnis zu Stuhlgang und Urin schockierte mich nicht sonderlich. Seine Sache. Es waren die Wörter in dem Protokoll, die Wörter, die den Zweifel schufen. Diese Wörter brachten meine Hand zum Zittern. Und es waren viele. *Nicht so gut verwahrt. Psychopathologisch ohne Psychosen. Geisteskrank. Im Vollbesitz seines Verstandes.*

Wissen wir eigentlich immer, wovon wir sprechen? Wie exakt können Definitionen sein? Wo bewegen wir uns in Grenzbereichen des Normalen, was gilt als »krank«? Was heißt das für die Verurteilung eines Verbrechers? Und: Was hieß das im Fall Albert Fish und für unseren Mörder?

Es gab da diesen Mann, der Kinder entführte. Es gab Anzeichen für Kannibalismus. Wir hatten eine Frau mit hellseherischen Fähigkeiten befragt, und sie hatte einen Menschen gesehen, dessen Leben auf Schmerz fokussiert war – Schmerz zu erleiden und Schmerz zu verursachen. Das waren Fishs herausragendste Eigenschaften. Er hatte etliche Kinder vergewaltigt, ermordet und verspeist. Er hatte sich selbst mit einer neunschwänzigen Katze geschlagen und mit einem Nagelbrett. Er hatte Nadeln in sein Geschlechtsteil gesteckt, etliche Male, als Buße für das, was er kleinen Kindern angetan hatte. Als er gefaßt worden war und untersucht wurde, zeigten die Röntgenaufnahmen nicht weniger als 29 Nadeln, die tief in seinem Unterleib steckten. Einiges wies darauf hin, daß sie vermutlich seit Jahren dort steckten.

Er war kein Mann, der sich für das interessierte, was wir unter sexuellen Beziehungen zu Kindern verstanden. Er wollte Schmerzen zufügen, das war seine primäre »sexuelle Beziehung«. Das hatte er in dem Kinderheim gelernt, in dem er aufgewachsen war, und wo immer mehrere Jungen auf einmal ausgepeitscht wurden, einer nach dem anderen, während die übrigen zuschauten. Fish selbst datierte einem Psychiater gegenüber sein erstes sexuelles Erlebnis auf das Alter von sechs bis sieben Jahren und beschrieb das als ein Lustgefühl, welches entstand, wenn er ausgepeitscht wurde und zusah, wenn andere Schläge erhielten.

Gleichzeitig war er familiär vorbelastet. Sein Onkel litt an einer religiösen Psychose, sein Halbbruder war in eine Nervenheilanstalt zwangseingewiesen worden, sein Bruder hatte einen Hydrocephalus, einen »Wasserkopf«; dann hatte er eine Schwester, die nach Fishs eigener Aussage »an der einen oder anderen Geisteskrankheit leidet« und eine Mutter, die Dinge sah und hörte.

Auch Albert Fish sah Dinge und hörte Töne. Er selbst war bereits früh in eine Anstalt eingewiesen worden, und es gab vieles, das auf eine religiöse Psychose deutete.

Ich blätterte weiter zu den Seiten, die sein Verhältnis zu Gott beschrieben. »Ich bin Gott« soll er etliche Male direkt vor seinem Haus zum Himmel gerufen haben. Die widerstreitenden Bußtaten waren ebenfalls im Namen Gottes ausgeführt worden. Es gab Zeiten, da war er besessen von dem Gedanken, Jungen zu kastrieren und zu töten – als Buße für seine Sünden, zu denen unter anderem die Kastration und Ermordung von Jungen gehörte. Er war besessen von der Geschichte von Abraham und Isaak und glaubte, Gott habe ihm auferlegt, Jungen zu opfern. Wenn das nicht in Gottes Sinn wäre, würde ihm ein Engel Einhalt gebieten. Im Gefängnis, als er auf seine Todesstrafe wartete, wurde er häufig mit der Faust um sein erigiertes Glied ertappt: Oft masturbierte er zur Liturgie des Gottesdienstes.

All das war Vergangenheit und erschien mir so weit weg, daß sich eine gehörige Portion Unglaube zwischen mich und die Akte schob. Mit einiger Skepsis las ich weiter. Dann stockte mir der Atem: Sein Lieblingsprophet sei Jeremias gewesen. Ich mußte schlucken. Was hatte Sam doch gleich gesagt? Waren nicht ein oder zwei Zitate von Jeremias auf dem Anrufbeantworter der Polizei eingegangen?

Ich griff mir den Hörer und drückte Code 1. Sams Sekretärin nahm ab.

»Hallo, Janina, Fanny hier – ist Sam in der Nähe?«

»Er ist mit Lisa und Kenneth unten am Blair Square. Der Kopf des Jungen und seine Hoden wurden in einer Mülltonne auf der Herrentoilette der U-Bahn gefunden.«

Ich mußte noch einmal schlucken. Albert Fish aß keine Hoden. Das hatte er stets betont.

»Sagst du ihm bitte, ich hätte angerufen, und es würde eilen? Ich sitze hier und warte, daß er zurückruft.«

Ich genehmigte mir noch einen Vecchia und blätterte in dem Stoß Faxe, bis ich zu dem Brief von Fish kam, in dem es um den Mord an dem vierjährigen Bill Gaffney ging, der jahrelang nicht aufgeklärt werden konnte. Bis das Geständnis wenige Tage nach der Urteilsverkündung kam. Fish hatte ihn entführt und ihn zu einem Haus mitgenommen, »wo allein stand«. Das klang falsch. »Ein Haus, wo allein steht.« Das klang wie eine verkehrte Übersetzung. Aber egal. Es war das leere Haus, das er im ersten Brief erwähnt hatte. Ich schrieb es auf, in Gedanken sowohl bei dem grauen Haus, wie bei dem, wovon Gro Mari Bjørke gesprochen hatte.

In dem Haus, das allein stand, hatte er dem Jungen die Sachen ausgezogen, ihn geknebelt und an Händen und Füßen gefesselt. So hatte er den vierjährigen Jungen die Nacht über zurückgelassen und war erst am Tag darauf gegen 14 Uhr wiedergekommen, wobei er sein »Höllenwerkzeug«, wie er es nannte, mitbrachte: ein Schlachtermesser, ein Tranchiermesser und einen Fuchsschwanz. Dazu eine neunschwänzige Katze, die er selber angefertigt hatte. Dann machte er sich an die Arbeit.

*»Ich gab Zwiebeln dazu, Karotten, Rüben, Sellerie, Salz und Pfeffer. Es war gut«*, hatte er in einem Brief an seinen Anwalt geschrieben, den dieser am 24. März 1936 veröffentlichte. *»Dann schnitt ich seinen ›Pipi‹ und seine Klunker ab. Ich aß alles in vier Tagen auf. Sein kleiner Pipi schmeckte süß wie eine Nuß, aber seine Klunker konnte ich nicht kauen. Warf sie weg.«*

Wenn einen die Wirklichkeit mit einem solchen Menschen konfrontiert, wäre es dann nicht am angenehmsten, ihm einfach den Rücken zuzuwenden und sich in einer Statistik zu vergraben, die aufzeigt, wie viele Kinder wir bekommen, welches unsere liebsten Hobbys sind und wie viele Kuscheltiere eine Durchschnittsfamilie besitzt? Denn rein statistisch gesehen ist es ja unwahrscheinlich, einer Person wie Albert Fish über den Weg zu laufen. Selbst ich begegne selten einem Menschen, der Albert Fish auch nur entfernt das Wasser reichen kann.

Albert Fish war – und das ist meine ganz persönliche, aber volle Überzeugung – krank. Krank und raffiniert. Albert Fish wäre niemals gefangen und wegen Mordes an Grace Budd verurteilt worden, wäre da nicht ein kleines Detail gewesen, ein Firmenzeichen auf einem Umschlag, der einen seiner obszönen Briefe enthielt. Und die anderen Morde – niemand würde das geringste bewiesen haben können, wenn er nicht selbst ausgesagt hätte. Er wollte gefangen genommen und bestraft werden. Er beging seine Widerwärtigkeiten im Namen Gottes und führte auch seine Bußhandlungen im Namen Gottes aus. Er liebte es zu hassen, er war infantil, und er war ein alter Mann. Er war genauso widersprüchlich wie unser Täter. Und es war genauso unmöglich, ein Profil von ihm zu erstellen. Wer würde je geglaubt haben, wenn er auf seine Taten schaute, daß sie von einem älteren Familienvater begangen worden waren? Plötzlich traf mich der Gedanke wie ein Blitz. Ich schnappte mir meinen PDA und drückte auf Code 1. Sam nahm sofort ab.

»Warum hast du nicht zurückgerufen?« fragte ich wohl etwas unangemessen vorwurfsvoll.

»Ich bin eben in die Tür gekommen.«

»Janina hat mir schon davon erzählt. Details?«

»Noch keine, wir fanden seinen Kopf und seine Hoden, und das alles ist jetzt bei Lisa.«

»Hast du etwas zu schreiben?«

»Natürlich.«

»Es handelt sich um den Brief – du mußt den Frosh-Vater fragen – wie hieß er?«

»Michael.«

»Du mußt ihn fragen, wer sie auf dem Schoß gehabt haben könnte, während sie nicht zusahen.«

Dann berichtete ich ihm, so knapp wie möglich, von Albert Fishs Briefen und von den Übereinstimmungen, die ich zwischen damals und heute gefunden hatte. Er bekräftigte, daß die zitierten Bibelstellen aus Jeremias stammten. Und anschließend fragte er, genau wie ich erwartet hatte:

»Interessant – aber wie sollte mir das helfen – gerade jetzt?«

Ich erzählte ihm von dem Haus, das allein stand, und wie Albert Fish abseits gelegene Häuser benutzt hatte, die unbewohnt waren. Ich erinnerte ihn an das graue Haus, von dem Gro Mari Bjørke gesprochen hatte. Und an die Kletterpflanzen.

»Und dann das allerwichtigste. Jedesmal, wenn er etwas getan hatte, zog er um. Wenn er etwas richtig Brutales getan hatte, zog er in einen anderen Staat um. Er wohnte in dreiundzwanzig verschiedenen amerikanischen Staaten. Was ich damit sagen will, ist, du solltest Loretta überzeugen, in die paneuropäische Datenzentrale einzutauchen und in die des FBI – denn die früheren Morde, die er begangen hat, hat er nicht hier in England begangen ...« Sam unterbrach mich:

»Halt mal kurz ein, ja? Also manchmal glaube ich, du gehst davon aus, daß wir alle Idioten seien. Aber ich kann dich beruhigen: Loretta steckt längst tief in der Paneuropäischen.«

»Gut. Aber da ist noch etwas: Albert Fish war alt, vergiß unser bisheriges Altersprofil. Unser Freund hier kann durchaus ein alter Mann sein. Und dann mußt du dich beeilen – ich gehe davon aus, daß das, was er hier getan hat, ausreichend brutal war für einen Umzug.«

»Ja, ja, ja, ja, ja!«, knurrte er. »Das ist ja alles schön und gut, Fanny, aber ich kann nicht noch mehr vage Vermutungen gebrauchen. Ich muß jetzt bald etwas sehr, sehr Konkretes haben. Blut, Sperma, etwas Haar, Fasern – etwas zum Identifizieren!«

»Das mußt du selbst finden. Aber ich empfehle dir dringend, aufzuhören, alle und jeden auszufragen und ...« Er unterbrach mich zornig:

»Jetzt reicht's aber! Ich befrage diejenigen, die ich verhören muß, und jetzt habe ich ein Auge auf alle pädophilen Psychopathen mit zweifelhaften Alibis – halt dich bitte raus aus meinem Vorgehen.« Wieder konnte ich den Speichel in seinem Mund hören.

»Ich mische mich nicht ein. Ich empfehle. Und ich empfehle, dich darauf zu konzentrieren, herauszufinden, wo in den Vereinigten Europäischen Staaten er zuletzt sein Unwesen getrieben haben könnte. Wo sind Kinder zuletzt spurlos und aus unerklärlichen Gründen verschwunden, wo sind Knochen und Köpfe aufgetaucht?«

Da er nichts sagte, redete ich weiter:

»Loretta soll die Registrierungen der Krankenversicherungen in den Kommunen vergleichen, wo jemand umgezogen ist, seit der letzten ähnlichen Geschichte. Und dann wirst du nicht umhinkommen, in den sauren Apfel zu beißen – ein paar Männer auf abseits gelegene graue Häuser anzusetzen, in denen niemand wohnt.«

»Mmmm,« brummte er und klang mutlos. Ich sprach weiter:

»Hat die Frosh-Familie alle diese Briefe hier gelesen?«

»Nein, irgendwann hat der Polizist, der das Haus bewacht, angefangen, sie abzufangen. Michael Frosh hat selbst darum gebeten.«

»Gut. Denk daran zu fragen, wer sie auf dem Schoß gehabt haben könnte, wenn sie es nicht sahen. Ich überlege weiter. Ruf an und erzähl mir, was Lisa herausgefunden hat.«

Ich legte auf, saß für einen Moment da und starrte die Wand an. Ich schaute auf die Uhr. Es war vier. Und ich war nicht hungrig. Ich entschloß mich, den Rest des Tages zu nutzen, um die gesamte Albert-Fish-Akte zu studieren. Ich blickte auf die Papiere, die völlig durcheinander über mein Bett verstreut lagen. Mit einem Mal war ich eingenickt, zuckte aber zusammen, als der PDA summte. Es war Sam.

»Ein fünfjähriger Junge aus Lower Weston ist auf dem Weg zur Schule verschwunden. Er heißt Marcus Greco.«

»Wie lange ist das her?«

»Die Schule rief bei den Eltern um 9.30 Uhr an, er hätte um neun Uhr in der Schule sein sollen. Die Eltern suchten ein paar Stunden lang nach ihm und riefen erst vor einer halben Stunde hier an. Der Vater war dran, er war sternhagelvoll.«

»Hat er deshalb erst jetzt angerufen?«

»Ich vermute es. Beide, Vater und Mutter, scheinen heftig alkoholisiert zu sein. Was soll ich bloß tun?« Er klang jetzt völlig verzweifelt. »Was zum Teufel soll ich tun? Das alles geht weiter und weiter, und ich sitze hier, und mir fehlen circa 400 Mann! Ich habe einfach keine Kontrolle mehr. Was soll ich bloß tun?«

»Du sollst in der Paneuropäischen suchen, bis du eine Verbindung zwischen diesem und ähnlichen Fällen in Europa gefunden hast, und wenn du sie gefunden hast, dann sollst du das EFBI einschalten.«

Er seufzte in den Hörer. Und dann fing er an, leise vor sich hin zu weinen. »Alle diese Eltern, sie machen mich wahnsinnig. Jeden Tag rufen sie an, die ganze Zeit, und sie fragen, und sie fragen, und sie weinen, und sie flehen, und sie drohen. *Was in aller Welt wir hier drinnen eigentlich machen* – fragte Grecos besoffene Mutter mich. Ich hatte sie eine Stunde in der Leitung, und sie schluchzte und weinte und fragte mich immer wieder dasselbe. O kurwa! Was zum Teufel soll ich bloß machen?«

Er hielt inne, um Luft zu holen, redete aber weiter, noch ehe ich etwas einwerfen konnte:

»Frosh horcht mich aus und macht sich Notizen und setzt mir zu und weiß schon viel zu viel und verwickelt mich in logische Wortklaubereien, denen ich nicht gewachsen bin. Glebokies Mutter hat heute drei-, viermal angerufen und geweint. Sie fleht mich an zu sagen, alles sei Lüge, es sei nicht wahr, es sei ein anderer und ...« Er unterbrach sich. Ich hörte eine Stimme im Hintergrund. Dann kamen Geräusche aus dem Telefonhörer, der auf den Tisch gelegt wurde. Ich wartete. Zeit verging. Dann polterte es wieder im Hörer, und ich hörte ihn atmen.

»Sam?« versuchte ich.

»Sie haben Jimmys Knochen gefunden.« Er holte tief Luft. »Ich vermute zumindest, daß es seine sind. Sie lagen in einer Tüte von ›Walmart‹ und ragten aus einem Abfalleimer heraus, gleich am Eingang, dort, wo ich immer meine gebrauchten Styroporbecher reinwerfe ... weißt du was, ich kann das hier einfach nicht mehr aushalten, ich mache mich jetzt auf den Weg.« Er legte auf. Ich saß da und dachte nach. Dann rief ich John Smith an.

»Du wirst Sam irgendwie helfen müssen. Wenn du willst, daß er etwas erreicht, dann laß einen anderen mit den Eltern der getöteten Kinder reden. Sam hält das einfach nicht aus. Er ist dein bester Kriminalkommissar, das weißt du. Deshalb solltest du ihm das hier ersparen.«

»Was meinst du?«

»Er schafft das mit den Eltern nicht, das macht ihn fertig. Ich will nicht, daß du ihm sagst, ich hätte angerufen. Das hier ist nur unter vier Augen, hörst du? Such dir für die Eltern einen anderen.«

»Ich kümmere mich drum. Aber, ach Fanny – Sam hat erwähnt, daß du für uns mit Cormio Vittantonio sprechen willst?«

Ich verdrehte die Augen. Das konnte er zum Glück nicht sehen.

»Ja«, sagte ich geduldig. »Wenn er aus den Ferien kommt.«

Ich legte auf, und mir wurde klar, daß ich nur eines wollte: zurück. Ich wollte zurück nach Cornwell. Ich wollte Sam helfen, mit dem bißchen, was ich zu bieten hatte. Und dann wollte ich vor allem – mich um ihn kümmern. Ich nahm das Telefon und rief die Fluggesellschaft an. Morgen um 9 Uhr gab es einen Flug, Zwischenlandung in London, Ankunft

Cornwell International 22.30 Uhr. Das paßte ausgezeichnet. Okay, ich mußte hier abbrechen, aber das ließe sich schon machen. Ich änderte meine Buchung auf den nächsten Tag um. Dann rief ich Artur an. Er war immer umgänglicher gewesen als Bob, der hinter seinem gebildeten Äußeren ein Temperament verbarg, das meines wie die pure Siesta erscheinen ließ. Ich erklärte ihm die Situation und bat ihn, meinen Vortrag über den Hillside Strangler zu übernehmen. Ich würde noch einen Vortrag über Albert Fish auf Band sprechen (wenn ich mit der fortschrittlichen Ausrüstung der Akademie zurechtkäme), den sie morgen abspielen könnten. Er stellte sich erst ein bißchen an und warf mir fehlendes Engagement vor. Ich erzählte ihm ein bißchen was über Prioritäten. Er begriff tatsächlich. Dann legte ich auf. Kippte einen Vecchia und sortierte weiter die Unterlagen. Vier Stunden später war ich fertig und hatte jedes einzelne Detail im Fall Albert Fish wieder parat. Mir war klar, es gab Verbindungen zwischen ihm und seinem Nachahmer, die wir erkennen und für die Ermittlungen nutzen mußten. Noch wußten wir nicht genug. Das machte mich ungeduldig und unruhig, weshalb ich beschloß, mir ein Abendessen aufs Zimmer bringen zu lassen. Ich wandte mich dem Hoteltelefon zu und wunderte mich, daß ich mich nicht nach dem Namen des kleinen Geruchlosen erkundigt hatte. Ich bestellte gegrillten Tintenfisch, Tomatensalat und einen trockenen Weißwein und setzte mich hoffnungsvoll bereit.

Als das pummelige Zimmermädchen mit meinem Tablett kam, ärgerte ich mich, nahm mich aber zusammen und fragte:

»Der sehr junge Piccolo, der hier arbeitet – können Sie mir seinen Namen nennen?«

»Alberto Pesce«, antwortete sie entgegenkommend und stellte das Tablett auf den Glastisch.

»Arbeitet er heute?« versuchte ich es schamlos.

»Er hat heute leider frei«, antwortete sie freundlich und

verließ das Zimmer auf eine Weise, die den Preisen des Hotels entsprach.

Ich schaute kurz auf die Tintenfischringe und griff mir dann den PDA. Artur näherte sich den Sechzig und damit der Grenze dessen, was ich mit in mein Bett nahm, aber Teile von ihm waren noch immer mächtig brauchbar.

»Könntest du nicht später vorbeischauen? Dann könntest du das Band abholen, wir könnten ... ein bißchen ... reden?«

Ich hörte ihn förmlich grinsen.

Aber ich kannte ihn ja auch schon seit vielen, vielen Jahren.

## 19

Im Flugzeug bekam ich eine ganze Sitzreihe für mich allein, so daß ich mich nach dem Essen (Schinken mit Coleslaw, Sterbehilfe also) und einem doppelten Calvados zum Schlafen hinlegte. Aber ich war nicht sonderlich müde, obwohl ich die Nacht damit zugebracht hatte, sowohl eine hochentwickelte Videoausrüstung als auch einen ziemlich alten und ziemlich verknitterten FBI-Agenten zu aktivieren. Ich fand keine Ruhe. Und ich fand deshalb keine Ruhe, weil immerzu im Hinterkopf etwas anklopfte, heraus- und in mein Bewußtsein hineinwollte. Aber das hatte geschlossen, Licht aus, keine Verständigung möglich. Ich bemühte mich, ein paar unterhaltsame Erinnerungen auszukramen. Denn es nützte nichts, etwas mit Gewalt an die Oberfläche holen zu wollen, das noch nicht bereit war. Ich hatte einmal die Dummheit begangen, mit Lisa ein Wochenende auf einem einsam gelegenen Bauernhof in Schweden zu verbringen, und ich weiß nicht, wie es dazu kam, aber mit einem Mal saßen wir uns an einer üppig gedeckten Tafel gegenüber und versuchten uns daran zu erinnern, welches Automodell nach einer italienischen Insel benannt war. Wir dachten nach, bis die Köpfe rauchten, wir griffen uns an die Stirn, und wir verloren den Appetit, und die Stunden vergingen, und am Ende waren wir völlig ausgebrannt. Tief frustriert gingen wir zu Bett, und ich wachte mitten in der Nacht auf, setzte mich hin und sagte: »Capri«. Dann stürzte ich in ihr Zimmer, weckte sie brutal auf und rief: »Ford Capri«, worauf sie selig wieder einschlief. Aber so ist das. Das, woran wir uns erinnern wollen, was wir wissen oder entdecken wollen – das kommt, wann es will, nicht wann wir wollen. Es blieb mir also nur, den Gedanken Raum zum Spielen zu geben. Meine wollten mit Artur spielen.

Hinter geschlossenen Augen zog sich Artur aus und an. Dieses schalkhafte Grinsen, das er mir schickte, während er seine Hosen runterzog, war am vergnüglichsten. Darauf tauchte der Piccolo auf, seine engen schwarzen Hosen, sein kleiner fester Arsch und dann diese braunen Hundeaugen. Flamenco. Jetzt tanzten wir in einem Hinterhof Flamenco, und er schwenkte mich herum mit diesem ...? Was haben sie, diese Latino-Männer? Feuer. Er schwenkte mich mit einem Feuer herum, das mich göttlich, unsterblich machte. Leidenschaft. Feuer. Und dann ihre Namen, die waren ebenfalls feurig – ich hatte einen Antonio DeLuca probiert, einen Carlo Fatesco, einen Giorgio, einen Paulo, aber den kleinen Alberto Pesce nicht.

Alberto Pesce.

Alberto Pesce?

Ich setzte mich auf und schaute mich um. Holte die Fish-Akte aus der Kalbsledertasche und saß eine Weile mit ihr auf dem Schoß da. Wenn ich mich nicht irrte, bedeutete »Pesce« – Fisch – auf italienisch. Und Alberto, das ergab sich. Mein kleiner Piccolo hieß Albert Fish auf italienisch! Seltsamer Zufall! Wie hieß denn wohl Albert Fishs Nachahmer? Einen Namen würde er ja haben, und wenn er sich mit Albert Fish in dem Maße identifizierte, wie ich das befürchtete, würde er da nicht vielleicht einen ähnlichen Namen gewählt haben? Albert Fish hatte verschiedene Namen für verschiedene Taten benutzt. Der einzige, an den ich mich unmittelbar erinnern konnte, war Robert Fiske, und es war nicht schwer zu begreifen, warum. Dann gab es noch einen mit »Hamilton«.

Ich schlug die Akte auf und versuchte das Blatt zu finden, wo alle seine alias-Namen aufgelistet standen. Da: Robert E. Hayden. Robert Fiske. Frank Howard. James W. Pell. Thomas A. Sprague. Hamilton war sein richtiger Name, den er später gegen Albert eingetauscht hatte.

Ich griff nach dem Flugzeug-Telefon und rief Sam an. Janina nahm ab. Sie wußte nicht, wo Sam war. Ich gab ihr alle Namen durch und bat sie, Loretta zu sagen, daß sie nach ihnen und nach allen denkbaren Kombinationen suchen solle. Ich erklärte ihr kurz, warum, und legte auf.

Aber noch immer fand ich keine Ruhe. Da war noch mehr. Wenn ich doch nur ein Buch gehabt hätte. Einen Liebesroman, irgendeine Ablenkung, die verlangte, daß ich wenigstens oberflächlich an etwas anderes dachte. Ich griff nach dem Magazin der Fluggesellschaft aus der Tasche vor mir. Dort gab es das Interview eines Schriftstellers mit einer jungen Frau, die sich, halbnackt an einen alten Heizkörper gelehnt, hatte fotografieren lassen. Es gab einen Artikel über schottischen Malt-Whisky und seine Herstellung. Die Bilder der Lagerkeller waren gut und ein bißchen unheimlich. Dann folgte eine Reportage über eine Familie mit Kindern, die Weihnachten bei den Rentieren in Lappland zugebracht hatte. »Wir pinkelten in den Schnee« lautete der Text unter einem der vielen Fotos, die die Familie selbst aufgenommen hatte. Dann kam die kurzgefaßte Übersicht über die Regeln beim virtuellen Handball. Darauf folgten vier farbenprächtige Tafeln eines abstrakten Farbenklecksers aus Boise, Idaho. Bei ihnen schüttelte ich unwillkürlich den Kopf. Was sollte man damit anfangen? Das sah ja fürchterlich aus. Meine Wände waren mit Naturalismus geschmückt. Ich will wissen, was ich sehe, ich will nicht rätseln. Und ich will wissen, daß dahinter eine handwerkliche Leistung steht. Sein Name war David Rech, selbstverständlich hatte er graues Haar und rauchte Pfeife. Er hatte als Fassadenmaler angefangen, las ich, hatte sich aber von Mal zu Mal dabei ertappt, Graffiti zu sprühen, wenn seine Aufgabe nur darin bestand, eine Eingangspartie solle insgesamt terrakottafarben gestaltet werden.

Langsam ließ ich die Zeitschrift sinken. »Verdammt, Fanny«, sagte ich zu mir selbst so laut, daß die Frau in blauer Businessgarderobe auf der anderen Seite des Gangs den Kopf hob und zu mir herüberschaute.

»Entschuldigung« sagte ich und griff wieder nach dem Flugzeug-Telefon. Janina nahm ab. »Weißt du nicht, wann er kommt?«

»Augenblick«, sagte sie und legte den Hörer ab. Ich konnte hören, wie sie aufstand und zur Tür hinüberging. Dann hörte ich Stimmen.

»Berkovic«, sagte Sam plötzlich in mein Ohr.

»War das Frosh-Haus nicht frisch gestrichen?« fragte ich ohne weitere Einleitung.

»Doch«, antwortete er. »Innen und die Fensterrahmen und von außen.«

»Und der Kindergarten?«

»Der auch.«

»Und was ist mit, wie heißt er, Marcus ...?«

»Marcus Greco.«

»Was ist mit seinem Haus, dem Haus seiner Eltern?«

»Das ist seit mehreren hundert Jahren nicht mehr gestrichen worden, das kannst du mir glauben.«

»Und was ist mit der Schule, die er besuchte? War die frisch gestrichen?«

»Daran habe ich noch nicht gedacht, wie kommst du darauf?«

Ich seufzte. »Albert Fish war Maler. Er hatte zu vielen der Kinder, die er entführte, Kontakt, weil er ihnen bei seiner Arbeit begegnet war – das war eine Methode, seine Opfer kennenzulernen.«

»Wir haben den Maler, der das Frosh-Haus und den Sonderkindergarten gestrichen hat, verhört.«

»Das war der gleiche?« Ich schrie beinahe ins Telefon.

»Ja, aber reg dich nicht auf. Er ist ein alter Mann, tüchtig, und im übrigen hat er ein Alibi.«

»Was für eins?«

»Er war mit seinen Kindern zusammen.«

Ich saß sprachlos und konnte nur den Kopf schütteln. Sie hatten fast alle ein Alibi, und immer wieder zeigte sich bei näherer Untersuchung, daß ihre Alibis keinen Pfifferling wert waren. Sam redete weiter.

»Ich bin viel mehr an dem Pfarrer und dem Sportlehrer interessiert, die spinnen wie verrückt, die sind total pädophil, die sind von Kindern umgeben, die sind ...« Ich unterbrach ihn.

»Sag mir eines: Die zwei, wie heißen die?«

»Der Pfarrer und der Turnlehrer? Wie die heißen? Es gibt mehr als 400 Namen, die um mich schwirren, und ich wühle zwischen ihnen herum. Und dann kenne ich keine anderen Pfarrer und Sportlehrer, und das reicht mir.«

»Hör zu. Ich glaube nicht an deinen Pfarrer und an deinen Sportlehrer. Ich habe drei Tage ohne irgendwelche Verpflichtungen. Und die will ich nutzen, um ihn hier zu finden. Ich will raten, dir den Maler zu greifen, wie heißt er ...«

»Bertal Sifh.«

»Woher kenne ich den Namen?«

»Das war der, dessen Frau ich erschossen habe, der assistierte Selbstmord.«

»Mein Gott, Sam!« schrie ich ihn an.

»Was jetzt?«

»Bist du noch zu retten? Shifs Frau beging auf brutale Weise Selbstmord, und du bist nicht an ihm interessiert?«

»Seine Frau brachte mich dazu, sie zu erschießen, zwei Tage nachdem Ellen Frosh verschwunden war,« sagte Sam verärgert.

Das war selbstverständlich der Auslöser gewesen, der zur Tat geführt hatte! Das, was die Handlung in Gang setzt. Vor einem Gewaltverbrechen ist im Leben des Täters immer etwas vorgefallen, das ihn so sehr aufgewühlt hat, daß er sich gezwungen fühlt, seine Phantasie in die Realität umzusetzen. Als Auslöser kann irgend etwas in Frage kommen, etwas, das ihn umhaut, womit er nicht fertig wird, weshalb er sich wie das Opfer einer Ungerechtigkeit empfindet. Das sind gewöhnlich Eheprobleme oder Probleme am Arbeitsplatz. Aber es kann auch alles mögliche andere sein. Wir hatten zum Beispiel einen Typen, der unternahm jedes Mal, wenn seine Frau schwanger war, seine mörderischen Ausflüge. Aber ein Aufenthalt im Gefängnis oder in einer Anstalt, wo einer der Gesellen seine Phantasie über lange Zeit pflegen kann, macht einen entscheidenden Auslöser manchmal auch überflüssig.

Hier aber war ich davon überzeugt, daß ein offenkundiger Auslöser vorlag. »Seine Frau verschwand, *ehe* Ellen Frosh entführt wurde. Bitte sei so gut und bestell ihn sofort ein. Ich will kurz schlafen, wenn ich nach Hause komme, aber dann möchte ich mich gleich ein bißchen mit ihm unterhalten – morgen früh, nein, bestell ihn jetzt gleich her, hör zu, ich versuche, jetzt sofort ein bißchen zu schlafen, und dann knöpfe ich ihn mir morgen früh um vier Uhr vor.« Während ich sprach, fiel mir plötzlich ein, daß auch Albert Fishs merkwürdiges Verhalten sich deutlich verstärkt hatte, als seine Frau die Familie verließ – er wurde so wunderlich, daß es seinen Kindern auffiel. Aber ich sagte nichts davon.

»Ja aber, ich habe ihn doch längst verhört!«

»Ich weiß, und jetzt will ich das gern noch mal tun. Wirst du so nett sein und ihn einbestellen?«

Sam maulte herum und behauptete, daß er nichts hätte, weshalb er ihn herbringen lassen könnte.

»Weißt du, was du machst«, sagte ich, so ruhig ich konnte, »du läßt dir eine Schriftprobe von ihm geben, eine Unterschrift oder etwas anderes, und das schickst du dann zur Schriftanalyse und siehst zu, ob sie zu den obszönen Briefen paßt, die vom Fall Nr. 13311. Wenn es keine Übereinstimmung gibt, dann brauchst du ihn nicht zu bestellen – okay?« Sam sagte nichts, also legte ich auf, saß da und dachte nach. Sam hatte sich selbstverständlich zu sehr auf den Priester und den Sportlehrer versteift, und diesen Impuls kannte ich genau. Wenn man sich erst auf etwas eingeschossen und Zeit darauf verwendet hat, dann wird es immer schwerer, es wieder fallen zu lassen. Deshalb heißt es von der Polizei so oft, sie hätte »Scheuklappen«. Die Kritik ist zwar absolut begründet, aber das Phänomen ist durchaus verständlich.

Ich rief Lisa an. Ganz knapp berichtete sie mir, daß sie nichts anderes anzubieten habe, als das, was ich schon wüßte – daß beide Morde ganz sicher von dem gleichen Mann begangen worden waren. Alles genau wie beim ersten Mal, auch diesmal keine einzige Spur.

»Ich muß heute nacht um 4 Uhr einen Mann verhören«, fing ich an. »Ich muß den Kopf des Glebokie-Jungen benutzen – oder den von Ellen? Ich gehe davon aus, daß du sie noch im Tiefkühler hast?«

»Du kannst sie alle beide bekommen, aber nicht länger als ein paar Stunden«, grinste Lisa.

»Dann gibt sie mir beide. Kannst du mich gegen 3.30 Uhr in Sams Verhörraum treffen und die Köpfe mitbringen?«

»Für dich tu ich alles, Fanny – aber dann mußt du mir auch versprechen, mit zu Giorgios zu gehen und Ente à l'orange zu essen.«

»Wenn wir mit diesem Fall durch sind, versprochen.«

»Okay. Bis dann!« Sie legte auf, und ich bildete mir ein, ich könnte hören, wie der Hörer kicherte. Ich schaute auf meine Uhr und beschloß, daß ich jetzt sofort schlafen müßte. Ich schluckte eine Melatonin mit den paar Tropfen Mineralwasser, die noch übriggeblieben waren. Dann kam das Abendessen. Verkohlt. Woraus es bestand, wollte ich gar nicht erst wissen. Ich wedelte es weg, setzte die Sonnenbrille auf und legte mich hin. Ich dachte an Maler, an Farbe, Farbreste, graue Wandfarbe, graue Häuser, graue alte Männer. Und dann schlief ich.

Ehe ich wußte, wie mir geschah, weckte mich eine Stewardeß und bat mich, den Sitz aufzurichten und den Sicherheitsgurt anzulegen. Unter uns badete London im Licht und wartete darauf, mich für eine Stunde zu einem neonbeleuchteten Aufenthalt in einer Schlange auf Heathrow willkommen zu heißen. Ich konnte es kaum erwarten.

## 20

Ich glaubte, es flimmerte vor meinen Augen. Aber das war nur der Nieselregen in der Dunkelheit. Wieder tropfte der Himmel über Cornwell seine stillen Tränen.

Um 23.30 Uhr bog ich endlich in meinen Carport ein und schaltete den Motor ab. Als ich die Schlüssel aus dem Zündschloß gezogen hatte und die Tür öffnen wollte, wurde ich von einer unglaublichen Aversion gegen mein Haus überwältigt. Ich schaute es an, wie es da im Dunkel lag, und alles in mir weigerte sich bei dem Gedanken, dort hineinzugehen und zu schlafen. Allein.

Francis Zanf war in meinem Kopf noch viel zu lebendig, und gleichzeitig erinnerte ich mich noch allzu gut an das Gefühl in meinem Fuß, als ich an ihn stieß und er steif wie ein Brett war. Ich schüttelte mich und rief Sam an, der gerade ins Bett gehen wollte.

»Willst du mir einen Gefallen tun?«

»Was?« fragte er reserviert.

»Kannst du nicht kommen und hier schlafen? Ich sitze in meinem Auto draußen im Carport, und ich mag in diesem Haus heute nicht allein schlafen.«

Er brummelte leise auf Polnisch. Sagte, er hätte schon den Schlafanzug an. Daß er gerade eben noch zwei bis drei Stunden Schlaf bekäme.

»Du schuldest mir einen Gefallen«, bettelte ich. »Ich bin mit dir raus zur Abfalltrennung gefahren, als du Gesellschaft brauchtest.«

»Okay, okay«, sagte er und legte auf. Ich schnappte mir meinen kleinen Koffer, die Kalbsledertasche und meinen Mantel, stieg aus dem Auto und schaute aufs Haus. Es wirkte so fremd. Irgendwie leer und befremdlich. Ich stand eine Weile reglos da und starrte vor mich hin. Dann nahm ich mich zusammen, schloß auf, machte soviel Krach wie möglich und beeilte mich, alle Lichter in der Küche anzumachen. Ich legte Bachs Cello-Suiten auf und drehte voll auf. Dann stand ich still und witterte wie ein Tier in alle Richtungen. Aber alles, was ich aufspüren konnte, war Sauberkeit und ein schwacher Geruch von den professionellen Reinigungsmitteln der Firma. Mir fiel das Blinken meines Anrufbeantworters auf. Dann holte ich meinen Schlagstock aus der Tasche, aktivierte ihn und ging ins Wohnzimmer, machte Licht, stand still und schaute mich gründlich um: unter das Sofa, hinter die Vorhänge, hinter die Tür. Wie ein Idiot. Wonach ich suchte, weiß ich wirklich nicht. Doch wohl kaum nach der Leiche von Francis Zanf. Ich versuchte mich selbst zur Ordnung zu rufen, aber es half nichts. Ich ging zum Arbeitszimmer, riß die Tür auf, machte Licht, stand einen Moment in der Tür und schaute mich um, checkte alles hinter der Tür und den Vorhängen. Ich benahm mich lächerlich, und es war mir klar. Ich suchte überall: im Badezimmer, hinter dem Duschvorhang, hinter der Tür. Ich kam mir absolut albern vor. Ich ging weiter, machte überall, wo ich vorbeikam, das Licht an und ließ es brennen. Im Gästezimmer, im Hausarbeitsraum, im Abstellraum.

»Hör jetzt auf, Fanny«, sagte ich mit vorgetäuschter Munterkeit laut zu mir selbst. Aber trotz des laut aufgedrehten Cellos konnte mir nicht verborgen bleiben, daß meine Stimme gar nicht fest klang. Ich ging ins Schlafzimmer. Ich machte Licht, ich war jetzt fast ruhig – da erstarrte ich:

In meinem Bett lag Eisik.

Sein Kopf lag auf meinen beiden Kissen und schaute über der Bettdecke hervor, die er dicht um sich festgestopft hatte.

Er lächelte.

Für einige unendlich lange Sekunden starrte ich ihn an. Dann nahm ich mich zusammen, riß die Decke von ihm weg und schrie Flüche, an die ich mich nicht erinnere.

Der alte Mann. Er war klein, dünn und vollständig nackt, seine Haut hing ihm um sein ausgemergeltes Skelett herum wie Gardinen, Draperien, Textilien, die wie unbrauchbare Warenproben zusammengeknüllt waren. Die lose und schlaffe Haut stand in besonderem Kontrast zu seinem Glied, das aus der Mitte dieses Sees von Haut wie eine Fackel aufragte, wie eine zylindrische Botschaft von Geilheit bis zum Tod und gegen alle Vernunft. Ich machte einen Schritt zurück und stand wieder wie festgefroren.

»Ich bin auch ein Sünder«, rief er und lächelte ein Lächeln, das gar nicht freundlich war. Er mußte rufen, kam mir in den Sinn, wenn ich ihn hören sollte. Ich wünschte Bach weit weg. Eisik lag auf einer seiner Hände und blieb liegen, als ob es das Normalste auf der Welt sei, mit einer Riesenerektion nackt in meinem Bett zu liegen. »Deine Scham wird gesehen werden, dein Ehebruch und dein Gewieher, deine schamlose Unzucht«, rief er lächelnd. Ich trat noch einen Schritt zurück, konnte aber den Blick nicht von ihm abwenden.

»Aber ich will ein Sünder sein wie du«, rief er und schwang langsam die Beine aus dem Bett, für sein Alter viel zu behende, und setzte sich auf, so daß die Falten der Hautseen ihre Richtung änderten. Jetzt sah ich, daß er eine Heckenschere in der Hand hielt, auf der er gelegen haben mußte. Und jetzt erkannte ich auch die Stimme. Es gab keinen Zweifel. Nach wochenlangen Bibelnachrichten wollte er jetzt – das war klar – selber sündigen. Ich trat einen weiteren Schritt zurück.

»Was ist los mit dir, kleine Fanny? Magst du mich nicht?« Er erhob sich. Ich ging rückwärts auf den Flur, immer schneller. Plötzlich rannte er hinter mir her; ich drehte mich um und lief in die Küche, hinter den Küchentisch. Mir gegenüber lächelte er, sein Glied ragte über die Tischkante, wie der Nazigruß eines Zwerges.

»Kriminalkommissar Berkovic kommt jeden Moment«, rief ich, ohne den Blick von ihm abzuwenden.

»Mit ihm hast du auch gevögelt, du verdammte Sau«, knurrte er. Dann lächelte er wieder.

»Ich bin schnell«, sagte er. »Ich bin genauso gut wie ein junger Mann, rein und raus, und dann spritze ich. Was ist mit dir? Magst du mich plötzlich nicht mehr?«

Er begann mir rund um den Tisch nachzugehen. Ich blieb stehen, den Schlagstock bereit.

»Glaubst du nicht, daß ich weiß, was du hier im Haus treibst? Glaubst du nicht, daß ich gesehen habe, wie du da drinnen im Bett liegst – und was du da tust?« Mir wurde übel, aber ich konzentrierte mich ganz auf den Schlagstock. Jetzt stand er vor mir und fuchtelte mit der Heckenschere direkt vor meinem Gesicht in der Luft. Ich machte einen Schritt zurück.

Er folgte mir. »Du und Michelangelo, ihr agiert beide aus der gleichen Stellung heraus. Er brauchte lange, um die Sixtinische Kapelle auszumalen.«

Ich versuchte dahinterzukommen, was er meinte, und während meine Gedanken nur für einen winzigen Moment abschweiften, griff er plötzlich nach einem Topf, und schlug ihn mir auf den Kopf. Einen Augenblick lang verschwamm alles um mich, ich ließ den Schlagstock fallen, und schon drückte er mich auf den Küchentisch, fuchtelte mit der Heckenschere vor meinen Augen herum und faltete seine nackten Stoffbahnen über mich. Ich spürte, wie er sein Glied gegen meinen Schritt drückte, und sah sein Gesicht vor meinem: seine Augen, wie sie siegesgewiß in den Höhlen rollten, während sie jeden Winkel meines Gesichts mit einer Mischung aus Abscheu und Wonne untersuchten.

»Ehebrecherin, Sünderin«, fauchte er. »Mit besudeltem Begehren jage ich nun der fleischlichen Lust nach und verachte die Würde des Herrn.« Er steckte seinen linken Arm unter meinen Rock, zerfetzte meinen Seidenslip und schmiß ihn zur Seite.

»Die Ehebrecherin wird Eisik Malko kosten«, flüsterte er, und ich versuchte mein Knie hochzuziehen und seinen Schritt zu treffen, aber der Winkel war falsch.

»Schandfleck! Schmach und Schande! Deine Augen sind voll unzüchtigen Begehrens und spähen unablässig nach der Sünde; sie locken die ungefestigte Seele.«

Aber als er mich ein kleines Stück herunterschob, um sein Glied in mich zu stecken, stieß ich ihm mit voller Wucht mein Knie in den Schritt. Diesmal gelang es: er zuckte zusammen und krümmte sich vor Schmerzen. Ich sprang vom Tisch und drückte ihn gegen den Herd. Er wankte etwas und stöhnte, faßte sich in den Schritt und fluchte. Schnell griff ich nach meinem Schlagstock und versetzte seinem Glied einen Stromstoß. Er sank auf den Fußboden. Da klingelte es. Endlich.

Ich rannte zur Tür und öffnete. Sam trat ein und starrte fassungslos auf meinen alten Gärtner am Küchenboden, splitternackt, hellwach, obgleich unbeweglich, die Reste einer Erektion noch deutlich erkennbar.

Man hatte mir bei der Einweisung zum Umgang mit dem Schlagstock gesagt, es würde nicht weh tun. Die durch den Schlag erzeugte Lähmung entstehe dadurch, daß das neuromuskuläre System überwältigt wird; in der Folge versagen augenblicklich Gleichgewicht und Orientierungsvermögen. Der Blutzucker wird in Milchzucker umgewandelt, so daß das Opfer außerstande ist, in seinen Muskeln Energie zu produzieren. Voilà.

Ich hatte Bach vergessen, obwohl das Cello durchs Haus brüllte. Jetzt hörte ich die Musik wieder. »Paß gut auf ihn auf«, rief ich, griff nach der Fernbedienung und erstickte das Cello, stürzte zum Telefon und rief die Polizei an. Aus dem Augenwinkel sah ich das Blinken des Anrufbeantworters und die rote Zahl, die die Anzahl der Nachrichten angab: 245. Während ich die Polizei bat, sofort zu kommen, löschte ich mit einem einzigen Kommando alle Nachrichten. Weg damit.

Hinter mir holte Sam seine Pistole heraus und starrte sprachlos auf den nackten Fleischklumpen, meinen Gärtner. Und so blieb er stehen, bis der Streifenwagen kam. In der Zwischenzeit hatte ich seine Sachen gefunden. Sie lagen in der Schublade für meine Unterwäsche.

Ich stopfte seine Sachen in eine Plastiktüte und gab die einem der Polizisten. Dem anderen gab ich eine Decke, in die er Eisik wickelte, ehe er ihn hochhob und zum Auto trug.

Natürlich war es Eisik. Nur ein alter Mann konnte eine Telefonzelle benutzen. Ich checkte das Memory meines Telefons und schrieb die Nummern der Zellen auf, von denen aus er angerufen hatte. 315, 13, 9, 214 und 24. Dann rief ich den 24-Stunden-Service der Telefongesellschaft an und erfuhr, daß 9, 24 und 214 nicht nur in Cornwell West lagen, sondern faktisch in einem Halbkreis um mein Haus herum, so daß er leicht gleichzeitig meinen Garten und mich hatte bewachen können. 315 und 13 lagen in Cornwell Süd, wo Eisik wohnte.

Als die Polizisten mit Eisik abgezogen waren, schenkte ich

mir einen ausgewachsenen Metaxa ein, und Sam holte solidarisch seinen Flachmann hervor. Dann saßen wir eine Weile schweigend zusammen und nippten jeder an seinem Tröster. Hin und wieder warf Sam mir einen Blick zu. Ich lächelte vorsichtig zurück. Ich konnte sehen, daß er gern etwas sagen wollte, daß es aber nicht ganz leicht war, es herauszubekommen.

»Was ist?« fragte ich schließlich. »Woran denkst du?«

»Ich ärgere mich.« Er seufzte und schloß die Augen. »Sowohl der Pfarrer als auch der Sportlehrer hatten für den Morgen, als der dritte Junge verschwand, ein Alibi. Der Pfarrer hatte einen Termin mit einem jungen Paar, das sich trauen lassen will, von 8.30 Uhr bis 9.30 Uhr. Anschließend half er dem Nachbarn beim Rupfen der Hühner.« Er nahm einen ordentlichen Schluck aus seinem Flachmann. »Und der Sportlehrer trainierte eine Alte-Herren-Turniergruppe von 8 bis 10 Uhr.«

»Was spielen solche Leute?« Ich glaube, ich fragte nur, um das Geräusch der Stimmen zu hören. Er schaute mich verwirrt an.

»Wer? Ach so, na – Fußball, nehme ich an. Und seine Flugersäge hat im übrigen nie etwas anderes als Ulmen oder Birken gesägt.« Alles, was ich dazu hätte sagen können, würde schadenfroh klingen, und Sam fühlte sich vermutlich beschissen genug, also schwieg ich und lächelte und nickte und tauchte die Oberlippe in den Metaxa. Dann betastete ich die empfindliche Stelle am Schädel, wo mich der Topf getroffen hatte. Ich würde eine Beule bekommen, das konnte ich spüren. Glücklicherweise war es ein Aluminiumtopf.

»Er hat mich überrumpelt«, sagte ich, vermutlich beinahe wie eine Entschuldigung, weil ich nicht in der Lage gewesen war, mit einem alten Gärtner fertig zu werden. Oder auch einfach nur um das Thema zu wechseln.

»Er sagte, daß Michelangelo und ich die gleiche Stellung

gehabt hätten oder sowas. Und etwas von der Sixtinischen Kapelle.«

Sam schaute mich lange an, ehe er antwortete:

»Michelangelo lag auf dem Rücken, als er die Sixtinische Kapelle ausmalte. Tak jak każda pierdolona dziwka.« Ich konnte die Spucke in seinem Mundwinkel sehen.

## 21

Spät in der Nacht und früh am Morgen. Das sind die besten Zeiten, um Verdächtige zu verhören. Die Menschen sind dann entspannter und verletzbarer, wenn ihnen ihr gesamter Organismus mitteilt, daß sie eigentlich bei Morpheus sein müßten. Und wenn der Verdächtige sieht, daß wir nachts arbeiten, dann signalisiert ihm das gleichzeitig, dies hier ist wichtiger als Nachtschlaf, dies hier hat Top-Priorität. Alles in allem setzt ihn das einem Druck aus, den wir am Tage nicht erreichen können. Und wenn es in einem Fall kein konkretes Beweismaterial gibt, ist es nicht unwesentlich, daß der Druck auf einen hochgradig Verdächtigen gleichermaßen groß und gewichtig ist.

Aber die Nachtzeit allein reicht nicht. Auch die Kulisse muß stimmen.

Sam war in seinem Büro, als ich zusammen mit zwei wachhabenden Polizisten das Vernehmungszimmer ausstattete. Wir tapezierten die Wände mit Fotografien von den Häusern der ermordeten Kinder, von den tränennassen Eltern der Kinder, mit Bildern der Kinder selbst, als sie am Leben waren, wie sie lächelten und vom Glauben an das Leben und von Lebensfreude berichteten – und mit Bildern von den Resten der ermordeten Kinder, ihren Knochen, ihren Köpfen, den Hoden der Jungen, alles zusammen in detaillierten Nahaufnahmen aus unterschiedlichen Blickwinkeln.

Der Verdächtige saß niemals am Tischende, sondern immer in der Mitte, mit einem von uns an jeder Seite. Auch das sollte ihn nervös machen.

Aber das In-Szene-setzen eines guten Verhörs besteht aus noch viel mehr Ingredienzen. Wir legen zum Beispiel stets eine Akte aus, auf der der Name des Verdächtigten mit großen dicken Buchstaben auf der Vorderseite steht, und füllen sie zur Not mit leeren Blättern, auf daß die Mappe so dick wird wie Prousts ›Recherche‹. Das signalisiert dem Verdächtigen, daß wir Material en masse gegen ihn haben, so daß sich der Druck auf ihn verstärkt, dem er sich ausgesetzt fühlt. Natürlich überrascht es ihn, schließlich ist es gelogen. Aber allein die Überraschung zwingt ihn oft in die Knie.

Lisa stand in der Tür und hielt zwei quadratische Glasfiber-Koffer in der Hand, die unserer Inszenierung die Krone aufsetzen würden.

»Wo soll ich sie hinstellen?« fragte sie ungewöhnlich munter für einen Menschen, der mitten in der Nacht hatte aufstehen müssen, um zwei Kinderköpfe auszuliefern.

Ich baute einen niedrigen Tisch im 45-Grad-Winkel zu Sifhs Blickfeld auf und bat Lisa, die Köpfe auf den Tisch zu stellen. Ich ging in Sams Büro, während sie die Köpfe genau so aufstellte, wie ich sie instruiert hatte, und holte etliche Male tief Luft. Sie standen nicht von allein, das sah ich aus dem Augenwinkel, und Lisa mußte die Halsstücke in kleinen Schalen plazieren.

Er würde den Kopf drehen müssen, um die Kinderköpfe zu sehen. Wenn er der Mörder war, würde er vermutlich nicht in der Lage sein, sie zu ignorieren. Wir selbst würden so tun, als wären sie nicht da, und beobachteten statt dessen sein nonverbales Verhalten – seine Blicke, seine Ausdünstungen, seine Atmung.

Doch dieses Mal hatte ich meine Zweifel. Ich hatte diese Methode nach John Douglas Hunderte von Malen empfohlen. Aber die Gegenstände, die früher einen niedrigen Tisch in einem 45-Grad-Winkel zum Blickfeld eines Verdächtigen geschmückt hatten, waren nicht so entsetzlich gewesen. Üblicherweise nahm man zum Beispiel die Mordwaffe, ein Messer oder einen blutigen Stein oder irgend so etwas. Ich war mir nicht sicher, ob nicht zwei abgeschnittene Kinderköpfe bei den meisten Menschen für erhöhte Puls- und Atemfrequenz sorgen würden. Im anderen Fall – wenn der Mann Psychopath war, und die Chancen dafür standen nicht gering – konnte es gut sein, daß er gar nicht reagieren würde. Aber wir mußten es versuchen. Auf jeden Fall würde ich selbst ein großes Problem mit diesen Köpfen haben, daher hoffte ich darauf, daß Bertal Sifh meine Aussicht auf die Köpfe verdecken würde.

Inzwischen hatte Sifh gestanden, daß er der Verfasser der obszönen Briefe war. Insgesamt vierundzwanzig verrückte Briefe hatte er von Hand geschrieben. Das hatte Sam mir bereits erzählt, nachdem die Polizei mit Eisik abgezogen war. Der Brief an Frosh aber war mit der gleichen alten Schreibmaschine geschrieben, die er für einen einzelnen Umschlag benutzt hatte, der einen der obszönen Briefe enthielt. Ein winziger Fehler, in der gleichen Größenordnung wie der, der Fish ursprünglich selbst unterlaufen war. Ich setzte mich Sam gegenüber auf den Stuhl.

»Es gibt weitere Indizien«, räumte Sam ein, als ob ihn das irritierte. »Er wohnt in der Tat in einem grauen Haus. Es ist von innen und von außen grau. Ich habe ein paar Techniker dorthin geschickt, um etwas von der Wandfarbe der Außenwände abzuschaben, aber ich brauche eine richterliche Verfügung, sowohl um ihn festzuhalten, als auch um sein Haus zu durchsuchen und seinen Magen zu checken – es sei denn, er gestattet es uns.«

»Wie alt ist er?« fragte ich.

Sam blätterte in seinen Unterlagen, nahm ein Blatt auf und schaute kurz darauf.

»Er ist sechsundsechzig.«

Sam und ich beobachteten die Szene zunächst durch die Spiegelscheiben. Ich sah, wie die beiden Wachhabenden einen älteren Mann in den Raum führten. Er wirkte viel älter als seine sechsundsechzig Jahre, mindestens zehn Jahre. Gebrechlich, klein, höchstens 1,70 m groß. Auf den ersten Blick harmlos, fast sanft. Er ging leicht gebückt und sah aus wie einer, dem ich im Bus meinen Platz anbieten würde.

Der Polizist führte ihn zu seinem Platz in der Mitte des Tisches. Ich gab mir Mühe, mich auf ihn zu konzentrieren, doch es ließ sich nicht vermeiden, die Köpfe ins Blickfeld zu bekommen. Mir wurde schlecht, und ich mußte mich setzen. Sam stand auf und ging zur Scheibe. Er schnaubte.

»Er schaut einen Dreck irgendwohin. Sitzt nur da und kaut Nägel – und schiebt seine Nagelhaut zurück.«

»Laß ihn eine Weile sitzen«, sagte ich und atmete mehrmals tief ein.

»Was zum Teufel ist das?« Sam drehte sich entsetzt zu mir um. »Hast du die Kinderköpfe dort hingesetzt?«

»Mmm«, brummte ich.

»Bist du jetzt vollkommen durchgeknallt? Wenn das rauskommt, bekommen wir mehr als nur eine Abmahnung wegen schändlichen Umgangs mit Leichen, bist du dir darüber im klaren?«

»Nicht *wir. Ich* trage dafür allein die Verantwortung.«

Sam fing an, sich die Haare zu raufen. »Der Mann ist ein Psychopath, er wird darauf nicht reagieren.« Er hielt inne und schickte mir einen mißbilligenden Blick. »Was du da treibst, ist eine Hexenprüfung.«

»Eine Hexenprüfung?«

»Ja, wie beim Gottesurteil im Mittelalter. Sie warfen die Mädchen ins Wasser, und wenn sie ertranken, dann waren sie unschuldig, und wenn sie oben schwammen, wurden sie auf dem Scheiterhaufen als Hexe verbrannt. Willst du einen Kaugummi? Was du da machst, ist nichts anderes – wenn er auf die Köpfe reagiert, dann ist er schuldig, wenn er nicht reagiert, ist er ein Psychopath.«

Ich schüttelte langsam den Kopf, sah ihm wie hypnotisiert zu, wie er die Kaugummipackung aufriß, und konnte wieder spüren, wie sich die kleinen Muskeln auf meiner Stirn anspannten.

»Jetzt hör mal zu: Ich setze auf nichts meine Hoffnung. Ich wühle im Dunkel, ich greife mir einen Ausgangspunkt, irgendeinen. Wenn ich meine Hoffnung auf etwas setze, dann auf etwas völlig Unwahrscheinliches, daß nämlich der Mann ein Psychopath mit Gewissen ist. Wie Albert Fish. Er hatte nämlich ein schlechtes Gewissen, das ist dokumentiert. Ich will hören, was er unter extremem Druck sagt, weiter habe ich noch nicht gedacht, okay?«

Aber nun schien es so, als ob der extreme Druck auf mir selber ruhte. Ich hatte mich in diese Situation gebracht, in der ich mit den abgeschnittenen Köpfen zweier Kinder in einem Raum sein sollte. Und dann war es erst vier Stunden her, seit ich von einem alten Kerl mit einer Heckenschere überfallen worden war. Unablässig füllte sich meine Netzhaut mit Bildern des nackten alten Gärtners, der sich an ängstlichen Kindern vergriff, seine abscheulichen Hautfalten über sie legte und sie mit einer Heckenschere schändete. Wenn ich an Bertal Sifh dachte, sah ich Eisik Malko. In meinem Hirn ging es drunter und drüber, kurz gesagt, ich fühlte mich nicht für ein Verhör gerüstet. Hinzu kam, daß es länger als zehn Jahre her war, seit ich ein Verhör geleitet hatte. Ich hatte Verhöre vorbereitet und die Moderatoren instruiert, hatte Anweisungen für

Methode und Aufmachung gegeben, aber ich führte Verhöre nur selten selbst durch. Wenn man das nicht regelmäßig macht, ist es schwierig, die Balance zwischen sachlicher Befragung und scharfer Provokation, zwischen vernunftgeleiteten Anwürfen und rein intuitiven zu finden. In der Summe all dessen fühlte ich mich weder eiskalt, noch überlegen oder abgebrüht und abgehärtet genug, um mit einem Psychopathen fertig zu werden – unabhängig davon, daß ich, jedenfalls theoretisch, wußte, wie so einer mit mir fertig werden würde.

»Wie spät ist es?« fragte ich, als ob das wichtig wäre.

Sam schaute auf die Uhr über der Tür. »4.17 Uhr«.

»Komm jetzt«, sagte er dann und stand auf. Er öffnete die Tür und schaute mich ungeduldig an.

»Hat man ihn über seine Rechte informiert?«

»Herrgott, ja! Komm jetzt!« Er seufzte. Widerwillig nahm ich meine Tasche und erhob mich und ging hinter Sam her, der sich ans Tischende setzte, mit direkter Sicht auf die Köpfe. Ich nahm am entgegengesetzten Ende Platz, so daß ich Bertal Sifh von der Seite sehen konnte, im Profil. Ich mußte ein wenig zur Seite rücken, denn sonst konnte ich die Köpfe hinter seinem Rücken erkennen, den er nach vorn über den Tisch gelehnt hatte. Sam hätte mich noch ein bißchen im Büro sitzen lassen sollen. Ich war noch nicht so weit. Aber vielleicht würde ich das überhaupt nie sein.

Ein kleiner, verhutzelter Mann, graues Haar, grauer Schnurrbart. Sein Gesicht wirkte verhärmt, und seine Hände waren ununterbrochen in Bewegung, er ballte die Fäuste und öffnete sie wieder, ballte sie, öffnete sie. Ich versuchte, nicht auf seine Hände zu achten, sondern mich auf sein Gesicht zu konzentrieren. Seine Augen waren wässrig. Sie schauten geradeaus, an die Wand gegenüber, auf den Tisch, aber nicht zu den Köpfen.

Lange saß ich da und starrte ihn an und sagte kein Wort. Das Licht hier im Raum war absichtlich schlecht. Ich konnte vom anderen Ende Sams ungeduldigen Blick spüren. Die viel zu dicke Akte lag neben mir. Ich holte jetzt meine Papiere, die richtigen, aus der Kalbsledertasche. Legte sie auf den Tisch, schaute kurz darauf und dann hinüber zu Bertal Sifh. Sam unterbrach die Stille, indem er uns vorstellte, kurz und kalt. Dann blickte er zu mir herüber.

»Danke, daß Sie zu dieser Zeit hierher gekommen sind«, sagte ich schließlich. Meine Stimme klang gar nicht, wie sie sollte, als sie endlich die lange Stille unterbrach. Ich nickte den zwei wachhabenden Polizisten an der Tür zu. Sie gingen.

Ich reichte Sifh Kopien der obszönen Briefe.

»Wir wollen nicht nur wegen der Briefe mit Ihnen sprechen«, begann ich. »Aber lassen Sie uns damit anfangen. Schriftexperten der technischen Abteilung haben festgestellt, daß das Ihre Handschrift ist. Würden Sie mir da zustimmen?«

Er nickte, die Augen hingen wie festgenagelt auf dem obersten Brief. Ich schwieg. Und schaute. Einige Zeit verging, niemand sagte etwas.

»Ist das verboten?« fragte er plötzlich und schaute mich mit einem sonderbar verletzbaren Blick an. Seine Stimme war sanft, er sprach langsam.

»Verboten und verboten ...« Ich versuchte ihm in die Augen zu schauen, mußte aber aufgeben. In seinem Blick war etwas sonderbar Flehendes, das mich plötzlich zweifeln ließ. Saß ich in Wirklichkeit hier mit einem süßen kleinen Mann zusammen, der vielleicht nur ein bißchen pervers war, und den ich unaussprechlicher Dinge beschuldigen wollte?

»Es gibt einige Paragraphen zum Schutz der Privatsphäre, mit denen solche Briefe nicht gut in Übereinstimmung zu bringen sind. Darüber hinaus ist es verboten, menschliche Exkremente mit der Post zu verschicken, wie Sie es mit dem Brief an den Hotelverwalter getan haben.« Ich lächelte angestrengt. »Aber wir sitzen ja nicht deshalb hier.«

Warum war ich jetzt so freundlich? Warum lächelte ich ihn

an? Ich sollte ihn zum Reden bringen. Ich mußte herausfinden, wer er war, ihn aus der Reserve locken. Er mußte mir zeigen, wer er war.

»Das Problem ...« sagte ich und versuchte ohne sonderlichen Erfolg, seinen Blick festzuhalten, »das Problem ist, daß Sie nicht der Urheber dieser Briefe sind. Sämtliche Briefe sind exakte Kopien von Briefen, verfaßt von einem Albert Fish. Aber das ist Ihnen ja bekannt?«

Er schaute mich nur an, aber ich konnte nichts daraus ablesen. »Das ist Ihnen ja bekannt, nicht wahr?« wiederholte ich.

Er nickte. Sein Gesicht verriet nichts. Ich sprach weiter:

»Und das Problem wird nicht kleiner, wenn wir dann das hier lesen.«

Ich reichte ihm eine Kopie des mit Maschine geschriebenen Briefs an Frosh. Er nickte wiederum mit seinem unleserlichen Gesicht.

»Warum haben Sie die Briefe kopiert?«

Er saß ruhig da. Zuckte mit den Schultern.

»Sie waren gut.«

»Sie waren *gut*?« wiederholte ich langsam und starrte ihn an. Dann schaute ich weg. Ich war erschüttert und hatte keine Ahnung, was ich sagen sollte. Hätte er einfach gesagt, »Davon bekomme ich meine *kicks*«, dann hätte das doch immerhin einen gewissen Sinn ergeben. Aber zu behaupten, sie seien *gut*?

»Was meinen Sie mit *gut*?« – fragte ich nach einer zu langen Pause.

»Ich mag Wörter gern. Albert Fish verstand sich auf Wörter.«

Ich sah zu Sam hinüber. Er schaute weg und schüttelte den Kopf. Ich hatte Lust, den kleinen verschrumpelten Mann anzuschreien, daß sich Albert Fish nicht im mindesten auf Wörter verstand, daß er weder Rechtschreibung noch Zeichensetzung beherrschte. Ich riß mich zusammen.

»Albert Fish tat eine Menge anderer Dinge, außer Briefe zu verschicken, darüber sind Sie sich wohl im klaren?«

Er nickte.

»Würden Sie so freundlich sein, uns zu sagen, was Fish noch tat, außer Briefe zu schreiben?«

Er begann zu sprechen. Es war, als ob plötzlich Leben in ihn kam, als ob er plötzlich größer würde, weniger gebrechlich. Aber seine Fäuste ballten und öffneten sich immerzu. Er berichtete uns detailliert, was Albert Fish getan hatte, von der Zeit, als er jung war, bis er auf den elektrischen Stuhl kam. Draußen hellte sich die Dunkelheit immer weiter auf, und als Sifh fertig war, war es Morgen, und die Menschen strömten mit ihren Aktenmappen und ihren Taschen in der Hand zu den Bushaltestellen.

»Sie bewundern ihn?« fragte ich nach Beendigung seiner Ausführungen.

»Ja, er war gut.«

»Wir finden übrigens, daß auch Sie gut sind«, sagte ich und nickte. »Wir bewundern Ihre Arbeit. Sehr geschickt das alles, ohne die geringste Spur zu hinterlassen, ja, das muß man sagen ...« Ich blickte auf die umfangreiche »Akte«, »... oder sagen wir besser: ohne allzu viele Spuren zu hinterlassen.« Ich versuchte, in ihm zu lesen. Das einzige Zeichen von Unsicherheit war ein kleines Zucken um den Mund. Er schaute mich an.

»Von Wörtern zu Taten ist es ein weiter Weg«, sagte er langsam. »Ich habe die Briefe geschrieben, und ich weiß vieles über Fish, und – ja, ich finde, er war gut. Aber ich bin auch Vater von sechs Kindern. Und ich könnte niemals die Dinge tun, die dieser Mann getan hat.«

»Welcher Mann?« fragte ich.

»Männer – Albert Fish und er jetzt, der Kinder hier in der Stadt entführt und ermordet. Nach ihm fahnden Sie, deshalb wollten Sie doch mit mir sprechen, oder nicht? Weil Sie glauben, ich hätte das getan. Hört auf, mich wie einen Idioten zu behandeln.« Er klang nicht wütend, eher nur eine Spur verärgert. Ich wollte gerade anführen, daß auch Albert Fish sechs Kinder hatte, als er weiterredete:

»Warum steht in der Zeitung, Sie hätten das genaue Profil des Täters – und dann schleppen Sie mich mitten in der Nacht hierher?«

Ich ignorierte die Frage und fing an: »Wir haben einen Mann, der entführt ...« Aber er unterbrach mich:

»Und warum mußt du mich verhören, warum nicht der Pole?« Er nickte in Richtung Sam. Ich schaute zu Sam, der die Augenbrauen hob und sein Kinn in die Hände stützte. Ich versuchte, fortzufahren:

»Wir haben einen Mann, der entführt ...« Aber er unterbrach mich wiederum.

»Ihr müßt ja verdammt verzweifelt sein. Führst du deshalb das Verhör? Was kannst du, das der Pole nicht kann, Doktor Fiske?« Seine Stimme war ein kleines bißchen höhnisch. Ich lehnte mich im Stuhl zurück.

»Wir machen weiter, wenn Sie fertig sind. Wir haben jede Menge Zeit.«

Er zuckte mit den Achseln und schwieg, so daß ich es ein drittes Mal versuchte:

»Es gibt da einen Mann, der entführt und ermordet Kinder und zeigt insgesamt ein Verhalten, das das Verhalten von Albert Fish kopiert. Dann haben wir hier einen Mann, Sie, der wie Albert Fish Maler ist, seine Briefe kopiert und alles von ihm weiß. Meinen Sie nicht, daß unser Interesse an Ihnen da naheliegend ist? Wenn wir dann noch berücksichtigen, daß sie das Haus der Froshs gestrichen haben und den Sonderkindergarten?«

Sam ergänzte: »Und die Schule, in die Greco ging.«

Ich warf Sam einen kurzen Blick zu, und ich haßte ihn. Das hätte er mir erzählen müssen. Ich schloß die Augen, um mich wieder zu konzentrieren, doch es gelang mir nicht. Als ich die Augen wieder öffnete, sah ich, daß Sifh sich auf dem Stuhl zurücklehnte und nachdenklich aussah. Jetzt hatte ich freie Sicht auf die Köpfe, es sei denn, ich änderte die Stellung, doch das wäre in diesem Moment nicht sinnvoll gewesen. Ich versuchte, mich auf ihn zu konzentrieren, aber die Köpfe der Kinder flackerten am Rande meines Gesichtsfeldes, ließen mein Herz klopfen und das Adrenalin aufbrausen, direkt unter der Haut. Er schaute mich an, bohrte seine ausdruckslosen Augen in meine und sagte:

»Nein, das meine ich nicht. Es ist ein weiter Weg, Fanny Fiske, von Wörtern zu Taten. Es ist ein weiter Weg von Faszination zu Chaos. Ich bin kein Heiliger. Aber ich bin auch kein Mörder.«

Hier hielt er inne und starrte vor sich hin; es war, als ob er größer geworden war, und ich konnte die Augen nicht von ihm abwenden. Dieser beschissene kleine Mann, versuchte ich zu denken, ehe er wieder übernahm:

»*Keiner von uns* ist ein Heiliger. Keiner von uns. Schau in dich selbst, Fanny Fiske, und dann frage deinen Gott – ob du rein bist?«

Mir wurde schwindlig. Vor meinen Augen wurde er zu Eisik Malko, und seine Sachen fielen von ihm ab. Versucherin, Ehebrecherin, schrie er mich an und preßte sein dünnes Skelett an mich, so wie auch er hier vor mir es tun könnte. Auch er hier war nackt unter seinen Sachen. Aber warum fragte er, ob ich rein sei? Was wußte er von mir? Ich blinzelte kurz mit den Augen und richtete sie dann fest auf den alten Mann, der mich jetzt einfach anstarrte. Eisik hatte mich heimlich beobachtet und mich die intimsten Dinge tun sehen, ohne daß ich davon eine Ahnung hatte. In meinen Handflächen brach mir eiskalt der Schweiß aus. Ich legte die Hände in den Schoß. Eisik war stark gewesen, genau wie der Mann vor mir stark sein würde. Ich griff mit beiden Händen nach der Tischkante und zog mich hoch, schaute auf den Tisch hinunter und versuchte, wieder cool zu sein. Ich konnte nicht. Was hatte er gegen mich in der Hand, ja, was konnte er gegen mich in der Hand haben, was konnte er von mir wissen, es gab doch nichts zu wissen?

Plötzlich wurde ich wütend, wahrscheinlich auf mich selbst. Er hatte gerade Oberwasser, aber das durfte so nicht bleiben. Wie konnte er es wagen, verdammt! *Keiner von uns.* Wie *konnte* er es *wagen*, von mir und sich so zu sprechen, als hätten wir etwas gemeinsam, eine Menschlichkeit, eine Erfahrung, irgend etwas? Wie konnte er es wagen, sich die Intimität zu gestatten und mich so direkt anzusprechen?

Ich schaute ihn an. Er schaute ausdruckslos zurück. Jetzt sollte ich ihn ausquetschen. Denn er sagte ja nichts anderes als das, was ich von einem Psychopathen erwarten konnte. Aber er redete weiter.

»Und dann, *Fräulein* Fiske«, höhnisch betonte er das Wort *Fräulein*, und seine Augen zeigten jetzt eine Glut, die von all dem Grauen abstach, »dann bist du ja nie mehr als ein Fräulein geworden, denn du hast keine Liebe in dir für einen Ehemann und Kinder. Wenn du stirbst, dann können dir deine Männer nicht mehr helfen. Dann ist Schluß. Aber ich habe meine Söhne, und ich habe sie gut erzogen. Sie wurden gezüchtigt und haben gelernt zu züchtigen. Ich habe mein Erbe an meine Jungen weitergegeben, und ich werde in ihnen weiterleben. Keiner kann dich beerben, kleine Fanny. Das ist Sünde.«

»Sünde?« Fragend, staunend und vollständig gelähmt schaute ich in seine wässrigen, schadenfrohen Augen. Dann sprach er weiter:

»Und ihr zwei, Fräulein Fiske – du und Albert Fish – ihr habt ja mehr gemeinsam als das. Ihr gehört ja zu einer Familie, weit zurückliegend, klar, aber aus einer Familie kommt ihr.« Jetzt endlich sollte ich ihn ignorieren, ihn verhören, so tun, als wäre nichts, und ihn einfach ausquetschen. Schon seit langem hätte ich all das tun sollen. Statt dessen rief ich wie ein Kind: »Meine Familie kommt aus Rußland«, und dachte an meinen Urgroßvater, der Colchester wegen einer Frau namens Antonina verlassen hatte.

»Ja natürlich, ja natürlich«, sagte er sanft. Und ebenso sanft erzählte er mir – daß Fiske ja nun doch kein russischer Name sei, daß dieser Name ursprünglich aus Suffolk im 15. Jahrhundert käme, daß wir von Fischern abstammten; genauso sanft berichtete er detailliert, wie das altnordische f-i-s-k-r auf das altenglische f-i-s-c traf und daß diesen Namen nur Fischer trugen. All das wußte ich selbstverständlich längst, aber aus seinem Mund klang das wie ein Schicksalsbericht, eine Urteilsverkündigung, die mich so hypnotisierte, daß ich verstummte, so wie ich da stand, glotzend, dumm. Er quetschte mich aus. Denn er wußte alles über mich. Er wußte alles über mich und die Erbsünde.

Er war aufgestanden und machte nun einen Schritt in meine Richtung.

»Ihr seid beide Fischer«, fuhr er fort, ohne den Blick von mir zu wenden. »Du fischst dir die Deinen und magst das, und er fischt sich die Seinen, und du kannst glauben, daß er das mochte. So seid ihr, Fanny. Wir pflegen unsere Lüste, das tun wir alle, aber ihr alle, die ihr Fish oder Fiske oder Fyske heißt, ihr steuert eure Lust, wenn ihr den Fang einholt.«

Vom Vater auf die Tochter, von der Mutter auf den Sohn, vom Vater auf den Sohn, von der Mutter auf die Tochter, so errichtet sie sich, verzweigt sie sich, die Erbsünde, unaufhörlich, durch die Generationen, mit dem ganzen Gepäck an Genen und früher Prägung und Konditionierung in jungen Jahren. Die Erbsünde, der ursprüngliche Schaden.

Er mußte mir angesehen haben, daß ich am Ende war, jetzt wankte ich in Richtung Tür, aber es gelang mir noch zu sagen: »Kriminalkommissar Berkovic möchte gern mit Ihnen allein reden«, bevor ich sie hinter mir zuwarf und zur Toilette rannte, wo ich mich ohne Magenkrämpfe übergab. Wie eine Naturkraft lief und sprudelte es aus mir heraus. Er hatte Albert Fish in mich eingepflanzt. Er hatte Roman Fiske in mich gesetzt. Sie sollten jetzt raus, es war an der Zeit.

Ich spuckte in den Ausguß, und jetzt brannte es im Hals, und mir traten die Tränen in die Augen vor Wut und vor Selbstmitleid – und von der Magensäure. Ich richtete mich auf und ging hinüber zum Waschbecken und spülte mir einige Male den Mund aus. Ich schaute mich im Spiegel an. Ich sah entsetzlich aus. Schwarze Schatten unter den Augen. Eingefallene Wangen. Die Zornesfalte hatte wieder angefangen, sich in mein Gesicht zu bohren.

Ich wusch mir die Hände und wollte in der Tasche nach meinem Make-up suchen. Aber ich hatte keine Tasche.

Keine Tasche. Ich war ein nacktes altes Weib.

»Nein, hallo! Ist dir gerade ein Gespenst begegnet?« Ich drehte mich um und sah Lisas fröhliches Gesicht an der Tür.

»Nein, nein, nein«, rief ich, schob mich an ihr vorbei und lief den Gang hinunter.

»Was zum Teufel«, hörte ich sie murmeln und fing an zu rennen. Aber dann kam aus dem Vernehmungszimmer ein Gebrüll.

## 22

Es war lange her, seit ich ihn auf diese Weise hatte schreien hören.

»Scheiß Psychopath!« brüllte Sam mit einer Stimme, die Macht und Ohnmacht zugleich ausdrückte.

Ich blieb stehen. Dann wachte ich auf und spürte, daß ich schon wieder ganz gut funktionierte. Egal was der Typ mir erzählt, mein Vater jedenfalls war ganz normal. Und dessen Vater. Der da drinnen aber? Dieser kleine verschrumpelte Mann. Der war ganz gewiß ein *Scheiß Psychopath*.

Ich ging auf die Tür des Verhörraums zu. Von innen heraus hörte man gedämpftes Murmeln. Dann öffnete sich die Tür, und Sifh trat gebeugt, aber bestimmt heraus, ging an mir vorbei, den Flur entlang und auf die Tür zur Freiheit zu. Ich sah kurz hinter ihm her und betrat dann das Vernehmungszimmer, wo Sam auf seinem Stuhl saß und wütend auf den Tisch starrte. Er fluchte, in vollständigen polnischen Sätzen, soweit ich hören konnte. Ich nahm meine Kalbsledertasche und fühlte mich wieder normal.

»Was ist los?«

Sam starrte weiterhin auf den Tisch. Ich konnte sehen, daß er leicht zitterte. Das war der Zorn, das wußte ich.

»Er hat mich schlicht und einfach provoziert, dieser…« Sam preßte die Lippen zusammen. »Weißt du, was er gesagt hat, weißt du, was er gesagt hat? Nein, es fing damit an, daß ich sagte, Albert Fish sei ein Psychopath gewesen. Da wurde er wirklich sauer, richtig wütend. Er sagte, Albert Fish war ein *Held*. Er sagte: ›Wer sich Mühe gibt, ist ein Held!‹ Popierdolony psychopata. Das hat mich auf die Palme gebracht, daß ich mich nicht mehr unter Kontrolle hatte. Ich konnte nur dasitzen und immer und immer wieder sagen, Fish sei ein *Scheiß Psychopath* gewesen, und es tat einfach gut, das zu sagen, und dann wurde er wütend, und als ich zu guter Letzt schrie, *er* sei genauso ein *Scheiß Psychopath*, da murmelte er so etwas wie: Er wünsche nicht, noch länger hier zu sein, und dann ging er, und ich konnte es nicht verhindern.« Sam schaute auf und wirkte vollständig verzweifelt.

»Und ich konnte es nicht verhindern. Ich konnte ihn nicht aufgrund von Indizien zurückhalten. Sein Alibi ist in Ordnung, ich habe keinerlei physisches Beweismaterial gegen ihn, ich habe keine Zeugenaussagen, die auf ihn passen würden.

Geh zu Polly-Jean Harvey und stell ihr diesen Fall vor, dann kann sie mal sehen, was sie mit ihrer verdammten Direktive anrichtet.«

»Das mußt du schon selbst tun. Ich kann mich nicht noch mehr einmischen, das ist nicht meine Sache. Du mußt eine Genehmigung zur Hausdurchsuchung beantragen und Untersuchungshaft wegen besonders erschwerter Bedingungen, und die Genehmigung wirst du doch wohl aufgrund der Indizien bekommen, oder nicht?«

Er schnaubte. »Das kommt ganz darauf an, ob es P. J. paßt einzusehen, daß das, womit wir konfrontiert sind, ›besonders erschwerte Bedingungen‹ sind.«

Ich konnte hören, wie sich Leute an der Tür versammelten, hielt aber den Blick weiter auf Sam gerichtet und fuhr fort:

»Und konzentriere den Einsatz auf ihn. Untersuch sein Alibi noch einmal. Schick Polizisten mit seinem Bild los ...«

»Du mußt mir nicht erzählen, wie ich meine Arbeit zu machen habe«, fauchte er und fing an, Stücke von Kaugummi aus der Packung zu fetzen.

Plötzlich spürte ich eine seltsame Nervosität in mir. Sam redete weiter, lange rhythmische Sätze, ohne daß ich erfaßte, was er sagte. Ich konnte spüren, daß da etwas in meinem Kopf war, das ich vergessen hatte. Etwas Wichtiges, an das ich gerade jetzt denken müßte, was aber die ganze Zeit schon bereitlag und schwelte, und es fiel mir schwer, mich in einen halbwegs bewußten Zustand zurückzubringen.

»Jetzt halt doch einfach die Klappe, Fanny«, hörte ich ihn plötzlich sagen, obwohl er es war, der ununterbrochen geredet hatte. Das war der Abschluß einer Litanei, die ich nicht gehört hatte. Ich sah ihn an, und er war total erhitzt und dabei, sich immer tiefer in Beschimpfungen hineinzusteigern, seine Lippen und sein Kinn waren ganz naß von Spucke.

»Halt dich da raus. Hau ab. Ich brauche Ruhe zum Arbeiten, und dann muß ich hoch zu P. J. und um Erlaubnis bitten, zum Richter gehen zu können, und das muß jetzt sein. Ich will den Mann hier drinnen haben, ich will nicht, daß er dort draußen rumrennt. Wiedersehen, geh! Ich habe zu tun.«

»Berkovic!« kam eine Stimme von der Tür. Sam und ich schauten hinüber und sahen zwei Polizisten und einen Kriminaltechniker.

»Wir haben die Marke der Farbe an Sifhs Haus herausgefunden. Es ist mit Lutex 16 gestrichen, und zwar innen wie außen in genau der gleichen Graupigmentierung«, sagte der Techniker und kam auf uns zu. Er legte ein Stück Papier vor Sam, dessen Miene sich sofort aufhellte, als er es nahm. Der Techniker ging, und die zwei Polizisten näherten sich dem Schreibtisch. Einer von ihnen, er war mir nicht bekannt, warf mir einen lüsternen Blick zu. Ich schloß die Augen, ich war überhaupt nicht in angemessener Verfassung.

»Berkovic«, fing der andere an, es war Reuben Rosoff. Er hielt einen dicken braunen Umschlag in der Hand. »Wir haben Eisik Malkos Haus durchsucht, und wir sollten kurz besprechen, sehr kurz, was wir mit den Ergebnissen anfangen wollen. Koontz der Große hat ein paar Fotos gemacht, die du dir gleich ansehen solltest.«

Rosoff reichte dem sich langsam abkühlenden Sam den Umschlag.

»Ich will mitschauen«, sagte ich und schob mich vorbei an Rosoff und dem Polizisten mit dem lüsternen Blick auf Sams Seite des Schreibtischs.

Sam setzte sich und zog einen Stoß Fotos heraus, Rosoff sah mich vorwurfsvoll an. Die Fotografien zeigten kleine, dunkle, unordentliche Zimmer: Wohnzimmer, Küche, Schlafzimmer. Allen Räumen gemeinsam war, daß ihre Wände bedeckt waren mit Fotografien: von mir und Männern, allen möglichen Männern, in meinem Bett, auf frischer Tat und auf eine Weise, die es wie eine Untat aussehen ließ. Ich konnte spüren, wie die mißbilligenden Blicke der Männer auf mir ruhten, und ich spürte die Kälte, die von Sams Rücken ausstrahlte. Er blätterte den Stoß in einem sadistisch gemächlichen Tempo durch und sagte keinen Ton.

Als er fertig war, legte er die Fotos wieder in den Umschlag, langsam und bedächtig.

»Das dürfte ja wohl reichen. Immerhin ist jetzt ganz klar, daß der Versuch der Vergewaltigung nicht irgendeinem Impuls entsprang. Der wird sitzen, dieses alte Schwein«, sagte Sam. Er blickte die zwei Männer ungeduldig an.

»Schiebt ab! Ich hab zu tun.«

»Einen Moment«, sagte ich, vor allem an die zwei Polizisten gewandt. Ich spürte, wie eine uralte, eine ganz ursprüngliche Wut in mir wieder hochkam und die Beschämung, die die Blicke der Polizisten hervorgelockt hatte, zurückdrängte.

»Wenn das hier an die Presse dringt, wenn auch nur ein einziges Bild in die Hände eines Journalisten gelangt oder der Hauch eines Gerüchts ...« mein Blick schien seine Wirkung auf die Anwesenden nicht zu verfehlen, wie an ihren erschrokkenen Gesichtern abzulesen war, »... dann habe ich zum letzten Mal für die Polizei von Cornwell gearbeitet.«

Sam brüllte mir auf polnisch irgendeine Nettigkeit zu, ich griff nach meiner Kalbsledertasche, schob mich aus der Tür und lief den Flur hinunter. Die Treppe zur Tiefgarage nahm ich in wenigen Sätzen, und als erstes öffnete ich das Handschuhfach, nahm die Handschuhe heraus und zog sie an. Sie waren aus Kalbsleder und paßten sehr gut zur Tasche.

Ich donnerte aus der Tiefgarage wie ein Teenager kurz vor dem Führerschein und nahm den direkten Weg zu Eisiks kleinem Holzhaus am Rande des Waldes von Cornwell Süd. Ich war nur ein einziges Mal dort gewesen, um ihm einen Präsentkorb zum 70. Geburtstag vor die Tür zu stellen.

Das Haus war mit gelbem Band versiegelt. Ich tauchte darunter durch und ging zur Eingangstür. Abgeschlossen. Ich probierte auf dem Weg ums Haus jedes Fenster. Die Hintertür zu einem kleinen Garten mit einem noch kleineren Kartoffelbeet am Ende. Verschlossen. Verschlossen. Verschlossen. Aber die Hintertür war eine Glastür.

Ich schaute mich um. Die Nachbarschaft war wie ausgestorben. Das nächste Haus wirkte weit entfernt. Und es war kein Geräusch zu hören. Ich schaute auf die Tür. Die Umrisse meines Kopfes waren im Glas schwach zu erkennen. Dann zerschlug ich mit meiner behandschuhten Faust das Glas direkt beim Türgriff und öffnete mir die Tür zu einem kleinen schmutzigen Gang, der überfüllt war mit Holzschuhen und Gummistiefeln und Kartoffelkisten. An den Wänden hingen Regalbretter, vollgestopft mit kleinen Gartengerätschaften, Schnüren, Arbeitshandschuhen und jeder Menge Plastikdingern, von denen ich nicht wußte, was es war, daneben Kleiderhaken, schwer von Arbeitskleidung. Hoch oben an der Wand, direkt unter der Decke, hingen drei Bilder von mir und einem Mann in meinem Bett. Ich konnte nicht sehen, wer es war, und das war momentan auch gleichgültig. Die Qualität der Bilder war schlecht, manche waren wahrscheinlich mit einer Nachtkamera aufgenommen, alle aus dem gleichen Winkel, draußen vom Fenster vor meinem Schlafzimmer, sie waren schief und meist fehlten die Beine von den Knien an.

Ich stellte zwei Kartoffelkisten aufeinander, kletterte darauf und nahm die Bilder ab. Die roten Reißzwecken, mit denen sie befestigt waren, steckte ich in die Tasche. Mit den Bildern in der Hand ging ich in die Küche. Hier hingen sie an allen Wänden, Bilder von mir, mit verschiedenen Herren in meinem Bett. Alle Flächen waren mit diesen Bildern bedeckt: Kühlschrank, Schranktüren ... Ich nahm sie alle ab, und als die Küche total bilderfrei war, füllten die Reißzwecken meine Manteltasche. Ich ging weiter ins Wohnzimmer und danach ins Schlafzimmer. Überall entfernte ich die Fotos und legte sie in Stößen auf den Küchentisch. Dann durchwühlte ich alle Schränke und Schubladen und Fächer, alle seine Verstecke.

Ich fand vier große Kisten unter seinem Bett, alle voll mit Negativen. Ich stellte die Kisten in die Küche. In der untersten Schublade der Kommode in seinem Schlafzimmer fand ich dreiundzwanzig Videofilme, die alle den Aufkleber »Fanny« trugen, dann folgten Monat und Jahr, wann er sie gefilmt hatte. Er hatte mich dreiundzwanzig Monate lang überwacht und gefilmt, das war nicht schwer auszurechnen. Ich überlegte. Er hatte nur fünfundzwanzig Monate für mich gearbeitet, genau fünfundzwanzig.

Im Küchenschrank fand ich massenweise Plastiktüten, legte die Kassetten da hinein und stellte sie auf den Tisch.

Seine verschiedenen Kameras lagen in einem alten Schubladenschrank mit Mahagonifurnier. Ich nahm aus allen die Filme heraus und warf sie in eine weitere Plastiktüte. Draußen in der Küche verpackte ich auch die vielen Kilo Bilder in Tüten. Dann legte ich sie in Kartoffelkisten – drei waren es alles in allem – und trug meine Beute hinaus zum Jeep. Anschließend die vier großen Kisten mit den Abzügen und Negativen.

Ich machte mich auf den Weg zur Kapelle im Süden, die heißt tatsächlich so. Die Kapelle am See war bestimmt näher, aber ich entschied mich für die Kapelle im Süden, weil ich dort den Krematoriumsangestellten kannte. Er hieß William, er war Eisiks Vorgänger, und ich hatte ihm den Job als Krematoriumsangestellter verschafft. Er schuldete mir also einen Gefallen.

Ich hielt beim Telefon an der Pforte und kündigte mich an. »Hast du jemand im Ofen?« fragte ich. »Gleich, ja«, antwortete William, »aber ich setze jetzt erst einen Kaffee auf, komm nur her.«

»Warte bitte noch einen Moment, ich habe etwas, das gerne mit soll.«

Das Telefon lachte, und die Pforten öffneten sich. Ich war kaum drinnen, da schlossen sie sich schon hinter mir. Ich hatte nie dahinter kommen können, was der Sinn von all dieser Sicherheit sein sollte.

Ich merkte gerade, daß ich sehr, sehr müde wurde, und ich hatte den ganzen Tag noch nichts bekommen, das Kaffee auch nur ähnlich sah, also trank ich den frisch gebrühten, den William mir anbot, mit großer Dankbarkeit. Ich schaffte noch einen weiteren dankbaren Blick, dieses Mal zu den Flammen. Sie loderten hinter der offenen Ofentür auf, die bereits auf den Sarg wartete.

Dann trug ich die Kisten hinein. William half mir und wollte selbstverständlich wissen, um was es sich denn handelte. Das sagte ich ihm natürlich nicht. Und plötzlich begriff ich das Problem. Es würde mehr als eine Leiche und einen Sarg brauchen, um alle Spuren mit ihnen beseitigen zu können.

Ich schaute auf die Uhr. 14 Uhr. »Wie viele hast du heute noch?«

»Nur noch eine«, sagte er lächelnd. »Aber das muß heute sein.«

»O nein!« rief ich.

»Was ist los, Doktor?« William hatte nie begriffen, daß ich kein Arzt war.

»Verdammt, ich will das alles weg haben!« Ich merkte, wie weinerlich meine Stimme klang, und ärgerte mich maßlos darüber.

»Aber das ist doch kein Problem.« William begann die Kisten einfach aufeinanderzustapeln, und mir wurde klar, daß mein Problem bei ihm in den besten Händen war. Er schaute mich amüsiert an. Dann warf ich einen Blick zur Ofentür, sah, daß der Ofen ja riesig war, und spürte eine enorme Erleichterung. Als mein Retter fertig war, drückte er auf den Knopf, so daß der Sarg langsam hineinfuhr.

Als sich die Tür hinter meinen Kisten schloß, die ja in Wirklichkeit Eisiks waren, fiel mir ein riesiger Stein vom

Herzen. Ich war glücklich und entspannt und hatte nur noch einen Wunsch: schlafen. Und vielleicht einen kleinen ungebührlichen Wunsch, daß das, was ich gerade getan hatte, nicht zu ungesetzlich war. Dumm genug war das allemal.

## 23

Als ich aus dem Tor bog und von der Kapelle im Süden wegfuhr, schielte ich zu meinem PDA. Er war abgeschaltet, und das war herrlich gewesen. Aber man sollte Gutes nicht übertreiben. Rosa haßte es, auf mein Telefon achtzugeben, und ich konnte nicht auf sie verzichten. Also reaktivierte ich den PDA, tippte meinen Code ein, absolvierte den Stimmencheck, wurde als Besitzerin und Benutzerin anerkannt und tippte Code 2 ein.

»Was ist?« schrie sie fast ins Telefon.

»Na, wie ist es, das Telefon zu bedienen?«

»Wenn du unzufrieden bist, Schnuckelchen, dann kannst du mich entweder rauswerfen oder auf dein verdammtes Telefon selbst aufpassen. Nicht eine Minute länger mach' ich das. Seitdem du nach Quantico gefahren bist – und wo genau bist du eigentlich jetzt? Denn daß du nicht mehr in den USA bist, weiß ich.«

»Ich sitze in meinem Auto.«

»Na, aber seit du dorthin gefahren bist, habe ich nichts anderes getan, als dein Telefon zu beantworten und Idioten auf der ganzen Erde zu erklären, daß man dich nicht erreichen kann und daß ich keine Ahnung habe, wo und wann man dich treffen kann. Kaum hatte ich aufgelegt, rief der nächste an.«

»Ich bin am Montag zurück. Bis dahin sag, sie könnten mich privat zu Hause anrufen, dann übernimmt der Anrufbeantworter das Gespräch. Ich habe momentan schlicht und einfach keine Zeit, mit Peter und Paul über ihre Filme zu reden oder ihre Bücher oder über die Probleme bei der Jobsuche in unserer Branche. Und ich kann auch nicht einen einzigen Job übernehmen, ehe wir unseren Freund hier haben. Nur noch bis Montag, versprochen – okay?!«

»Okay, aber wenn das am Montag kein Ende hat, dann kannst du dich gleich nach einer Nachfolgerin für mich umsehen.«

»Versprochen. Gibt es auch nur eine einzige wichtige Nachricht? Etwas, das ich *wirklich* wissen muß?«

»Nicht, soweit ich das beurteilen kann – nichts, das nicht auch bis Montag warten kann.«

»Du bist ein Schatz, ich sause jetzt los.«

»Hej, warte – was ist mit deinem Geburtstag?«

»Das übliche, also wenn du das schaffst?«

»Das schaffe ich. Same procedure as last year?«

»Same procedure as every year.”

Ich schaltete den PDA wieder ab, und dann blinzelte ich ein paarmal, um wach zu werden. Jetzt zu schlafen würde nichts bringen. Ich hatte keine Zeit. Ich fuhr das Auto in die Tiefgarage, und unterwegs zum Fahrstuhl rief ich bei Loretta im dritten Stock an, wo sie sich auf research und Databank checks spezialisiert haben. Ich sagte, ich sei unterwegs, und fragte, ob sie auch anderen Kaffee hätten, als die Plörre aus der Maschine.

Alles stand schon bereit, frischer Kaffee mit Milch und Zucker, ein weicher Stuhl und ihr unwiderstehliches Lächeln.

Loretta Adaboy war ursprünglich Statistikstudentin, aber sie blieb in ihrem Studentenjob hängen, weil sie verrückt danach war. Sie trägt blonde Dauerwellen, hat unglaublich schlechte Haut und eine winzige Nase, die sich bewegt, wenn sie spricht. Vor allen Dingen gleicht sie einer jugendlichen Tante, und ich habe sie im Verdacht, eine Dose mit alten Keksen zu beherbergen. Aber man sollte sich in Loretta nicht täuschen.

Sie legte los, kaum daß ich mich gesetzt hatte. Sie rief eine Datei auf, die zeigte, daß ein Bertal Sifh und eine Sluva seit anderthalb Jahren in der Gemeinde Cornwell registriert waren. Gemeinsam mit seiner Familie: Robert, Albert, Frank, Hamilton, Howard und Edgar. Sie wollte etwas sagen, aber ich unterbrach sie:

»Stop! Mein Gott – das sind ja alles die Namen, unter denen Fish gemordet hat! Wie kann man seine Kinder danach benennen!«

Loretta nickte und wollte wiederum etwas sagen, aber ich unterbrach sie:

»Ausgenommen – Edgar. Woher hat er den?« Ich fragte mich in erster Linie selbst, aber Loretta antwortete.

»Darüber habe ich mich auch gewundert, aber er könnte den Jungen nach Edgar Allan Poe genannt haben – das war Fishs Lieblingsautor.«

»Woher weißt du das?« Ich war sprachlos. Sie hatte recht. Fish war ganz besonders angetan gewesen von Poes ›Die denkwürdigen Erlebnisse des Arthur Gordon Pym‹, wo Menschen Menschen essen.

»Stell dir vor, Fanny, ich habe seine Akte studiert, ich kann lesen und denken! Die wenigen Suchwörter, die du mir gegeben hast, haben einfach nicht ausgereicht.«

»Entschuldigung, ich ...«

Sie unterbrach mich und fuhr fort: »Also Bertal Sifh *ist* natürlich Albert Fish, darauf kann ja jedes Kind kommen, aber Sluva ...?«

Ich saß da und schüttelte den Kopf, glaube ich jedenfalls, denn ich verstand nicht, was sie sagte. »Worauf kann ja jedes Kind kommen?«

»Na, daß BERTAL ein Anagramm ist für ALBERT und SIFH für FISH.« Sie ging davon aus, daß ich das Buchstabenspiel des

Mannes längst durchschaut hatte, obwohl ich dem nicht einmal einen Gedanken geschenkt hatte. Wie konnte ich so blöd sein? Wie konnte mir so etwas Naheliegendes entgangen sein? Hier saß Loretta und ging offenbar davon aus, daß ich diesen Schlüssel längst ins richtige Schloß gesteckt hatte, und ich hatte ihn noch nicht mal gesehen. Alles in allem gab es ein bißchen zu viele Details, die ich nicht gesehen hatte, selbst wenn sie direkt vor mir standen und mit dem Schwanz wedelten. In mir wurde meine tiefste Furcht lebendig: War mein Gehirn alt und müde geworden? Und wenn es so war, was in aller Welt konnte ich dagegen tun? Bis jetzt kannte ich noch keine Kur gegen schlaffe Synapsen.

Loretta redete weiter. Daß es infantil sei, Anagramme zu bilden. Daß sie und ihre Freundinnen das als Zwölfjährige getan hätten. Sie sprach von Identifikationen und vom Versteckspielen. Ich hörte gar nicht richtig zu, denn die Haut unter meinem Kalbslederuhrarmband juckte. Ich nahm die Uhr ab und legte sie auf den Tisch.

»Aber Sluva – das kann ich einfach nicht knacken.« Sie schaute mich mit so einem netten Naserunzeln an. Ich schüttelte den Kopf und kratzte mich am Handgelenk.

»Laß jetzt Sluva mal beiseite – es kann sein, daß sie einfach so heißt«, sagte ich. Jetzt wollte ich weiter. »Hast du mal versucht, unter Fishs Alias-Namen zu suchen – Frank Howard und so weiter?«

Sie schaute auf den Computer und gab irgendwelche geheimnisvollen Kommandos, während sie antwortete:

»Ich habe alle Alias-Namen und Kombinationen versucht. Ich habe es unter Fish versucht, und ich habe es unter Sifh in Rotterdam versucht, er kam aus Rotterdam, das kann ich an den Passagierlisten hier erkennen – aber schau mal hier.« Sie hatte eine Datei geöffnet, die Auszüge aus Rotterdam zeigten, unmittelbar ehe Sifh als in Cornwell ansässig registriert worden war. Sie lehnte sich zurück und sah mich an.

»Niemand ist unter diesem Namen in Rotterdam registriert, in ganz Holland nicht, nirgends. Niemand ist in Europa unter diesem Namen registriert – in keinem Staat. Er hat also irgendwie für sich und die Familie Pässe und Papiere auf diesen Nachnamen beschafft, ohne daß der Namenswechsel irgendwo registriert wurde.«

Ich sagte nichts. Sie trommelte wiederum auf die Tastatur und zeigte mir etliche Ergebnisse ihrer Nachforschungen unter verschiedenen Anagrammen zu Albert Fish.

Talber Fish. No hits. Reblat Hifs. No hits. Und so weiter. Sie lächelte erschöpft. »Ich kann durchaus verstehen, warum er sich Bertal Sifh aussuchte. Das ist wahrhaftig das am wenigsten törichte.«

»Aber...« Sie starrte auf den Monitor und öffnete weitere Dateien. »Hier ist eine Liste von verschwundenen Kindern. Leider können wir damit nicht richtig arbeiten – es sind einfach zu viele. Aber – in Rotterdam verschwanden drei Kinder, deren Knochen in einem Wald auftauchten, wo sie völlig durcheinander auf einem Haufen lagen. Schau hier, die Übersicht der Fälle.« Ich starrte auf den Bildschirm, ohne zu lesen. Loretta erzählte mir, was dort stand.

»Alle Knochen waren auf eine Länge von 15 bis 20 cm durchgesägt. Und sie waren so vollkommen sauber und ordentlich wie unsere hier. Das war, ehe, warte ...« Sie schaute kurzsichtig auf den Bildschirm. »Ja, die Knochen wurden gefunden, kurz nachdem er in Cornwell angemeldet war, aber das erste Kind verschwand zwei Jahre zuvor und die anderen über einen Zeitraum von insgesamt zwei Monaten.«

»Eskalation«, sagte ich, schloß die Augen und nippte am Kaffee, der nur noch lauwarm war. »Sowohl was die Zeitspanne angeht, als auch in Hinblick auf die Brutalität.« Sie nickte und fuhr fort:

»Hör weiter: Drei Jahre zuvor gab es in Düsseldorf einen Fall mit einem Zwillingspaar, das vom Spielplatz verschwand, und dessen Knochen ein Taucher am Grund eines Sees außerhalb der Stadt fand, ebenfalls zersägt. Insgesamt verschwanden über einen Zeitraum von drei Jahren in Düsseldorf und Umgebung, also seit die Zwillinge verschwanden, bis zu den verschwundenen Kindern in Rotterdam, deren Knochen man später fand – insgesamt zehn Kinder. Wie viele davon auf sein Konto gehen, können wir vorerst nur vermuten.«

Sie machte eine Pause und schaute mich an. Ich gab keinen Mucks von mir.

»Ehrlich gesagt, kommen wir so nicht weiter«, fuhr sie fort. »Wir brauchen einen Namen, er aber hat garantiert die ganze Zeit seinen Namen gewechselt. Die Namenlisten sind unendlich, und wir haben nicht genug Leute, um alle Menschen zu überprüfen, die irgendwie auch nur ein bißchen ähnlich heißen. Es wäre das reinste Rätselraten. Du mußt mir noch andere Aspekte liefern, andere Stichworte, andere Suchkriterien: neue Zugänge, Wörter, Namen, mehr Information. Ich stecke fest.«

»Versuch die Anzeigen wegen der obszönen Briefe«, versuchte ich schwach. Sie schüttelte den Kopf.

»Das geht nicht. So etwas wird nicht registriert.«

Ich war in einen halbwachen Zustand geraten, in dem es sich anfühlte, als ob das Gehirn abgeschaltet sei. Das passiert mir oft, wenn ich mit Menschen zusammen bin, die etwas besser machen als ich.

»Scheiß Psychopath«, flüsterte Loretta grinsend und schloß die Dateien auf dem Bildschirm. Ich zuckte zusammen und schüttelte den Kopf, jedenfalls schien es mir so. Wie ein jähes Erwachen.

»›Scheiß Psychopath?‹« wiederholte ich staunend und schaute sie an.

Sie grinste. »Ich habe Scheiß Psychopath gesagt, weil …« Sie grinste wieder, »… weil die Gerüchte über Berkovics kleinen Auftritt – Solo für entzündete Stimmbänder – vor kurzem bis hier oben in die Dritte gedrungen sind.«

Ich saß da und dachte nach. Warum hatte Sam das noch mal gesagt? Genau: Sifh hatte Albert Fish einen Helden genannt. Und nachdem Sam Fish einen *Scheiß Psychopathen* genannt hatte, war Sifh beleidigt. Warum war er beleidigt? Vielleicht weil seine Identifikation so total war, daß er glaubte, Albert Fish zu *sein*? Oder war Albert Fish einfach der Held seines Lebens, den man nicht verspottete? Ich ahnte noch eine dritte Möglichkeit ...

»Wie steht es mit deinem Zugang zu den amerikanischen Datenbanken?«

»Ich habe lediglich Zugang zu den Daten ab dem Jahr 2000 aufgrund des Jahr-2000-Fehlers in dem alten System. Ich muß die Anfrage über Neets bestellen.«

»Neets?«

»Anita Sasson in den Datenarchiven des FBI.«

»Kenne die Dame nicht – geht das im Eilverfahren?«

»Selbstverständlich, aber das kostet ...«

»Spielt keine Rolle – ich muß wissen, was mit Albert Fishs sechs Kindern passierte. Ich will wissen, wie sie hießen, ob sie nach dem Todesurteil ihres Vaters ihre Namen änderten, was aus ihnen wurde – ob sie kriminell wurden und wenn, in welcher Form? Und deren Kinder? Und deren – mit wie vielen Generationen haben wir es inzwischen zu tun? Fish war 1936 64 Jahre alt? Ich will wissen, wie sie hießen, alle miteinander, alle Namen des Stammbaums.« Loretta nickte zwar, hob aber gleichzeitig den Finger und kniff die Augen zusammen. Offenbar wollte sie mich gerade etwas fragen, aber da kam aus dem Computer ein gewaltiges Piepsen. Wir wandten uns dem Bildschirm zu, und über die ganze Fläche stand mit blinkenden roten Buchstaben geschrieben:

POTENTIAL INTRUDER ALERT

Loretta seufzte. Sie rief die *logfil* auf und begann sie zu untersuchen. »Das ist bestimmt Lech oder Billy, die sich *nie nie* an ihre Passwords erinnern.« Ich stand auf und reckte mich.

»Nee«, fuhr sie fort. »Da greift jemand gerade auf Sifhs Akte zurück, das muß Berkovic sein. Der weiß sein Password auch nie – warte. Das *ist* Berkovic! Aber das kann doch nicht Berkovic sein, der versucht hat, warte ...« Sie schob die Nase ganz dicht vor den Bildschirm und fuhr mit dem Finger über etwas, das ich von dort aus, wo ich stand, nicht sehen konnte. »27! Das kann nicht Berkovic sein, der ein verkehrtes Paßwort 27 mal eingegeben hat. Entweder hat er den Verstand verloren oder ...«

Sie griff nach dem Telefon und wählte. Ich begann einen Kampf mit einem Mantelärmel, gab aber auf und nahm den Mantel über den Arm.

»Hallo, sitzt *du* gerade an deinem Computer und versuchst ihn zu killen?« fragte sie mit einem süffisanten Lächeln. Aber das Lächeln verschwand fast augenblicklich, statt dessen hob sie die Augenbrauen.

»Ja, ja!«

Sie hielt den Hörer vom Ohr weg, und ich konnte Sams laute Stimme hören.

»Doch, ja – ja, aber sie sitzt mir gegenüber. Willst du mit ihr reden – ah ja ...«

Sie legte den Hörer auf. »Berkovic will seit einer Stunde gern mit dir sprechen, und er klingt richtig, richtig wütend.« Sie verschränkte die Arme vor der Brust und schaute mich nachdenklich an. Dann zuckte sie die Achseln und winkte mich aus dem Zimmer.

»Was ist mit ...« Ich deutete auf ihren Computer.

»Momentan komme ich da nicht weiter.« Sie wandte sich dem Monitor zu. Ich ging los, blieb aber stehen, als sie rief:

»Eine Frage noch: Worauf willst du eigentlich hinaus mit diesem Stammbaum und den Namen der Kinder ...«

»Erbsünde«, antwortete ich und drehte mich um. »Die Kinder von Alkoholikern werden oft Alkoholiker. Kinder von Gewaltverbrechern werden oft gewalttätig. Die Kinder von Verrückten werden oft verrückt.« Ich zuckte mit den Achseln. »Albert Fishs Kinder werden ... Albert Fish? Ich will wissen, wie Bertal Sifh wirklich heißt. Ich will es heute wissen. Wir werden die Ergebnisse heute brauchen.«

Loretta sah mich entsetzt an. »Ich werde es versuchen.«

Ich durchschritt die dritte Etage im Eiltempo, denn ich hatte mir wahrhaftig ausrechnen können, wofür Sam mich brauchte. Und dort stand er, am Ende des Flurs, die Hände in die Seite gestemmt, und sah mir drohend entgegen, als ich den Aufzug verließ und die Tür zufallen ließ.

»Du bist wohl nicht mehr ganz bei Trost!? Popierdolona kurwa!« schrie er, so daß ich vor mir sehen konnte, wie sich bei jedem einzelnen Polizisten und Büroangestellten vor Entsetzen die Nackenhaare sträubten.

»Bist du jetzt wahnsinnig? Hat man dich hirnamputiert? Bist du ... popierdolony przygłup?«

Ich kann mich de facto nur noch daran erinnern, daß er dort stand und schrie, bis ich vor ihm stand. Und bis ich vor ihm stand, war ich mindestens so wütend wie er.

»Was bildest du dir ein, so mit mir zu reden?« fauchte ich ihn laut an.

»Weißt du, daß deine Aktion heute morgen ab-so-lut idiotisch war? DESHALB!« beschimpfte er mich.

»Wann habe ich jemals etwas Idiotisches getan?«

»Wo soll ich anfangen? Was war das heute morgen zum Beispiel? Willst du das, was du heute morgen veranstaltet hast, ein Verhör nennen? Was war das anders als idiotisch?«

»Du mußt gerade reden! Du bist doch derjenige, der dasitzt und *Scheiß Psychopath* schreit, daß man im gesamten Haus darüber redet! Du bist es, der dasitzt und *Scheiß Psychopath* schreit, so daß der Psychopath seines Weges geht, hinaus in die Welt, wo er seinen Trieben wieder freien Lauf lassen kann!«

»Idiot!« schob ich noch hinterher, mein Mund einen einzigen Zentimeter von seinem entfernt.

»Komm hier herein!« Er zog mich in sein Büro und schloß nachdrücklich die Tür hinter uns. Dann stand er eine Weile da und schnaufte wie ein Hund, der nicht wußte, ob er wütend war oder ohnmächtig. So erregt hatte ich ihn nicht mehr gesehen, seit er auf sein Auto eingedroschen hatte. Das geschah ihm immer dann, wenn er sich absolut in die Enge getrieben fühlte.

Als er sich ein bißchen beruhigt hatte, steuerte er hinüber zu seinem Schreibtisch und setzte sich. Dann massierte er mit beiden Händen seinen Solarplexus und atmete tief durch. So, wie er es in einem Pflichtkurs gelernt hatte. Er strich die Wut von sich ab, unwillig, aber wirkungsvoll. Schließlich fragte er eiskalt: »Bist du bei Eisik Malko eingebrochen und hast Beweismaterial entfernt?«

»Nein«, log ich ebenso cool. Dann nickte er. Er öffnete eine seiner Schreibtischschubladen und nahm eine Zigarette heraus. Er hatte seit neun Jahren nicht mehr geraucht. Mit zitternden Händen zündete er sie an. Dann schaute er mich verbissen an und sagte hustend:

»Wenn ich herausfinde, wenn ich jemals herausfinde, daß du es warst, die Beweismaterial aus Eisik Malkos Haus entfernt hat, dann reiße ich dir den Kopf ab.«

»Aber bitte. Nur: könntest du mir vielleicht zuvor erklären, von welchem Beweismaterial du redest?«

»Kurwa! Reiz mich nicht!« bebte er und erhob sich wie ein Stier. »Du spielst mit meiner Geduld, du bringst mich aus der Fassung.«

Das klang nun wirklich idiotisch.

»Welches Beweismaterial, Sam? Ich bin todmüde, und gerade in diesem Moment ertrage ich dich einfach nicht. Ich habe heute nacht keine zwei Stunden geschlafen und bin den ganzen Tag auf Sifhs Spuren herumgerannt.« Je mehr ich log, um so besser wurde ich. »Gestern – wenn ich dich kurz daran erinnern darf – wäre ich beinahe von einem alten Mann mit Heckenschere vergewaltigt worden. Würdest du mir jetzt bitte in aller Ruhe erklären, wovon du sprichst?« Jetzt kamen ihm tatsächlich Zweifel. Gut so.

»Ich rede von den Bildern von dir – und deinen ...«

»Wie bitte?« schrie ich ihn mit aller mir zur Verfügung stehenden Emotionalität an, die mir gar nicht gut stand. »Es gibt weitere Fotos von mir, und du sitzt hier rum!? Sag mal, was seid ihr hier eigentlich für Stümper? Du hast mir versprochen, daß kein einziges von diesen Bildern an die Öffentlichkeit gelangt, und dann schickst du einfach jemanden los, um sie zu holen? Habt ihr das Haus nicht überwacht?« Ich ließ mich von meiner vorgetäuschten Hysterie mitreißen und fing an, mich ganz authentisch zu fühlen. Außerdem war ich jetzt wach und fühlte mich gut unterhalten.

»Wenn morgen über Francis Zanf oder Eisik Malko oder über mich nur das geringste in den Zeitungen steht, dann bin ich hier weg, verschwunden für alle Zeiten. Auch aus deinem Leben!« keifte ich weiter. Sam hatte seine Hände vors Gesicht geschlagen und sah in erster Linie so aus, als wolle er am liebsten sterben.

»Entspann dich«, sagte er müde. »Hör auf.«

»Das sagst du zu mir? Interessant, daß ausgerechnet du mir jetzt sagst, ich soll mich entspannen«, sagte ich schon wieder ganz ruhig.

»Ich weiß, daß du es warst«, sagte er, die Hände noch immer vorm Gesicht. »Und ich verstehe es auch.«

»Du verstehst gar nichts. Ich war es nicht, und im übrigen verstehe ich dich ganz und gar nicht: Erst hegst du so ›eine merkwürdige Zärtlichkeit‹ für mich und im nächsten Moment beschimpfst du mich wie eine Hure. Da komme ich einfach nicht mehr mit.«

Er schüttelte den Kopf. »Okay«, zischte er und faltete die Hände auf dem Schreibtisch, noch immer mit geschlossenen Augen. »Laß uns mal kurz tief durchatmen«, wiederholte er flüsternd. »Vergiß es. Ich gehe jetzt. Ich habe genug zu tun.«

Ich stand auf, um zu gehen, aber er langte mit dem Arm über den Schreibtisch und hielt mich fest.

»Mensch, Fanny, ich bin verzweifelt. Die rufen ununterbrochen an. Zeitungen, Eltern, Familien aus Cornwell Süd – alle wollen sie Ergebnisse sehen, und gerade jetzt sitzt Polly-Jean Harvey garantiert noch immer in ihren ekelhaften schwarzen Klamotten und schaut auf mein Ersuchen und ›hat Angst‹ und ›weiß nicht genau‹. Wie soll ich da bitte nicht ausflippen?«

»Was ist mit seinem Mageninhalt?«

Sam ließ mich los. »Der Analyse wird er selbstverständlich nicht zustimmen.«

Ich setzte mich wieder. Wir saßen eine Weile schweigend da und hörten überhaupt nicht, daß die Tür aufging.

»Ich habe eine Idee«, fing ich an und wollte ihm von meiner Séance im dritten Stock berichten.

»Für Ideen ist es zu spät«, seufzte er.

»Das kann ich unterschreiben«, tönte eine Stimme hinter mir. Ich drehte mich um. Sam hob den Kopf.

Lisa stand in der Tür. Sie lächelte nicht.

»Wir haben seinen Arsch gefunden«, sagte sie resigniert.

## 24

Das Klingeln des Telefons unterbrach die Stille. Beide saßen wir da und schauten zu Lisa, die kläglich an der Tür lehnte, aschgrau im Gesicht. Sam ergriff den Hörer, ohne den Blick von ihr zu wenden. Dann lächelte er und bedankte sich. Das klang unglaublich kontrolliert. Er legte auf, drückte lächelnd auf einen der Knöpfe seines Intercom und blaffte seine entzückten Befehle an Vainer Neit, einen der erfahrenen Burschen, die in den letzten drei Jahren bei der Drogenfahndung gewesen waren, die Sam aber zum Morddezernat hatte herüberziehen können.

»Du kannst loslegen. Ein Bote kommt innerhalb von zehn Minuten mit den Papieren, also zisch ab. Ich komme, so schnell ich kann.«

Sam legte auf, rieb sich die Hände und lächelte. »Jetzt buchten wir ihn ein. P. J. hat grünes Licht gegeben. Und sie war so schlau und hat die Papiere direkt an Leopold Tkatz geschickt. Wir dürfen uns sowohl Sifhs Eigentum vorknöpfen als auch seinen sauren Magen. Und wenn wir nur die kleinste Spur im Magen oder im Haus oder im Auto finden, dann können wir ihn hier festsetzen.« Inmitten seiner Euphorie fiel ihm Lisa wieder ein, und er sah sie aufmerksam an. »Was hattest du gesagt?«

Sie zuckte die Achseln. »Ich sagte, wir hätten Grecos ... Hintern gefunden.«

Sie bewegte sich langsam auf den Stuhl neben mir zu und setzte sich. »Zwei Polizisten fanden ihn im Park, dem Park, ich weiß nicht wie er heißt, neben der Kapelle im Süden.«

Ich sah vor mir auf den Boden. Sie fuhr fort: »Er lag in einem Abfalleimer neben einer Bank, gleich beim Eingang. Er lag obenauf, sagten sie.« Wir schauten sie stumm an. »Ich habe die Obduktion fast abgeschlossen, ich mußte gerade mal eine Pause machen.« Sie seufzte und schüttelte den Kopf. »Er hat ihn am untersten Rückenwirbel vom Rücken abgeschnitten, an den Hüftgelenken. Er hat in einem Ofen gelegen. Vom Grillrost gibt es deutlich sichtbare Streifen. Der Täter hat von der einen Gesäßhälfte Scheiben abgeschnitten.« Sie machte eine Pause. Sam starrte sie an und bewegte lautlos die Lippen. Lisa wollte noch etwas sagen, aber es schien, als ob sie kein Wort herausbekommen könnte. Sie schluckte einmal, dann sagte sie: »Er war mariniert.« Sie schaute nach unten. »Man konnte es an der Haut erkennen. Die genauere Analyse bekomme ich gleich. Aber ist nicht bald alles einerlei?«

»Weiß Gott ist es nicht einerlei! Wir brauchen jeden Hinweis.« Er starrte müde vor sich hin. »Ich kann nur nicht verstehen, warum er mittendrin seinen ›Stil‹ wechselt. Warum tut er das, Fanny?«

»Vielleicht um uns zu ärgern, vielleicht weil er ungeduldig ist, vielleicht weil er sich unter Druck gesetzt fühlt. Oder er ist einfach satt – im doppelten Sinn.«

Eine Weile schwiegen wir uns an und warteten.

»Was machen wir, wenn wir nichts finden?« fragte ich.

»Wir finden etwas.« Sam saß da und nickte gedankenverloren, und es war nicht sicher, ob er wußte, was er gerade gesagt hatte.

»Komm«, sagte ich und stand auf. »Wir fahren raus und schnappen ihn uns. Wir können nicht hiersitzen und die Zeit vertun. Und seine Kinder, wir müssen seine Kinder mitnehmen, wenn sie ihn festnehmen.«

Wieder spürte ich, daß da etwas in meinem Hinterkopf spukte, das sich zu erkennen geben sollte, was aber aus irgendeinem Grund nicht an die Oberfläche gelangte.

»Willst du mit?« fragte ich Lisa und stand auf. Sie schüttelte den Kopf.

»Ich muß runter und weitermachen – und die Labor-Techniker antreiben, damit ich die Ergebnisse so schnell wie möglich bekomme.« Still und lautlos verließ sie das Büro. Aber sie war kaum gegangen, da stand Loretta in der Tür.

»Da ist tatsächlich einer von außen in unserem Computer gewesen und hatte seine Finger in Bertal Sifhs Akte.«

Sam schaute sie mit toten Augen an. »Ja und? Was steht drin, außer null und nichts?«

Loretta und ich schauten uns ungläubig an. »Also Sam!« platzte ich heraus. »Niemand außer uns weiß überhaupt, daß Bertal Sifh verdächtig ist!«

Sam wühlte zerstreut in seiner Tasche und sah nicht einmal hoch, als er sagte: »Dann findet doch raus, wer es ist, holt euch diesen – wie heißt der neue Chef für Datensicherheit noch mal? Soll er das doch checken.« Sam hatte gefunden, wonach er suchte, und nahm einen Schluck. »Es ist ganz gleich«, fuhr er fort und zuckte die Achseln. »Wir haben ihn jetzt ja.«

Sifhs Haus lag in Cornwell Süd, am Stadtrand. Als wir unsere Autos hinter einem Pick-up parkten, der wohl Sifh gehörte, lief es mir kalt den Rücken herunter. Da stand das graue Haus. Ich hatte es in Träumen gesehen, in der Nacht, als ich im Flugzeug Richtung USA saß. In meinen Träumen hatte es geregnet. Heute, in der Realität, war es trocken. Ein schwacher Wind ging. Ich schaute hoch. Schwere Wolken hingen am Himmel. Aber noch regnete es nicht. Wir gingen aufs Haus zu. Es wirkte tot und glich einem alten grauen Mann, der mitten in all dem Grün umgefallen war.

Sam trat ohne zu klopfen durch die Tür. Innen kamen wir in eine spartanisch eingerichtete Küche. Keinerlei Gegenstände lagen herum, keinerlei Unordnung. Es gab verschlossene Schranktüren, dahinter mußten die ganzen Küchensachen sein. Die Küchentische waren leer, nicht mal eine Saftflasche oder eine Blume in einem Wasserglas. Keine Tassen. Keine Zeitung. Nicht einmal Spielzeug. Überhaupt nichts lag herum. In diesem Haus gab es keinerlei Spuren von Kindern. Keinerlei Spuren von Leben.

Die Tür am anderen Ende der Küche stand offen, und von irgendwo auf der anderen Seite der Türschwelle waren gedämpfte Stimmen zu hören. Wir gingen hinüber. Vainer Neit und seine Kollege Lashowicze beugten sich über den kleinen verhutzelten Sifh, Vainer hielt einen kleineren Pappkarton im Arm. Hinter ihnen saßen dicht gedrängt auf einem Sofa sechs Jungen. Zwei kleine, wohl vier und fünf Jahre alt, saßen auf dem Schoß je eines großen Bruders, vielleicht elf und zwölf Jahre alt. Ihre Gesichter waren erschrocken, aber vollständig verschlossen. Ihre Kleidung war grau, sie schauten ganz ernst. Ich dachte auf einmal an Grautöne. Das war eine völlig neue Palette.

Wir standen ruhig in der Türöffnung und schauten hinein. Sifh folgte jetzt Vainer und Lashowicze. Sam und ich machten Platz, als sie an uns vorbeigingen. Vainer blieb mitten in der Küche stehen und ließ Sifh mit Lashowicze hinausgehen. Ich stand in der Tür, schaute zu den Kindern auf dem Sofa und konnte kaum hören, was Vainer zu Sam sagte. Aber ich hörte das Wort »unappetitlich«. Ich war noch immer gefangen von der Palette der Grautöne, und ich konnte spüren, wie das, was ich vergessen hatte, woran ich mich aber erinnern sollte, wohl bald an die Oberfläche kommen würde.

Es war das Grau. Albert Fish war grau. Die Leute beschrieben ihn als »den grauen Mann«. Er ging grau gekleidet, hatte einen grauen Bart, er verschwand in seiner Umgebung. Er versteckte sich in all dem Grau. Und seine Taten, die versteckte er in dem Haus, das allein stand.

»Wisteria Cottage«, flüsterte ich. Dieser graue Mann hatte seine Opfer auch nicht mit nach Hause genommen. Er hatte sie in dem Haus erledigt, das für sich stand. Wisteria Cottage.

Ich schaute auf. Sam und Vainer waren unterwegs zur Tür. Ich folgte ihnen. Ihre Stimmen waren gedämpft, sicher mit Rücksicht auf die Kinder. Sam raufte sich schon wieder die Haare, er schien momentan echt verzweifelt. Denn sie hatten nichts gefunden, konnte ich hören, das auch nur annähernd als Beweismaterial hätte bezeichnet werden können. Später erfuhr ich, daß der Karton einen Holzklotz enthielt mit blutigen Nägeln darin, eine neunschwänzige Katze, zwei Stoffbeutel mit Nägeln darin, und zwei Mohrrüben mit unverkennbaren Spuren von Stuhlgang.

Draußen erhoben sie ihre Stimmen. »Er war mehrfach draußen, um sich zu erbrechen. Er sagte, er sei krank«, sagte Vainer. Er schielte zum Pappkarton, den er noch immer im Arm hielt, und fügte leise hinzu:

»Der Mann ist wirklich krank!«

Sam schüttelte den Kopf, schaute auf das graue Haus und fluchte leise auf polnisch. »Verdammt, aber in dem Magen muß doch noch irgend etwas drin sein. Nehmt ihn mit«, rief er. Vainer und Lashowicze nickten, und Vainer ging zu seinem Auto und stellte den Karton in den Kofferraum. Ich hatte mich an die offene Haustür gelehnt.

»Sam! Das Haus, das allein steht, das leere Haus, das mit den Kletterpflanzen, hast du etwas unternommen?« Er antwortete geistesabwesend:

»Hör jetzt damit auf. Es gibt in dieser Stadt Tausende von Häusern, ›die allein stehen‹. Und was soll das eigentlich heißen, dieses ›ein Haus, das allein steht‹?«

»Na, daß es abseits gelegen ist und keine unmittelbaren Nachbarn hat.«

»Wir haben alle unbewohnten Häuser in ganz Cornwell und Umgebung nach einer Liste untersucht, die uns die Technische Verwaltung zur Verfügung gestellt hat«, sagte er, nur teilweise anwesend, und fixierte Lashowicze dabei. Ich folgte seinem Blick, der hing nun an Lashowicze und Sifh, die unterwegs zum Auto waren. Sifh folgte brav, sie hatten ihm keine Handschellen angelegt. Aber auf halber Strecke zwischen Haus und Auto blieb er plötzlich stehen, lehnte sich vor und übergab sich erneut. Es sah aus, als wäre es nicht mehr als ein Klecks Schleim, aber Lashowicze sprang entsetzt zur Seite.

»Und ob er krank ist«, rief Lashowicze. Sam fluchte und schüttelte den Kopf. Als Sifh fertig war, richtete er sich auf und sah Lashowicze bittend an, der in seiner Hosentasche nach einem Papiertaschentuch suchte und es ihm gab. Sifh wischte sich den Mund ab und steckte das Taschentuch in die Tasche. Dann ging er hinüber zum Polizeiauto. Der Polizist folgte ihm.

Sie ließen ihn auf dem Rücksitz Platz nehmen, Lashowicze neben ihm. Vainer saß am Steuer. Vainer startete und fuhr los, aber dann trat er auf die Bremse, und die Tür des Rücksitzes auf der anderen Seite wurde geöffnet. Wir liefen hinüber und sahen, wie Sifh aus der Tür hing, die eine Hand am inneren Türgriff, die andere am Türrahmen. Er würgte erneut, aber es kam nichts. Das waren nur Krämpfe eines leeren Magens.

»Kurwa mać«, zischte Sam und ging zu seinem Auto hinüber.

Sifhs Magen würde leer sein. In dem Haus war nichts zu finden gewesen, was ihn belastet hätte. Sifh würde wahrscheinlich bald nach Hause zurückkehren dürfen. Aber die Kinder sollten weg.

»Schick jemanden wegen der Kinder«, rief ich Sam nach. Er antwortete nicht.

Ich ging zum Haus und trat durch die Tür. Drinnen war es still. Die Küche starrte mich leer an. Meine Schritte dröhnten, als ich über den Küchenfußboden schritt. In der Tür zum Wohnzimmer blieb ich stehen. Die Kinder saßen noch immer auf dem Sofa, genau wie zuvor, ihre blassen Gesichter verschlossen und unleserlich. So viele Kinder, so still. Ich wollte so gern etwas zu ihnen sagen, aber ich konnte nicht die richtigen Worte finden. Die Kinder schauten mich an. Wie waren ihre Gesichter? Verschlossen? Versteinert? Vielleicht. Aber da war auch noch etwas anderes. Ich richtete meinen Blick weg von den Kindern und ließ ihn durch das Zimmer wandern. Neben der Couch stand kein Couchtisch, sondern ein einzelner harter Stuhl. Rechts an der Wand fand sich eine Kommode aus gebeiztem Holz, aber die stand ebenso für sich wie die Couch. An der Wand gegenüber stand ein kleineres Schubladenmöbel. Ich zögerte, schaute die Kinder an, die mich stumm vom Sofa aus beobachteten. Ich mußte mich überwinden sie zu fragen, wo denn Bad und Toilette seien.

Einer der größeren Jungen wies auf eine Tür ganz hinten, ein Stück von der Couch entfernt. Ich ging hin; wieder machten meine Schritte auf dem Dielenfußboden solchen Lärm; die Kinder folgten mir mit den Augen.

Im Badezimmer schloß ich von innen ab. Es gab keinen Grund, aber ich tat es. Ich öffnete den Toilettenschrank, der war randvoll mit Medizinflaschen. Ich sah sie durch. Es gab Brintoverilte, Chlorhexidin, flüssiges Paracetamol, Hustensaft, Antihistaminika und eine nahezu leere Flasche, die ich aus meiner Kindheit wiedererkannte. »Ipecacuanha« stand auf der Flasche – »Brechmittel zum Hervorrufen von Brechreiz bei Kindern«. Ich konnte auf dem Etikett sehen, daß das Mittel rezeptpflichtig war, die Flasche einige Jahre alt und daß die Medizin einem der Kinder verschrieben worden war. Ich steckte die Flasche in meine Manteltasche und schloß den Medizinschrank sorgfältig.

Vorsichtig ging ich über die Dielen zurück, konnte aber den Lärm nicht verhindern. Die Kinder starrten mich vom Sofa aus an. Mitten im Zimmer nahm ich mich zusammen, drehte mich um und lächelte sie an.

»Falls es etwas gibt, das ich für euch tun kann, oder etwas, das ihr mir gern erzählen wollt, dann macht das bitte«, sagte ich zu ihnen und fühlte mich ganz und gar unmöglich. Keines der Kinder antwortete, sie starrten mich nur an. Ich konnte meine Augen nicht von ihnen abwenden. Schließlich schüttelte der größte Junge den Kopf. Dann lächelte ich ein bißchen und ging.

In der Küche lag Sam auf allen Vieren vor einem Küchenschrank, in den er den Kopf gesteckt hatte. Er atmete gepreßt. Ich hielt kurz an und betrachtete ihn. Er sah nicht auf. »Die Techniker kommen demnächst, aber ich will eben …«

»Viel Glück«, unterbrach ich ihn und ging hinaus.

Jetzt blieb nur noch das Haus. Das zweite Haus.

Ich setzte mich in meinen Jeep und versuchte mich darauf zu konzentrieren. »Er wohnte in einem grauen Haus«, hatte Gro Mari Bjørke gesagt. Aber es gibt noch ein zweites Haus, mit Kletterpflanzen … Ich nahm Fishs Akte aus der Kalbsledertasche. Wisteria Cottage war nur der Name gewesen, den die Menschen in der Gegend dem Haus gegeben hatten, das Fish oftmals für seine abscheulichen Taten benutzt hatte. Wenn ich mich nicht irrte, war Wisteria eine Kletterpflanze. Verstört blätterte ich in der Akte, und es dauerte eine Weile, bis ich eine Beschreibung von Wisteria Cottage fand. Es war ein unbewohntes, zweistöckiges Haus, errichtet auf einem Hügel, ein ordentliches Stück von der Straße entfernt. Es war auf drei Seiten von dichtem, gestrüppartigem Wald umgeben gewesen und auf diese Weise von seinen Nachbarn abgeschnitten. Und die Wiese ums Haus war mit Löwenzahn bedeckt gewesen. Der Löwenzahn, den das Mädchen gepflückt hatte, während er selbst ins Haus gegangen war und sich ausgezogen hatte. Er hatte ihren Mantel und ihren Hut unter einem riesengroßen Stein versteckt, ehe er hineingegangen war. Ich schüttelte das Bild ab und machte mit dem Haus weiter. Es hatte niedrige Decken und war viele Jahre lang unbewohnt gewesen. Es roch sehr muffig, nach Schimmel. Die gestreifte, fleckige Tapete hing in Fetzen von den Wänden, und der Fußboden war vom Kot verschiedener Nagetiere bedeckt. Auch wenn an den Fenstern keine Gardinen hingen, würde ein Vorübergehender kaum hineinsehen können, weil das Glas so schmutzig war, daß alles bis auf das Sonnenlicht ausgeschlossen blieb, das sich gefiltert in die Zimmer stahl.

Während Grace draußen auf der Wiese Blumen gepflückt hatte, hatte sich Fish in den ersten Stock und in ein Zimmer geschlichen, von dessen Fenster aus er sie sah. Er hatte sich unter das Fenster gekniet, sein Höllenwerkzeug aus dem Stoff gewickelt, in den er es eingepackt hatte, und auf dem Fußboden ausgebreitet. An irgendeiner Stelle der Beschreibung stand, konnte ich mich erinnern, daß Grace im Zug sein Werkzeug gehalten hatte; sie hatte mit dem Bündel aus Stoff dagesessen, das um seine Säge, sein Tranchiermesser und sein zweischneidiges Messer gewickelt war. Sie ahnte nichts. Sie war nur einem süßen alten Mann gegenüber hilfsbereit, der sie zu einer Geburtstagsfeier eingeladen hatte.

Im Haus hatte er sich ausgezogen, das Fenster geöffnet und sie gerufen, sie war gekommen.

Das Zutrauen der Kinder, ihre offenen Gesichter und dann der, der sie mißbrauchte. Sie war mit Blumen in der Hand auf ihn zugegangen.

Als sie den nackten, alten Mann erblickte, hatte sie angefangen nach ihrer Mutter zu schreien. Sie hatte ihre Blumen fallenlassen und wollte weglaufen, aber er hatte sie gefangen, und auch wenn sie gebissen hatte und gestrampelt und getreten, und auch wenn er nur sechzig Kilo wog und ein kleiner Mann war, konnte er ihr leicht seine Finger um den Hals legen und sie erwürgen, sie war ja erst zehn Jahre alt.

Ich konzentrierte mich auf die Papiere vor mir. Da war das Haus, das ich finden sollte. Sifh imitierte, und wenn ich Glück hatte, dann imitierte er alles. Und dann waren da Kletterpflanzen – Wisteria – am Haus, das für sich stand.

Aber das war in New York passiert. In Worthington, zwanzig Meilen nördlich der Stadt, vor viel zu langer Zeit, als daß es für unseren Fall noch eine Rolle spielen konnte.

Ich warf die Papiere auf den Beifahrersitz und startete den Motor. Ich erhaschte einen Blick auf Marcella Blatt, eine Sozialarbeiterin, die ich kannte. Sie saß auf dem Beifahrersitz eines Polizeifahrzeugs, das am Haus hielt, gerade als ich meinen Jeep Richtung Ringstraße wendete. Warum mußten sie bloß die Kinder in einem Polizeifahrzeug abholen?

Die Sonne stand sehr schräg am Himmel, das Licht des Tages würde bald in Dämmerung übergehen. Als ich den Stadtrand erreichte, schaute ich auf den Kilometerstand und notierte mir, wo er nach zwanzig Meilen oder zweiunddreißig Kilometern stehen müßte. Das war weit draußen, und ich tat es auch nur, weil mir nichts anderes einfiel. Und ein bißchen, weil es so lange in meinem Unterbewußtsein genagt hatte. Und das war nun einmal klüger als ich.

Die Sonne wollte gerade untergehen, als ich sah, daß mir jetzt nur noch zwei Kilometer an den zweiunddreißig im Norden der Stadt fehlten. Ich war lange auf der alten, engen, kurvigen Straße gefahren, deren Ränder von Hecken oder von uralten Steinmauern flankiert waren, so hoch, daß man den Horizont nicht sehen konnte. Aber die Straßen wanden sich schlangengleich, weshalb ich etliche Kilometer vom Kilometerzähler abziehen mußte, um einen Eindruck zu bekommen, wie weit nördlich der Stadt ich mich tatsächlich befand.

Das hier war in jeder Hinsicht das reinste Rätselraten. Ich hatte keine Ahnung, wie weit weg ich jetzt war, und ich wußte auch nicht, ob das irgendeine Bedeutung hatte, ob die Schilder fehlten oder ob sie zugewachsen waren.

Der Abstand zwischen den Häusern war jetzt groß, und jedesmal, wenn ich eins sah, verlangsamte ich das Tempo und prüfte den Kilometerstand. Aber in allen Häusern gab es Anzeichen von Leben. Ein Mensch, der kurz am Fenster erschien, ein geparktes Auto, ein gepflegter Garten, eine Schaukel. Als der Kilometerzähler angab, daß ich mittlerweile 40 Kilometer gefahren war, entschloß ich mich, aufzugeben. Aber ich konnte auf der schmalen Landstraße nicht wenden und mußte weiterfahren, bis ich eine Abzweigung oder eine

Wendemöglichkeit fand. Gerade als der Beschluß gefaßt war, fiel mein Blick auf ein Holzhaus, das an einem Hang gebaut war. Es war hintenherum hufeisenförmig von Gestrüpp umsäumt, nicht von Wald. Das Haus war weitgehend verfallen und scheinbar unbewohnt. Es war ganz von Glyzinien bedeckt. Ich bin keine Botanikerin, aber Glyzinien kenne ich, weil sie in Trauben an meinem Haus wachsen und aufs Dach hochklettern. Ich hielt vor dem Haus und rief William im Krematorium an. Dort war er nicht. Ich holte mein Adreßbuch aus der Tasche und fand seine private Nummer. William, der vor seiner Anstellung im Krematorium lange als Gärtner gearbeitet hatte, nahm den Hörer sofort ab. Es klang, als ob er kaute, vielleicht aß er sein Abendbrot. Mein Magen zog sich zusammen. Er war leer.

»Ist die Glyzinie Wisteria?«

»Mmm«, brummelte er zustimmend und kaute zu Ende. »Wisteria Sinensis, eine sehr rasch wachsende Kletterpflanze.«

»Vielen Dank, und danke noch mal für neulich.« Ich knallte den Hörer auf und überlegte für einen Moment, ob ich Sam anrufen sollte, entschloß mich aber, erst einmal selbst einen Check durchzuführen. Ich hatte keine Lust mehr auf seine verdrehten Augen oder die saure Miene. Ich öffnete das Handschuhfach und nahm mir meine Taschenlampe. Es war noch nicht dunkel, aber der Dämmerung blieben nicht mehr viele Minuten.

Die Haustür stand halb offen und hing nur noch am oberen Scharnier. Wenn die Tür gequietscht hätte, hätte ich allen Mut verloren. Sie quietschte aber nicht. Gleich drinnen führte eine Holztreppe nach oben. Die Stufen waren in der Mitte ausgetreten. Ich stieg hinauf. Vom oberen Treppenabsatz ging je eine Tür zu beiden Seiten ab. Ich öffnete die linke und leuchtete in den Raum. In den Ecken und an den Fenstern hingen Spinnweben; trockene Blätter, Schmutz und ein Stück Papier von einem Eis am Stiel lagen auf dem Holzfußboden. Sonst nichts. Ich schloß die Tür hinter mir und ging ins andere Zimmer. Als erstes sah ich die Motorsäge. Sie lag in einer Ecke. An der Wand mit dem Fenster standen mehrere Farbtöpfe aufgereiht. In dem Zimmer roch es merkwürdig. Ich hätte zu der Motorsäge hingehen und die Marke kontrollieren müssen, aber ich tat es nicht. Der Holzfußboden war voller Flecken, Flecken in allen Größen und Formen. Sie waren schwarz, soweit ich erkennen konnte. Oder dunkelrot. Ich schloß die Tür und stürzte die Treppe hinunter. Ich fand einen Schalter und machte Licht auf dem Flur. Eine nackte Birne hing dort von der Decke. Vom Flur aus konnte man nur in eine Richtung gehen, und ich landete in einer Art Küche. Ich versuchte, am Schalter das Licht anzuknipsen, aber der funktionierte nicht. Ich blieb in der Türöffnung stehen und leuchtete mit der Taschenlampe in den Raum – zu einem Küchentisch mit weißgestrichenen Schubladen, zu einem Gasherd mit zwei uralten großen eisernen Töpfen, die zu inspizieren ich nicht die geringste Lust verspürte. Auf dem Küchentisch an der Wand stand eine alte Schreibmaschine. Ich ging ein bißchen näher und ließ den Lichtkegel die Linoleumoberfläche des Tischs absuchen. Da gab es keine Flecken, aber in der Spüle lag ein dunkler Wischlappen, anscheinend noch immer feucht. Ich drehte mich um und leuchtete zur anderen Wand. Neben einem Kühlschrank stand eine alte Kühltruhe. Ich richtete den Lichtkegel auf den Fußboden und schaute nach unten. Der Fußboden war fleckig, das hätte Öl sein können, wenn es nicht dunkelrot gewesen wäre. Dann fiel mein Blick auf ein Paar Schuhe, Größe 41 bis 43, die die Flecken auf dem Fußboden breitgetreten hatten. Ich hörte ein Geräusch und drehte mich zum Flur um, der von der nackten Birne erleuchtet wurde. Das Licht wirkte grün. Mein gesamter Organismus schien zu gefrieren, ich hielt die Luft an. Es hatte sich angehört wie ein Vogel, der gegen ein Fenster geflogen war. Aber es konnte natürlich auch etwas anderes gewesen sein. Ich suchte am Bündchen nach meinem PDA, aber der lag ja im Auto. Ich schaute zum Fenster auf dem Flur. Die Scheiben waren dunkel, während er die beste Sicht auf mich hatte. Er konnte draußen stehen und hereinschauen, und ich würde ihn nicht sehen können. Er würde mich sehen können. Die Zeit. Ich hatte jedes Zeitgefühl verloren. Meine Uhr lag auf Lorettas Schreibtisch. Wie lange hatte ich vor Sifhs Haus in meinem Jeep gesessen? Wie lange hatte ich für das Rausfahren gebraucht? Wie lange dauerte es, Sifhs Magen zu checken? Mehr konnten sie ja nicht tun. Müßten sie ihn nicht schon längst wieder entlassen haben? Ich wollte mich gerne bewegen, aber ich konnte nicht. Mein Atem ging zu laut. Wohin würde er gehen, nachdem sie ihn entlassen hatten? Würde er hier herauskommen, weil er mich kannte, weil er wußte, wie ich dachte? Weil er wußte, daß ich alles über Albert Fish wußte? Ich schloß die Augen und bemühte mich, das Geräusch meines eigenen Atems und meines Herzens zu dämpfen, das gegen meinen Brustkorb hämmerte. Ich suchte in der Tasche nach meinem Schlagstock und machte das Licht aus. Dann nahm ich mich zusammen, ging zum Lichtschalter auf dem Flur und knipste das Licht dort aus. Ich blieb neben dem Schalter auf dem Flur stehen. Und wartete.

## 25

So stand ich da, gebadet in Dunkelheit, vollständig erstarrt vor Angst. Ich habe keine Ahnung, wie lange ich einfach stehenblieb und auf das Geräusch meines eigenen Atems hörte. Sonst war es mucksmäuschenstill. Nichts passierte. Schließlich riß ich mich zusammen und suchte mir einen Weg durch die Dunkelheit zur Tür. Als ich den Türgriff in der Hand spürte, atmete ich einmal tief ein, und dann riß ich die Tür auf und rannte hinaus, während sie mit lautem Knall hinter mir zuflog. Ohne mich umzusehen, rannte ich zu meinem Jeep hinüber, stieg ein, verschloß die Tür; startete den Jeep, wendete und fuhr auf der Straße, auf der ich gekommen war, zurück. Als mein Atem sich normalisiert hatte, rief ich Sam an.

Sie hatten ihn gehen lassen. Sein Magen war wie vom Staubsauger gereinigt. Und das Blut auf dem Holzklotz war sein eigenes. Die Techniker untersuchten gerade Fasern aus dem Auto, aber das war wenig vielversprechend. Die Kinder waren untersucht worden. Nichts deutete darauf hin, daß sie physisch behelligt worden waren. Aber in der Hoffnung, daß sie zu gegebener Zeit noch etwas aussagen würden, hatte man sie dabehalten. Ihn aber hatten sie laufen lassen. Cormio Vittantonio. Ich muß mit Cormio Vittantonio sprechen, dachte ich, als ich den PDA abstellte.

Mein Magen hatte sich verkrampft, und meine Hände zitterten. Das lag auch daran, daß ich nichts zu essen bekommen und schon ewig nicht mehr geschlafen hatte. Eingewickelt in meinen Mantel legte ich mich im Vernehmungszimmer neben Sams Büro auf das »besetzte« Sofa. Ich spürte gerade noch die Medizinflasche in meiner Manteltasche, drehte mich aber einfach nur auf die andere Seite und schlief ein.

Kurz nach meinem Anruf hatte sich das Wisteria-Haus mit Kriminaltechnikern gefüllt, die die Nacht durcharbeiteten. Ich hatte sie bei einer Tankstelle am Stadtrand von Cornwell aufgelesen und ihnen den Weg zum Haus gezeigt, aber ich selbst war nicht lange geblieben. Ich hatte nicht wissen wollen, was in der alten Tiefkühltruhe lag, dennoch erfuhr ich später, daß auch Marcus Grecos Kopf dort gelegen hatte, und es sich bei der Säge im Zimmer oben rechts um eine Flugersäge handelte. Was in den Farbtöpfen war, erfuhr ich nicht. Ich fragte auch nicht. Ich schlich mich ins Revier und legte mich aufs Sofa.

Es war vier Uhr morgens, als Sam mich weckte. »Komm«, sagte er ungeduldig und schüttelte mich. Er redete ununterbrochen von Haaren und Fasern und Blut, alles paßte zusammen, aber ich schlief so tief, daß ich mich nur kurz aufsetzte und ihm die Medizinflasche aus der Manteltasche reichte. Dann legte ich mich wieder hin, um weiterzuschlafen. Aber er schüttelte mich wieder und sagte, die Flasche sei egal.

»Komm jetzt«, rief er und schüttelte mich heftig. »Ich habe auch seit einem Menschenalter nicht mehr geschlafen. Ich will dich dabeihaben.« Ich öffnete die Augen.

»Wobei denn?« fragte ich und versuchte, gegen den Schlaf anzukämpfen, der mich einfach nicht loslassen wollte.

»Sifh holen. Du mußt mit.«

Sam packte mich an den Schultern und setzte mich auf. Er schüttelte mich. »Jetzt haben wir ihn.« Nach und nach wachte ich auf, merkte aber, wie schwer ich war vor Erschöpfung.

»Wir fahren jetzt einfach da raus, holen ihn aus seinem Haus und setzen ihn in eine Zelle. Wir haben ihn, Fanny!«

Er griff mir unter die Arme und zog mich hoch.

»Komm schon. Morgen bist du sauer auf mich, wenn du jetzt nicht mitkommst.«

Ich stützte mich mit einem Arm auf ihn und rieb mir die Augen. »Ich muß mir nur erst Wasser ins Gesicht spritzen«, sagte ich und wankte aus der Tür zur Toilette direkt gegenüber. Ich wagte überhaupt nicht, in den Spiegel zu schauen und spritzte mir nur einige Male eiskaltes Wasser ins Gesicht. Das half, aber ich war immer noch erschöpft und von einer Mattigkeit erfüllt, einer Blutleere, die sich als Schwere in allen Gliedern bemerkbar machte. Als ich herauskam, stand Sam unruhig vor der Tür und reichte mir einen Styroporbecher mit schwarzem Kaffee, den ich dankbar entgegennahm. Ich nippte daran, als wir den Flur hinuntergingen, hinaus zu seinem Auto, das er direkt vor dem Revier geparkt hatte.

Als wir uns Sifhs Haus näherten, war es fünf Uhr morgens, aber noch immer finstere Nacht. Im Haus war Licht. Sam hielt das Auto ein Stück entfernt an, und wir stiegen aus. Er ging voran, ich folgte. Wir stoppten jäh, als im Haus ein Schuß ertönte, darauf ein langgezogener, tierischer Schrei. Sam nahm seine .38 Kaliber, entsicherte und umklammerte sie. Der Schrei aus dem Hausinnern hielt an. Wir schauten uns kurz an und wollten gerade die steinerne Treppe zur Haustür hinaufgehen, als wir wieder einen Schuß hörten und dann ein langgezogenes Brüllen, das nicht aufhören wollte. Sam öffnete vorsichtig die Tür, und wir stahlen uns hinein. Der Schrei hielt an, und er kam aus dem öden Wohnraum. Ich blieb mitten in der Küche stehen und sah, wie Sam sich mit dem Rücken zur Wand neben der Tür zum Wohnraum aufstellte. Wir schauten uns an, Sam mit der Pistole im Anschlag. Er schaute um die Tür. Ich konnte in seinem Gesicht nichts lesen, er war wie versteinert. Der Schrei aus dem Wohnzimmer begann zu zittern. Ich ging langsam zu Sam hinüber und schob den Kopf durch den Türrahmen.

Mitten im Zimmer lag Sifh auf dem Rücken und umfaßte seine blutigen zerschossenen Knie mit den Händen, zusammengekrümmt um sich selbst, in einer Blutlache. Der Schrei kam von ihm. Seine Finger krampften sich zitternd um die Knie, die Hände ballten sich zu Fäusten und öffneten sich wieder. Neben ihm stand Michael Frosh und richtete eine Pistole direkt auf Sifhs Gesicht. Frosh sah uns nicht. Er trug Handschuhe. Aus dem Augenwinkel sah ich, wie Sam seine Pistole sinken ließ. Frosh zielte jetzt auf Sifhs Schritt. Ich wankte beiseite, in die Küche, und wandte dem allen den Rücken zu. Sam schrie ihn an, er solle sofort die Waffe wegwerfen, doch sein Schrei blieb an den Wänden hängen. Ich schaute Sam an. Er kniff die Augen zusammen.

»Halt dich da raus«, rief eine Stimme durch Sifhs langgezogenes Brüllen. Frosh hatte Sam also gesehen.

»Ist die Pistole auf deinen Namen registriert, Frosh?« hörte ich Sam rufen.

Die Antwort hörte ich nicht, nur einen Schuß, der den elenden Schrei beendete.

Sam stand einen Moment reglos da. Keiner sagte ein Wort. Es klang, als ob Frosh die Pistole wegwarf. Sam ging zu ihm ins Zimmer. Ich hörte sie miteinander flüstern. Ich weiß nicht, wie lange sie dort zusammen standen und flüsterten. Nach einer Weile dröhnten Sams Schritte über die Dielen. »Telefonier nach dem Krankenwagen und etwas Verstärkung.« Er rief es beinahe. »Sie brauchen zehn Minuten bis hierher.«

Ich wandte mich der Haustür zu und blieb dort stehen; dann spürte ich, wie Froshs Arm meine Schulter streifte, als er an mir vorbei und aus der Tür lief, hinaus in die noch immer dunkle Nacht.

Hinter mir hörte ich, wie Sam in den PDA sprach. Ich drehte mich zu ihm um. Sein Gesicht war ausdruckslos. Froshs Pistole lag auf dem Küchentisch.

»Wir müssen uns von Anfang an einig sein«, sagte er, nachdem er den PDA abgestellt hatte. »Wir kamen hierher und hörten einen Schuß. Dann kamen wir herein und sahen Sifh dort auf dem Fußboden liegen.« Sam zog Handschuhe an, nahm ein Papiertaschentuch aus der Tasche und begann, Froshs Pistole abzuwischen.

»Und was glaubst du, werden die Jungs in der Ballistik und Lisa dazu sagen? Es ist ja wohl leicht festzustellen, ob er selbst auf sich geschossen hat: Schußwunden, Eintrittswinkel, Distanz und was-weiß-ich …« Sam ignorierte alles, was ich sagte.

»Die Tatsache ist immer noch folgende: Wir kamen hierher und hörten einen Schuß. Dann kamen wir herein und sahen ihn dort auf dem Fußboden liegen. Es war niemand sonst in diesem Haus.« Sam ging ins Wohnzimmer. Ich blieb, wo ich war. Ich wußte, daß er Sifh die Pistole in die Hand legte.

Ich hörte ihn auf den Dielen hin- und hergehen. »Die Hauptsache ist ...« sagte Sam von innen, »... daß keine Verbindung zu Frosh hergestellt wird.«

»Und die Pistole? Was ist damit?«

»Curiosity killed the cat«, rief er. »Je weniger du weißt, um so weniger mußt du lügen. Ich erzähle dir das später mal.«

»Wir kamen hierher und hörten einen Schuß. Dann kamen wir herein und sahen ihn dort auf dem Fußboden liegen«, flüsterte ich.

Plötzlich stand Sam vor mir. Er packte mich bei den Schultern. Er schaute mir mit einem Blick in die Augen, der tiefer eindrang als je zuvor. Schließlich sagte er: »Irgendwann hat Frosh mich gesehen. Er schaute auf und sah mich an. Das war kein bittender Blick, aber weißt du, woran ich dachte? Das einzige, woran ich dachte?«

Ich sagte nichts, hielt aber seinem Blick stand.

»Ich dachte an Froshs kleinen Jungen.«

Ich zögerte. »Du meinst – seine kleine Tochter?«

Er schüttelte den Kopf. »Ich meine Froshs kleinen Jungen, laleczko.«

Ich rief ein Taxi. Dann ging ich zu Sams Auto, lehnte mich dagegen und wartete. Der Krankenwagen kam zuerst, dann Lisa. Sie nickte mir zu, als sie an mir vorbeiging, sagte aber kein Wort. Dann kam mein Taxi. An das, was dann folgte, habe ich keine Erinnerung mehr.

## 26

Als mich der PDA um 7.30 Uhr weckte, war ich noch immer todmüde, aber immerhin wach. Ich schaltete ihn ab, drehte mich um, versuchte wieder einzuschlafen, war aber zu nervös. Ich stand auf, schielte zur Badezimmertür, sprang in den Sachen von gestern vom Bett. Ich spritzte mir ein paar Tropfen Wasser ins Gesicht, griff mir einen Joghurt, aß die Hälfte und dachte an nichts. Ganz automatisch rief ich Sams abgeschalteten PDA an.

Auf dem Revier fragte ich nach ihm, aber er war verschwunden, und niemand wußte etwas. Ich ging hoch zu Loretta und trank eine Tasse Kaffee aus dem Automaten direkt neben der Tür. Der dritte Stock war vollkommen menschenleer. Es war bestimmt Samstag. Das erste, was ich sah, als ich mich auf den Stuhl neben sie setzte, waren die zwei Pässe, die ganz hinten in einem verschlossenen Küchenschrank in Sifhs Wisteria-Haus gefunden worden waren. Der eine Paß war eine hübsche Fälschung, er gehörte angeblich einem Caspar Wistar, dem längst verstorbenen amerikanischen Anatom, nach dem die Pflanze Wisteria benannt worden war – ein kleines Detail, das Loretta im Laufe der Nacht entdeckt hatte. Sie hatte durchgearbeitet, und ihr Gesicht war jetzt, um halb neun, vor Müdigkeit beinahe hellgrün. Caspar Wistar war Besitzer und Bewohner des Hauses, das allein stand.

Der zweite Paß war echt und gehörte einem Ulrich Deterso.

»Das war sein richtiger Name«, begann Loretta und rief eine Datei auf. »Albert Fishs Söhne änderten ihren Nachnamen zu Deterso und verließen die USA, kurz nachdem der Vater in Sing Sing hingerichtet worden war. Habe ich nachgeschlagen.« Sie deutete auf den Bildschirm, der den Ausschnitt eines elektronischen italienischen Wörterbuchs zeigte, das Wort ›detergere‹ war orange unterlegt.

»*Deterso* kommt von *detergere* und bedeutet ›säubern, reinigen, waschen‹. Die Söhne müssen ein enormes Bedürfnis gehabt haben, alles abzustreifen, was mit ihrem Vater zu tun hatte – bis hin zum Namen. Wahrscheinlich wollten sie richtig ›reinen‹ Tisch machen ...«

»Wenn das nur immer so leicht wäre«, unterbrach ich sie etwas gedankenverloren.

»Nein, aber soweit ich sehen kann, ist es zwei von ihnen tatsächlich gelungen. Henry und Eugene zogen nach Mailand, heirateten Italienerinnen, arbeiteten als Schreiner und führten ein einwandfreies Leben – zumindest liegen gegen sie keine Strafanzeigen vor. Aber John – er ist nie lange in einer Stadt geblieben und hat sich am Ende zusammen mit seiner österreichischen Frau und seinen zwei Söhnen als Maler in Istanbul niedergelassen. Hier ist wohl alles total verkehrt gelaufen, denn er wurde Ende der 1940er Jahre zum Tode verurteilt. Er hatte seine Frau und seinen ältesten Sohn mit einem nagelverzierten Holzklotz totgeschlagen. Den jüngsten Sohn hat er zwar auch geschlagen, doch Ulrich Deterso, also unser Bertal Sifh, der zu dem Zeitpunkt acht Jahre alt war, überlebte und wurde nach Monaten auf der Intensivstation in ein Kinderheim gesteckt. Er haute ab – mit seinem Paß – als er sechzehn Jahre alt war, und er scheint drei Jahre lang im Untergrund gelebt zu haben, denn er tauchte erst mit neunzehn wieder auf. Er hatte sich in Pontevedra im nördlichen Portugal niedergelassen, wo er anscheinend als Maler lebte. Man kann seine Spur bis 1965 verfolgen, dann ist er aus Portugal verschwunden. Der nächste Registereintrag stammt dann von 1996, als er in Wien auftaucht, 55 Jahre alt. Von da ab legt er ein merkwürdiges Muster an den Tag: Er wohnt drei Jahre in Wien, dann zieht er nach Debrechen, ist dort drei Jahre, zieht nach Düsseldorf, wohnt dort drei Jahre, zieht – schau es dir selbst an!«

Sie öffnete eine Datei und zeigte mit dem Kinn auf den

Bildschirm. Mir genügte es aber vollkommen, ihren Ausführungen einfach zuzuhören.

»Schon als er Rotterdam verlassen hat, muß er zwei Pässe bei sich gehabt haben, denn ein Ulrich und eine Sluva Deterso und ihre sechs Kinder hatten sich in Rotterdam abgemeldet, drei Tage ehe ein Bertal und eine Sluva Sifh und sechs Kinder sich in Cornwell angemeldet haben.«

»Und wie sollte sich das bewerkstelligen lassen?«

Sie zuckte die Achseln. »Na ja – an falsche Pässe gelangt man schon, wenn man es darauf anlegt.«

»Was geschah mit Albert Fishs Töchtern?«

»Kein Sündenregister, nur Krankenberichte – Depressionen, Tuberkulose, solche Sachen. Sie starben Ende der 1960er Jahre bettelarm in New Jersey. Typisch für Frauen, bei denen richtet sich alles nach innen.«

»Was machte er denn jeweils an den Orten, wo er wohnte, Sifh, oder besser Deterso?«

»Er war Maler.« Loretta sah mittlerweile totenähnlich müde aus, die Augen fielen ihr immer wieder zu.

»Nein, ich meine, hat er sich irgendwie strafbar gemacht?«

Sie schüttelte den Kopf und rieb sich die Augen. »Nein, das sagte ich ja schon. Zumindest liegt nichts gegen ihn vor. Aber, was ich sehen kann, ist, daß es an sämtlichen Orten und innerhalb der Zeiträume, während derer er dort lebte, etliche nicht aufgeklärte Fälle von verschwundenen Kindern gibt. Laß mir noch etwas Zeit, ich bin ganz einfach zu müde jetzt und muß nach Hause und schlafen.« Sie schaltete den Computer ab und stand auf. Ich blieb noch sitzen und nippte an meinem Kaffee.

Loretta strich mir übers Haar. »Geh nach Hause und schlaf, Fanny. Du siehst aus wie eine Leiche.« Dann ging sie. Ich nickte geistesabwesend, hatte aber nicht die Kraft, aufzustehen und zu gehen. Kurz bevor ich vom Stuhl fiel, entdeckte ich Sam an der Tür. Sein Gesicht war mindestens so grün wie Lorettas, und er lehnte matt gegen den Türrahmen.

»Na, hier bist du. Warum hast du deinen PDA abgeschaltet?« fragte er.

Steifbeinig bewegte er sich zu Lorettas Stuhl und setzte sich.

»Schlechte Angewohnheit, die ich mir zugelegt habe. Stammt von dir.«

Ich klopfte ein paar Schuppen von seinem Revers und schaute ihn dann forschend an. Seine Augen waren blutunterlaufen, sein Haar fettig, seine Nase schien größer denn je.

»Und du? Wo bist du gewesen? Ich habe überall nach dir gefahndet.«

»Ich habe mich noch mal zu Frosh gestohlen. Ich wußte plötzlich, daß er es war, der in Sifhs Datei eingedrungen war. Das war mir in dem Moment klar, als er nach seiner Tat weggelaufen war.«

Ich sah ihn fragend an.

»Also: Ich wollte wissen, wann und wie Frosh auf Sifh gekommen ist.« Er machte eine Pause. »Erst dachte ich, *er* wäre in Sifhs Datei gewesen, aber da konnte er eigentlich nichts weiter finden als das, was er ohnehin schon wußte.«

»Du drückst dich ziemlich kryptisch aus.«

»Ja, in meinem Kopf ging das auch alles ziemlich kreuz und quer durcheinander. Aber dann fiel bei mir der Groschen: Frosh fand seinen Beweis in deiner Akten-Datei, nicht in Sifhs Datei. Hör zu – kannst du dich daran erinnern, wie du mich gebeten hast, zu fragen, bei wem Ellen auf dem Schoß gesessen haben könnte?«

»Mm ja«, sagte ich zögernd, ich erinnerte mich dunkel. Da war diese Änderung in Albert Fishs Brief. Sifh hatte sicher geschrieben, daß er Ellen auf dem Schoß gehabt habe, wenn die Eltern es nicht sahen.

»›*Du mußt ihn fragen, wer sie auf dem Schoß gehabt haben*

*könnte, während sie nicht zusahen‹*, hast du zu mir gesagt«, fuhr Sam fort. »Und ich hatte geglaubt, daß dies nur wieder einer von deinen törichten Einfällen sei, so wie ›das Haus, das allein steht‹ und sein ›graues Haus‹ ... und so etwas.« Er zögerte. »Lauter solche Grenzfälle.«

Ich wußte genau, was er mit »Grenzfälle« meinte.

»Aber dann fragte ich ihn trotzdem, und jetzt, im nachhinein, weiß ich, daß er plötzlich ganz merkwürdig geschaut hat bei der Frage. In dem Moment achtete ich nicht sonderlich auf seine Reaktion. Genau in dem Moment aber muß es ihm klargeworden sein: wer Ellen auf dem Schoß gehabt haben könnte, während er nicht zusah. So kam er auf Sifh. Am Tag zuvor war Frosh erst in unserer Datei gewesen und hatte sich ein Detail gemerkt: die Sache mit dem Farbrest an Ellens Ohr. Ich hatte mal etwas von »grauer Farbe« erwähnt. Und der Grund, warum es ihm auffiel, war folgender: Als Sifh das Haus der Familie streichen sollte, hatte er aus unerfindlichem Grund, aber sehr eindringlich, Frosh dazu zu überreden versucht, Lutex 16, mittelgrau, zu wählen. Es endete schließlich doch mit den aprikosenfarbenen Wänden, wie die Froshs es wollten.

Anhand dieses Details hatte Frosh nun aber zu kombinieren begonnen. Zuerst hackte er sich in die Kundenlisten der Farbfirma. Dort fand er das gleiche heraus wie Froikin und Beider – die zwei hatte ich auf die Farbe angesetzt –, nämlich daß unglaubliche Mengen von Lutex 16 in genau diesem Farbton verkauft werden. Aber Frosh fand überdies heraus, daß Bertal Sifh als Einmannbetrieb unverhältnismäßig viel Lutex 16 eingekauft hatte.«

»Das müßten Froikin und Beider auch herausgefunden haben.«

»Hinterher sieht alles einfach aus.«

Wir saßen eine Weile schweigend da. Ich spürte, daß der Ärger in meinem Magen langsam aufging wie Hefeteig.

»Frosh hatte also auch nur das zur Verfügung, was ihr hattet, und kam weiter als ihr«, sagte ich bitter.

»Ja, aber wir hatten doch nichts gegen Sifh in der Hand! Frosh hat nur auf seine Ahnungen gehört, keine konkreten Beweise, nichts als Bilder, Gefühle, Vermutungen. So arbeiten wir doch nicht! Wir hatten ja nichts gegen ihn in der Hand.«

»Nein, Sam, Frosh und ihr hattet dieselben Informationen.«

»Was war das denn schon! Die Farbe!? Lutex 16 ist die am häufigsten verwendete in allen öffentlichen Institutionen des Landes. Sieh dir doch die Feuerwehrhäuser, die Krankenhäuser, Schulen, Kindergärten, Altersheime oder Rathäuser an – wenn es irgendeine andere Farbe gewesen wäre, wären wir vielleicht eher darüber gestolpert.«

Ich seufzte. Es war zwecklos. Frosh hatte ja noch etwas, das die anderen nicht hatten: ein Kind, das ermordet und verspeist worden war. Und er hatte – durch welchen Auslöser auch immer – das Bild von Sifh mit der kleinen Ellen auf dem Schoß im Kopf.

»Warum bloß hat Frosh denn nichts gesagt? Wenn er so sicher war, daß es Sifh war, warum hat er dann nichts gesagt?«

Sam schaute mich verzweifelt an. »Ja um Himmels willen, was glaubst du wohl, warum er nichts sagte?«

Touché. Ich saß da und dachte nach und versuchte es nicht zu sagen, aber dann rutschte es mir doch heraus.

»Das war Mord, Sam. Und du weißt, daß du mitschuldig bist – macht dir das nichts aus?«

»Du fragst, ob es *mir* etwas ausmacht, daß das Schwein bekommen hat, was es verdient?« rief er aufgebracht. »Glaubst du, Lisa würde das etwas ausmachen? Glaubst du, Vainer würde das etwas ausmachen? Glaubst du, Lashowicze würde das etwas ausmachen? Und: Macht es *dir* etwas aus?« Er schwieg und starrte mich an.

Touché Nr. 2.

Aber dann kniff er die Augen zusammen und sagte leise:

»Denk jetzt bitte nur daran, daß *wir* hier diejenigen sind, die die Nachforschungen anstellen.«

Es lief mir kalt den Rücken herunter, und ich wußte nicht, was ich sagen sollte.

Ich faltete die Hände im Schoß und räusperte mich. Dann schwenkte ich um. »Es war also Frosh, der sich in Sifhs Datei einklinkte?«

Sam nickte. »Etliche Male.«

»Kann Loretta oder einer der anderen nicht sehen, daß es Frosh war?«

Sam schüttelte den Kopf. »Ich habe Frosh gefragt, ob er keine Angst habe, entdeckt worden zu sein. Er grinste nur höhnisch. Der Chef der Datensicherheit der Föderalbank grinste mich höhnisch an.«

»Und was fand er in Sifhs Datei?«

»Nicht besonders viel. Aber er fand unter anderem heraus, daß Sifhs Frau die 40-Watt-Birne der Polizei mit Sifhs .32 Kaliber beschossen hatte – die an Sifh ausgehändigt wurde, als wir mit ihr fertig waren. Sie war völlig legitim und auf seinen Namen registriert.«

»Die Pistole wurde Sifh wieder ausgehändigt. Aber als ihr sein Haus durchsuchtet, fandet ihr keine Pistole?«

»Wir fanden sie nicht, weil Frosh sie zu dem Zeitpunkt schon an sich genommen hatte.«

»An sich genommen? Du meinst Frosh benutzte Sifhs Pistole? Du nimmst mich auf den Arm!«

»Als für ihn die Zusammenhänge klar wurden, da unternahm Frosh einen Ausflug zu Sifhs Haus.«

»Er ist in Sifhs Haus eingebrochen?«

»Genau das.«

»Um die Pistole zu bekommen?«

»Yep.«

»Ja aber, liebe Güte – wie kam er denn da rein?«

»Und das fragst du? Er knackte eine Scheibe und schloß

eine Tür auf, ganz genau so wie du, als du in Malkos Haus eingebrochen bist.«

Ich schaute weg und hoffte, daß die Wärme, die in meinen Kopf schoß, nicht zu sehen war.

»Und Sifh hat den Einbruch nicht angezeigt?«

Sam schüttelte den Kopf und fuhr fort: »Aber als wir dann Sifh zum zweiten Mal laufenließen, da konnte Frosh sich nicht länger zurückhalten. Kannst du das verstehen?«

Ich nickte. Es war unerträglich leicht zu verstehen.

Wir saßen und schwiegen.

»Geh doch nach Hause und schlaf, Sam. Du siehst furchtbar aus.«

Sam schloß die Augen und fing an, mit der Zunge im Mund herumzufahren.

»Weißt du, was Sifh gesagt hat? Weißt du, wonach er mich gefragt hat? Als ich ihn ins Labor zu den Tests begleitete?«

»Erzähl.«

»Er fragte, ob es mir geschmeckt habe. Und dann fragte ich selbstverständlich, was er meinte.

Dann fragte er, ob ich nicht fand, daß er ein guter Koch sei – und dann grinste er einfach vollkommen satanisch. Kannst du dich erinnern, daß ich mir deine Zahnbürste leihen wollte?«

Ich nickte. »Du hattest etwas mit zu viel Knoblauch gegessen.«

»Ja, das war ein Eintopf, den Sifh gekocht und von dem ich gegessen hatte, als ich draußen war, um ihn wegen seiner Frau zu verhören. Was meinst du, was darin war?«

»Wenn du mich so fragst – nein!?«

Er nickte.

»Come on!«

»Warum hätte er sonst so gefragt? Es schmeckte wirklich merkwürdig.« Sam verzog angewidert das Gesicht. »Ich habe davon gegessen.« Er atmete rasch, und wenn ich Pech hatte, würde er gleich anfangen zu flennen.

»Pewersyjny skurwysyn«, flüsterte er, und die Tränen stiegen ihm in die Augen. »Das Schwein hat mich Menschenfleisch essen lassen.«

Ich konnte nicht mehr und legte ihm nur kurz meine Hand auf die Schulter. Ich versuchte noch, ihn irgendwie zu beruhigen, dann drehte ich mich um und ging.

Beim Hinausgehen rief ich ihm noch mal zu: »Geh jetzt nach Hause und schlaf. Es ist vorbei.«

»Kann ich nicht mit zu dir kommen?« flüsterte er.

»Nein. Ich muß SCHLAFEN.«

Es war 11.30 Uhr, als ich mich ins Bett legte, und auch wenn mein Magen nach Mittagessen verlangte, begnügte ich mich damit, mir ein paar Riesengarnelen in Hummersahnesoße mit Paprikastückchen vorzustellen, dann schlief ich. Als ich am nächsten Morgen aufwachte, war es nicht nur 9.30 Uhr. Es war auch mein Geburtstag.

O nein. Nicht schon wieder.

## 27

Ich setzte mich langsam auf und faßte mich an den Kopf. Ich wußte, Sonia hatte für heute abend in meinen Räumlichkeiten »offenes Haus« arrangiert, das tat sie jedes Jahr. Aber wenigstens den Tag, den hatte ich ganz für mich. Ich reckte mich und fühlte mich so gut wie neu. Ich räkelte mich, griff nach meinem roten Kimono, zog ihn an, kletterte ganz langsam aus dem Bett und ging noch viel langsamer hinaus in die Küche. Die Zeitung lag direkt unter dem Briefschlitz, und heute hatte ich sogar Zeit, sie zu lesen. Ich setzte Kaffee auf, ließ mich auf einen meiner provençalischen Korbstühle fallen, legte die Beine auf den Tisch, blätterte träge im ›Cornwell Bugle‹

und fand mich selbst auf der vorletzten Seite unter Geburtstage. Die Überschrift war ein riesiges Fragezeichen, und das Zeichen gehörte Hanif Kureishi: HAIKU. Wie originell.

Er hatte den üblichen Mist geschrieben, wie alt ich wohl in Wirklichkeit sein mochte, und wie interessant das doch war, blablabla. Ich ließ die Zeitung sinken. Mir wurde klar, daß ich einen ganzen Tag vor mir hatte, um mich zu amüsieren, und daß das im übrigen auch dringend nötig war. Ich könnte mich zum Beispiel bei Hanif bedanken. Fürs letzte Mal. Das würde lustig werden.

Hanif Kureishi war ein interessanter Mann, zweifelsohne. Ein interessanter Mann, der mich schon mit wundervollen erotischen Briefchen bombardiert hatte. Das hatte ihm leider nichts genützt: Mein Selbsterhaltungstrieb ist glücklicherweise immer noch stärker ausgeprägt als alle anderen ...

Er war der übelste Gerüchtekoch der Stadt, wenn nicht des Landes, ein unvergleichliches Klatschmaul und obendrein ein hochbezahlter Journalist. Vor ihm mußte man sich wirklich in acht nehmen. Er schreckte vor nichts zurück. Fröhlich verkaufte er seine Frau zehn Jahre lang in einem Buch, dessen Vorschuß fünfhunderttausend Euro betrug. Seite für Seite versah er sie mit so netten Attributen wie »vierzig, fett und verlassen«, ihre gemeinsamen Kinder bezeichnete er als »fahrlässige Irrtümer eines stürmischen Lebens«. Es gab vermutlich keine weibliche Kollegin in der Zeitung, die er nicht erst flachgelegt und sie dann mit ihren Geheimnissen spaltenweise öffentlich kompromittiert hatte. Namen nannte er zwar nie, aber seine Charakterisierungen waren so unzweideutig, daß sie für den internen Kreis, dem er imponieren wollte, durchaus wiederzuerkennen waren. Davon bekam er nie genug.

Ich hatte ihn wahrhaftig nicht vergessen, nur erst mal auf Halde gelegt. Vielleicht wollte ich ihn mir aufheben. Alles zu seiner Zeit. Also: Was sollte ich mit Hanif machen?

Ich könnte ihn flachlegen und anschließend hübsche Geschichten über ihn verbreiten.

Zu banal.

Ich warf die Zeitung hin und ging ins Badezimmer. Genehmigte mir einen großen Schluck vom Vecchia aus dem Schrank und nahm ein Bad. Sollte ich ihn in meinem Bett in unmißverständlich erhobenem Zustand drapieren, ihm mit dem Schlagstock einen Klaps versetzen und ein paar Fotos machen?

Zu platt.

Ich könnte ihn dazu bringen, mir seine geheimsten Wünsche ins Ohr zu flüstern und dabei leider vergessen, das Diktaphon auszuschalten.

Ach, Fanny, du wirst gewöhnlich.

Ich trocknete mich ab und sah mein Gesicht im Spiegel an. Nichts, das ein wenig Grundierung und Lippenstift nicht hinbekommen würden. Dann zog ich einen Bademantel an, legte mich aufs Bett, schloß die Augen und stellte mich auf Hanif ein. Und auf seine große Penthouse-Wohnung, durch die stets ein künstlicher Mandelduft waberte. Die Wände waren tiefgrün, alles übrige knallrot. Die Küche war rot wie die Teppiche, Stühle, Sofas und die Gardinen. Alles war so sauber, so teuer, so stilvoll – ganz im Gegensatz zu Hanif. Hach, da müßte man doch mal so richtig Hand anlegen: Garnelen in die Gardinenstangen stopfen, zum Beispiel. Vielleicht fiel mir diese Albernheit ein, weil bei Sonias Cateringessen stets phantasievolle Arrangements von Lachs und Garnelen vorkamen. Lecker, aber begrenzt haltbar. Und wie ich die Garnelen mit Hanifs hohlen Gardinenstangen aus Messing verknüpfte, weiß ich auch nicht mehr. Aber plötzlich setzte ich mich im Bett auf und wußte, was ich tun müßte, eines schönes Tages, wenn ich in närrischer Verfassung sein würde und wirklich nichts anderes zu tun hätte.

Mit solch albernen Gedanken genoß ich den Tag. Es ist

wichtig, sich zu amüsieren, solange man kann. Mein Fest ist bald vorbei, und ich tauge nicht als Mauerblümchen. In fünf Jahren werde ich offiziell pensioniert. Und dann kommt die Wahrheit ans Licht. Aber bis dahin ... wenn da nicht Platz sein würde für einige Gardinenstangen und ein paar Kilo Garnelen ...

Für den Rest des Tages lag ich im Bett und las und futterte leckere kleine Lachssandwiches, mit denen Sonia vorbeikam. Um 15 Uhr begab ich mich für ein paar vergnügte Stunden ins Bad, probierte vorm Spiegel Kleider an und nippte am Calvados. Um 17 Uhr kam Sonia mit ihrer Lieblings-Cateringfirma, die im Wohnzimmer Gläser und Teller zurechtstellte. Ich konnte schwach das Essen riechen, als sie anfingen, Sonias Büffet hereinzutragen, und merkte, wie mein Magen übererregt reagierte. Aber der Appetit verging mir total – gerade war ich (jetzt im Schutz meines Schlafzimmers) dabei, ein neues sexy Lainey-Keogh-Modell anzuprobieren –, als Sam plötzlich hereinstürzte und die Tür hinter sich zuwarf.

»Ich muß das jetzt loswerden«, platzte es nur so aus ihm heraus.

Die meisten Menschen verfügen über ein perfektes Gespür dafür, wenn sie mit ihrem Anflug von Gewissenserleichterung am ungelegensten kommen. Sam war da ganz sicher keine Ausnahme ...

»Kann das nicht warten«, versuchte ich es ohne ernsthafte Hoffnung. »Ich komme gerade wieder zu mir.«

»Nein, kann es nicht. Eisik Malko kommt morgen vor Gericht, und wir können ihn nicht wegen deines Hamsters und wegen Francis Zanf beschuldigen. Ich bin gezwungen, dir zu erzählen, warum.«

Ich sagte nichts. Er zog ein Päckchen Kaugummi aus der Tasche und fuhr fort: »Setz dich.« Ich setzte mich.

»Du hattest mich gebeten, deinen Hamster zu erschießen. Das habe ich nicht übers Herz gebracht. Der war so klein.« Er machte eine Pause. »Dann besuchte ich eines Tages meinen Neffen, der draußen am Veterinärmedizinischen Forschungszentrum forscht. Willst du einen Kaugummi haben? Sie sind dabei, neue Impfstoffe gegen die Ausbrüche von Pest in Bombay zu produzieren, und experimentieren mit Pasteurella. Er gab mir eine Petrischale mit einer Pasteurella-Kolonie, die ich, wie er sagte, ins Futter kippen sollte. Er war selbst neugierig, ob das einen Hamster umbringen würde, sagte er. Das tat es ja.«

»Hmm, und einen erwachsenen Mann«, sagte ich matt und schaute sehnsüchtig meiner guten Laune hinterher, die gerade durch die Tür verschwand. »Hast du ihn auch aus dem Käfig gelassen?«

»Nein, aber ich mußte ja den Käfig aufmachen, um ihn zu füttern. Und ich muß ihn irgendwie falsch wieder zugemacht haben, so daß er von selbst herauskommen konnte.«

»Weißt du was? Das glaube ich einfach nicht.«

»Was glaubst du nicht?«

»Ich glaube, du hast den Hamster genommen und ihn dazu gebracht, Francis zu beißen, während er schlief, weil du eifersüchtig warst!«

»Fanny!« Er packte mich hart am Arm und sah mir in die Augen. »Bist du wahnsinnig! Ich hatte keine Ahnung, daß dieser Typ in deinem Bett lag. Ich war doch gar nicht in deinem Schlafzimmer. Ich habe nur den Mist ins Futter gekippt und bin dann wieder gegangen.«

»Wie bist du hereingekommen?«

»Dein Gärtner hat mir aufgeschlossen.«

»Hast du gesagt, daß du den Hamster töten wolltest?«

»Ja.«

»Dann könnte er doch nach dir hereingegangen sein und den Hamster herausgelassen haben – daß du ihm die Mordwaffe so ungeniert zugespielt hast, kann ihm doch nur gelegen gekommen sein.«

»Wir können nichts beweisen. Er leugnet alles.«

»Du wirst mir jedenfalls nicht einreden, daß der Hamster von selbst zu Francis gelaufen ist und ihn gebissen hat. Klar war er bissig, aber ich glaube nicht, daß er selbst dahin gefunden hat. Er war ängstlich. Deshalb hat er gebissen.«

Er zuckte die Achseln. »Worum ich dich bitten will, ist erstens: mir zu glauben. Glaubst du mir?«

Ich nickte. Irgendwie glaubte ich ihm tatsächlich. Ich konnte ihm ansehen, daß er nicht log, ich kannte ihn zu gut. Ich wußte außerdem, daß er sich so etwas nicht ausdenken könnte.

»Und zweitens möchte ich dich bitten, das alles zu vergessen. Wir bekommen das ohnehin nie heraus.«

»Aber sag mir eines«, begann ich. »Wenn du das von der Pasteurella Malko gesagt hast, hast du dann keine Angst, er könnte reden?«

Sam grinste still vor sich hin. »Er kann in seiner Argumentation wohl schlecht den Hamster und Francis Zanf in Verbindung bringen, es sei denn, er selbst ist die Verbindung.«

»Für wie lange Zeit bekommst du Malko hinter Gitter?«

»Ja also, wir rechnen mit sieben, acht Jahren wegen bewaffneten, geplanten Vergewaltigungsversuchs. Wir haben die Bilder von seinem Haus, von der Zeit, ehe du sie abgehängt hast ...«

»Ich habe sie nicht abgehängt.«

»Dann hast du sie halt nicht abgehängt. Aber die haben wir, und das wird auf den Richter Eindruck machen. Malko wird bei seiner Entlassung ein sehr alter Mann sein.«

Ich konnte von der Küche her immer mehr Stimmen hören und stand auf. »Geh ins Bad und schütte dir ein bißchen Wasser ins Gesicht«, sagte ich zu Sam, der jetzt dastand und aus meinem Schlafzimmerfenster schaute. »Und kämm dir doch mal die Haare! Und sieh mal: dein Schlips.« Ich richtete seine Krawatte. Er sah mich dankbar an.

Es klopfte an der Tür. Ich öffnete, und davor stand Rosa und hatte einen Riesenkuchen auf dem Arm. Ich entdeckte augenblicklich, daß viel zu viele Kerzen darauf steckten, und scheuchte sie zur Toilette, wo ich fünfundzwanzig Kerzen herausnahm und sie in den Abfallbehälter warf. Dann nahm ich die Zahnbürste als Spachtel und glich damit alle die überflüssigen Löcher aus, die die Kerzen in der Schlagsahne hinterlassen hatten.

Das Spiel spielen wir nun schon einige Jahre. Ich beschimpfte sie inzwischen nicht einmal mehr dafür – fast würde ich sagen, es ist uns zum liebgewordenen Ritual geworden.

Das ganze Institut war gekommen, die gesamte Rechtsmedizin, und dort stand Lisa mitten in meinem Wohnzimmer, griente wie ein Pferd, ein Champagnerglas in der Hand, und krümelte ihr Lachssandwich auf meinen Teppich. Gerade als ich mich umdrehte, um einen Teller für sie zu holen, wälzte sich die gesamte Mordabteilung durch die Tür. John Smith hielt ein großes rotes Paket im Arm. Im letzten Jahr hatte sein großes rotes Paket einen bissigen und gefräßigen Hamster enthalten. Ob ich mich wohl auch in diesem Jahr verdient gemacht hatte, ein geschrumpftes Hätscheltier zu bekommen, so daß ich mir die Zeit vertreiben konnte, ihm den Tod zu wünschen?

Sonia manövrierte John zum Geschenktisch, und ich nahm mir ein Champagnerglas, schüttelte Hände und umarmte Leute, wie es gerade kam.

Sam kam aus der Toilette und sah etwas besser aus. »Wo ist Loretta?« fragte ich ihn.

»Na ja, ich soll grüßen und sagen, sie verspäte sich, sie hat etwas zu fassen bekommen, das sie erst abschließen will.« Er rollte mit den Augen. »Und das am Sonntag.«

Die Gespräche kreisten um Bertal Sifh und Albert Fish.

Ein zynischer Kommentar folgte auf den anderen. Die gesamte Mordkommission hatte ihre Hausaufgaben gemacht. Sie sprachen darüber, daß Albert Fish am Ende zufrieden war, auf den elektrischen Stuhl zu kommen, als letztes großartiges Erlebnis für einen Mann, dessen Leben immer um den Schmerz kreiste. Sie sprachen über Sifh und darüber, wie er sich selbst ein schmerzhaftes Ende bereitet hatte. Die meisten folgten der Theorie von seiner ultimativen masochistischen Bußtat. Andere schüttelten den Kopf und sagten nur, sie verstünden das alles nicht. Aber keiner von ihnen, im Dienst gegerbte wie unerfahrene, alle kauften sie die Geschichte von Sifhs selbstgewähltem, schmerzhaftem Tod. Aus dem Augenwinkel beobachtete ich, wie Sam ein gebrauchtes Kaugummi verstohlen unter die Tischplatte klebte.

Und dann ging dieses ganze Gerede von wegen »was-können-wir-daraus-lernen« los. Und ob es nicht schade wäre, daß ich keine Möglichkeit mehr bekommen hatte, ihn besser zu »verstehen«, und mit diesem Verständnis eine Statistik mit einigen spektakulären Kriterien zu füttern.

Ich glaube eigentlich nicht, daß ich bereit gewesen wäre, mir die Zeit zu nehmen, um mit ihm zu reden, wenn er auf seine Hinrichtung gewartet hätte. Das sagte ich aber nicht. Statt dessen fragte ich: »Wißt ihr eigentlich, was Douglas zu Ed Gein mit diesen Haut-Geschichten gesagt hat?«

Sie schüttelten die Köpfe und spitzten die Ohren.

»Er sagte, er habe oft über Geins Werke nachgedacht und spekuliert, was sie über die Person berichten könnten, die sie ausgeführt hat, und wie das Wissen der Polizei hätte helfen können. Douglas sagte: Er habe keine Ahnung, und er werde sicher bis zum Tag seines Todes darüber nachdenken.«

»Deshalb – vergeßt alles über Sifh«, sagte ich abschließend, »oder wie er nun heißt. Was er getan hat, das kann niemand für irgend etwas gebrauchen.«

Das Telefon klingelte, Rosa nahm ab. Selbstverständlich

nahm Rosa ab, ich hätte den Stecker herausziehen müssen. Ich nahm Blickkontakt auf und schüttelte heftig den Kopf.

»Loretta ist dran«, sagte sie. Ich gab Sam mein Glas und nahm den Hörer.

»Ich will dich nur warnen«, sagte Loretta. »Ein Mann von der Mordkommission auf Revier 13 in Wien wird dich anrufen. Sie brauchen deine Hilfe in dreizehn Fällen verschwundener Kinder, innerhalb der letzten fünf Jahre. Das ist ein bißchen meine Schuld, ich mußte einige Erkenntnisse verifizieren lassen, die ich aus ihrer Datenbank abgerufen habe. Und plötzlich kam mir der Gedanke, verstehst du, daß – fandest du nicht, daß Sifh für einen Vater von sechs kleineren Kindern ziemlich alt war?«

»Doch, schon«, sagte ich. Daran hatte ich natürlich gedacht. Aber es gab ja schließlich Männer wie Picasso, die mit achtzig noch Kinder zeugten.

»Ich habe gerade herausgefunden, daß Sifh noch sechs weitere Kinder aus einer früheren Ehe hatte, zwei Jungen und vier Mädchen. Die zwei Söhne wohnen in Wien und sind neunundzwanzig und dreißig Jahre alt.«

»Haben sie Kinder?«

»Insgesamt fünf, und zwei unterwegs.«

Ich legte auf, und bat Rosa abzunehmen, falls es klingeln würde.

Als mich der PDA um 6.30 Uhr am folgenden Morgen mit der alten frohen Neuigkeit über Bertal Sifhs lustvollen Selbstmord weckte, war ich müde und hatte Kopfweh. Champagner ist nichts für mich. Ich wälzte mich aus dem Bett, machte sechzig Liegestütze und beschloß, daß ich mich einfach nicht traute, Rosa anzurufen, um ihr zu sagen, daß ich direkt nach Wien fahren würde. Mein Flugticket war bestellt und lag am Flughafen bereit – das hatte Herr Carl Hopffelz vom Revier 13 in Wien versichert, als ich gestern abend spät mit ihm sprach und ihn bat, Bertal Sifhs zwei österreichische Söhne zu verhören.

Ich erhob mich vom Fußboden, schnappte mir den roten Seidenkimono vom Bett und ging in die Küche. Die schwamm in schmutzigem Geschirr und Essensresten. Ich ging zurück ins Schlafzimmer und schloß die Tür. Packte meinen kleinen Koffer und legte ein Margit-Menja-Kleid aus meiner Jugend auf meinem Bett zurecht. Dann nahm ich ein rasches Bad. Mir fiel ein, daß ich den Unterricht sowohl am Dienstag als auch am Mittwoch absagen müßte. Mich schauderte bei dem Gedanken an Rosas Reaktion. Ich warf einen Blick auf die Uhr über der Kommode auf dem Flur. Wenn ich jetzt im Büro anrufen würde, würde ihr freundlicher Anrufbeantworter die Nachricht entgegennehmen. Das tat ich, kurz und schmerzlos. Dann rief ich in meiner Klinik an, um einen Termin zum *laser resurfacing* in drei Wochen zu vereinbaren. Eine Stimme teilte mir mit, daß die Klinik um acht Uhr öffnen würde. Ich wollte gerade Cormio Vittantonio anrufen, aber da muß mir endlich klar geworden sein, wieviel Uhr es war, denn ich gab auf, ehe mir eine weitere automatische Stimme mitteilte, daß ich wieder zu früh aufgestanden war. Statt dessen löschte ich alle Nachrichten, stellte den PDA aus und legte ihn in die Kalbsledertasche. Ein toter PDA war dabei, zu einer lieben, schlechten Gewohnheit zu werden.

Als ich rückwärts aus dem Carport fuhr, dachte ich an meinen Vater. Demnächst mußte ich ihn wohl besser einmal anrufen.

Alle Details aus Albert Fishs Leben entstammen der Realität, seine Briefe, seine Taten, sein Tod – mit folgenden Ausnahmen: Er hat niemals an seine eigenen Kinder Hand angelegt, ebensowenig wie er sie je in seine Perversionen einbezogen hat. Er hatte nur sechs Kinder, auch wenn er angeblich verschiedene Male verheiratet war, ohne so kleinliche Rücksichtnahme auf die Notwendigkeit, sich erst scheiden zu lassen.

Mir ist nicht bekannt, was mit seinen Kindern geschah. Die Fish-Nachkommen, die in diesem Buch auftreten, sind reine Fiktion.

*Susanne Staun*

Die Orte Cornwell (abweichend vom englischen Cornwall) und Grafton sind augenzwinkernde Erfindungen der Autorin …

*Anm. d. Verlags*